Rudolf Steiner Taschenbücher
aus dem Gesamtwerk

AF636055

RUDOLF STEINER

Das Matthäus-Evangelium

Ein Zyklus von zwölf Vorträgen, gehalten in Bern
vom 1. bis 12. September 1910

RUDOLF STEINER VERLAG

Nach vom Vortragenden selbst nicht durchgesehenen Nachschriften
herausgegeben von der Rudolf Steiner Nachlassverwaltung

Ungekürzte Ausgabe nach dem gleichnamigen Band der
Rudolf Steiner Gesamtausgabe, Bibliographie-Nr. 123,
herausgegeben von Paul Jenny und Paul G. Bellmann,
7. Auflage, Dornach 1988

Taschenbuchausgabe
3. Auflage 2014

© 2014 Rudolf Steiner Verlag, Basel
© 1971 Rudolf Steiner Nachlassverwaltung, Dornach

Alle Rechte, auch die des auszugsweisen Nachdrucks, der
fotomechanischen und elektronischen Wiedergabe, vorbehalten.

Umschlaggestaltung: Finken & Bumiller, Stuttgart
Printed in Germany by Druckhaus Nomos, Sinzheim
ISBN 978-3-7274-6682-3

www.steinerverlag.com

Zu den Veröffentlichungen aus dem Vortragswerk von Rudolf Steiner

Die Grundlage der anthroposophisch orientierten Geisteswissenschaft bilden die von Rudolf Steiner (1861–1925) geschriebenen und veröffentlichten Werke. Daneben hielt er in den Jahren 1900 bis 1924 zahlreiche Vorträge und Kurse, sowohl öffentlich wie auch für die Mitglieder der Theosophischen, später Anthroposophischen Gesellschaft. Er selbst wollte ursprünglich, daß seine durchwegs frei gehaltenen Vorträge nicht schriftlich festgehalten würden, da sie als «mündliche, nicht zum Druck bestimmte Mitteilungen» gedacht waren. Nachdem aber zunehmend unvollständige und fehlerhafte Hörernachschriften angefertigt und verbreitet wurden, sah er sich veranlaßt, das Nachschreiben zu regeln. Mit dieser Aufgabe betraute er Marie Steiner-von Sivers. Ihr oblag die Bestimmung der Stenographierenden, die Verwaltung der Nachschriften und die für die Herausgabe notwendige Durchsicht der Texte. Da Rudolf Steiner aus Zeitmangel nur in ganz wenigen Fällen die Nachschriften selbst korrigieren konnte, muß gegenüber allen Vortragsveröffentlichungen sein Vorbehalt berücksichtigt werden: «Es wird eben nur hingenommen werden müssen, daß in den von mir nicht nachgesehenen Vorlagen sich Fehlerhaftes findet.»

Über das Verhältnis der Mitgliedervorträge, welche zunächst nur als interne Manuskriptdrucke zugänglich waren, zu seinen öffentlichen Schriften äußert sich Rudolf Steiner in seiner Selbstbiographie «Mein Lebensgang» (35. Kapitel). Der entsprechende Wortlaut ist am Schluß dieses Bandes wiedergegeben. Das dort Gesagte gilt gleichermaßen auch für die Kurse zu einzelnen Fachgebieten, welche sich an einen begrenzten, mit den Grundlagen der Geisteswissenschaft vertrauten Teilnehmerkreis richteten.

Nach dem Tode von Marie Steiner (1867–1948) wurde gemäß ihren Richtlinien mit der Herausgabe einer Rudolf Steiner Gesamtausgabe begonnen. Der vorliegende Band bildet einen Bestandteil dieser Gesamtausgabe. Soweit erforderlich, finden sich nähere Angaben zu den Textunterlagen am Beginn der Hinweise.

INHALT

ERSTER VORTRAG, Bern, 1. September 1910 11

Die nachatlantischen Völkerströmungen. Iraniertum und Turaniertum. Die Zarathustra-Individualität.

ZWEITER VORTRAG, 2. September 1910 32

Die Geheimnisse des Raumes und der Zeit. Die Hermes- und die Moses-Weisheit. Turaniertum und Hebräertum.

DRITTER VORTRAG, 3. September 1910 53

Die Wechselwirkung zwischen Thot-Hermes und Moses als Spiegelung eines kosmischen Vorgangs. Das Geheimnis des hebräischen Volkes. Menschliches Denken – ein Abglanz des göttlichen Schauens. Das Hineingehen der Kräfte der alten Hellsichtigkeit in die innere Organisation des Menschen. Das Zahlengesetz der Vererbung in der Generationenreihe.

VIERTER VORTRAG, 4. September 1910 73

Die althebräische Gotteserkenntnis. Abraham und Melchisedek. Das Werden des hebräischen Volkes als Abbild des kosmischen Werdens. Vorbereitende Haupt- und Nebenströmungen für das Christus-Ereignis. Jeshu ben Pandira.

FÜNFTER VORTRAG, 5. September 1910 91

Jeshu ben Pandira und die Essäereinweihung. Siebenzahl und Zwölfzahl. Die Spiegelung der kosmischen Verhältnisse in der Menschheitsentwickelung. Das Geheimnis des Blutes in der Generationenreihe und die Geheimnisse des kosmischen Raumes.

SECHSTER VORTRAG, 6. September 1910 108

Die Generationenfolge der Vererbungslinie des Jesus im Lukas-Evangelium und diejenige des Jesus im Matthäus-Evangelium. Die Stufenfolge beim Hinunterdringen des Göttlich-Geistigen in eine menschliche Individualität und seinem Hinausdringen in den Kosmos. Die göttlich-geistige Wesenheit des Menschen und der irdische Adam. Das im Blute der Generationen rinnende überpersönliche Gedächtnis. Das Nasiräertum und die Essäerkolonien. Die Schüler des Jeshu ben Pandira. Mathai und Nezer. Die beiden Jesusknaben.

Siebenter Vortrag, 7. September 1910 126

Das Gesetz der Vervollkommnungsstufen menschlicher Fähigkeiten. Der achtgliedrige Pfad. Das Wesen der Einweihung in den vorchristlichen Mysterien. Das Hinuntersteigen in den physischen Leib und das Sich-Ausbreiten in den Kosmos. Die Gefahr der Blendung oder der Trugbilder. Die zwölf Gehilfen des Initiators. Das Christus-Ereignis wird zum Ausgangspunkt der Freiheit. Christus, die Erfüllung und das Vorbild der neuen Initiation.

Achter Vortrag, 8. September 1910 143

Die Essäereinweihung. Die drei Stufen der Initiation. Das Herausführen der Mysteriengeheimnisse in die äußere Welt durch das historische Christus-Ereignis. Die drei Stufen der Versuchung Christi. Malchuth und die Reiche der Himmel. Das Wesen des Ich im Reiche.

Neunter Vortrag, 9. September 1910 163

Das Christus-Ereignis als historische Tatsache. Die Initiation des Ich. Die Evangelien sind Mysterienbücher. Es ist das Christus-Leben ein Darleben der Einweihung auf dem großen Plan der Weltgeschichte. Heilungen. Die Seligpreisungen der Bergpredigt.

Zehnter Vortrag, 10. September 1910 184

Die allmähliche Ausstattung der Kräfte des menschlichen Ich mit dem Mysterienwissen. Das Hinaufleiten der Jünger in höhere Welten. Die Speisung der Viertausend und der Fünftausend. Die Verklärungsszene. Das einmalige Erscheinen des Christus in einem physischen Leibe. Das Wiedererscheinen des Christus im Ätherischen. Die Seligpreisungen. Die Heilungen. Das Himmelsbrot. Das neue Essäertum. Falsche Messiasse.

Elfter Vortrag, 11. September 1910 205

Das Einströmen belehrender und belebender Kräfte aus dem Kosmos durch die Christus-Wesenheit. Ihr Hinüberstrahlen auf die Jünger und deren Wachstum. Das Petrus-Bekenntnis. Der Menschensohn und der Sohn des lebendigen Gottes. Das Ordnende in Menschengemeinden auf Grund ethisch-moralisch-geistiger Verhältnisse. Das Hinausführen der Jünger in den Makrokosmos durch den Christus. Das real-lebendige Einströmen der Kräfte des Sonnenworts, die früher als Lehren einflossen, durch das Mysterium von Golgatha. Das Hinaufwachsen in die Reiche der Himmel.

ZWÖLFTER VORTRAG, 12. September 1910 227

Das Hinaufentwickeln des Menschen der Gotteshöhe entgegen und das Heruntersteigen göttlich-geistiger Wesenheiten in menschliche Seelen und Leiber. Die Christus-Wesenheit und die beiden Jesusknaben. Die vier Gesichtspunkte der Evangelisten bei der Schilderung der Christus-Tatsache, entsprechend vier Arten der Einweihung. Die Jordantaufe und der Lebens- und Todesgang Christi als zwei Etappen der Einweihung. Die Auferstehung zeigt uns Christus als den das Erdendasein durchwebenden und durchwirkenden Geist. Die Sonnenaura in der Erdenaura. Menschen-Göttergröße. Das Menschliche im Matthäus-Evangelium.

Hinweise 259
Namenregister 264
Rudolf Steiner über die Vortragsnachschriften 265
Übersicht über die Rudolf Steiner Gesamtausgabe 267

ERSTER VORTRAG

Bern, 1. September 1910

Es ist jetzt das dritte Mal, daß mir hier in der Schweiz die Möglichkeit geboten ist, von einer gewissen Seite her das größte Ereignis der Erd- und Menschheitsgeschichte zu besprechen. Das erste Mal war es, als in Basel gesprochen werden durfte über dieses Ereignis von jener Seite her, zu der das Johannes-Evangelium die Veranlassung bietet; das zweite Mal, als jene Charakteristik dieses Ereignisses gegeben werden durfte, zu welcher das Lukas-Evangelium die Unterlage bietet; und dieses Mal, als zum dritten Mal, soll der Impuls zu dieser Schilderung ausgehen vom Matthäus-Evangelium. Es ist von mir des öftern angedeutet worden, daß gerade darin etwas Bedeutungsvolles liegt, daß uns dieses Ereignis in vier, scheinbar in einer gewissen Weise sich unterscheidenden Urkunden aufbewahrt ist. Was gewissermaßen der heutigen äußeren materialistischen Gesinnung Veranlassung gibt, mit einer negativen, zersetzenden Kritik einzugreifen, das ist gerade das, was uns nach unserer anthroposophischen Überzeugung als bedeutungsvoll erscheint. Niemand sollte sich vermessen, irgendein Wesen oder eine Tatsache zu charakterisieren, wenn er sie nur von einer Seite ansieht. Jener Vergleich wurde von mir öfter gebraucht: Wenn man einen Baum von einer Seite aus photographiert, so darf niemand behaupten, daß er in dieser Photographie eine wirkliche Wiedergabe dessen hat, was der Baum in seinem Anblick nach außen darbietet; wenn man dagegen den Baum von vier Seiten photographieren würde, und wenn man auch vier verschiedene Bilder bekäme, die sich untereinander wenig gleichen könnten, so würde man aus dem Zusammenschauen dieser vier Bilder auch eine geschlossene Ansicht von dem Baum erhalten können. Wenn das in solch äußerlicher Weise schon der Fall ist für ein jegliches Ding, wie sollte man nicht vermuten können, daß ein Ereignis, welches die größte Fülle des Geschehens, die größte Fülle des Wesentlichen alles Daseins für uns Menschen in sich schließt, gar nicht umfaßt werden könnte, wenn man es nur von einer Seite aus schildert? Daher sind es nicht Widersprüche, welche uns in den vier Evangelien zutage treten. Es ist hier vielmehr die Tatsache zugrunde liegend, daß die Schilderer sich bewußt waren, daß ein jeglicher von ihnen dieses gewaltige Ereignis nur von einer Seite aus zu schildern vermag, und daß es der Menschheit gelingen kann, durch das Zusammenschauen dieser verschiedenen Schilderungen nach und nach ein Gesamtbild zu gewinnen. Und so wollen auch wir geduldig sein und versuchen, uns dieser größten Tatsache des Erdenwerdens nach und nach dadurch zu nähern, daß wir uns anlehnen an diese vier Schilderungen und selbst das, was wir wissen können, entwickeln mit Anlehnung an diese Dokumente, die wir als das Neue Testament bezeichnen.

Aus einigem, was früher gesagt worden ist, können Sie schon ermessen, wie etwa die vier verschiedenen Ausgangspunkte oder Gesichtspunkte der Evangelien sich darstellen lassen. Vorerst aber, bevor ich auch nur eine äußerliche Charakteristik dieser vier Gesichtspunkte gebe, möchte ich darauf aufmerksam machen, daß ich im Beginne dieses Vortragszyklus nicht das tun will, womit man heute die Darstellung der oder eines der Evangelien beginnt. Man beginnt gewöhnlich damit, daß man ihre geschichtliche Entstehung darstellt. Es wird sich uns das am besten ergeben, wenn wir am Schlusse unseres Zyklus erst sagen werden, was über die Geschichte der Entstehung des Matthäus-Evangeliums zum Beispiel zu sagen ist. Denn es ist doch nur natürlich und könnte an dem Beispiel anderer Wissenschaften gezeigt werden, daß man die Geschichte irgendeiner Sache erst dann verstehen kann, wenn man die Sache selber begriffen hat. Niemand wird zum Beispiel mit Nutzen an eine Geschichte der Arithmetik herangehen können, der nichts weiß von Arithmetik. Überall sonst wird die geschichtliche Darstellung ans Ende gelegt, und wo das nicht getan wird, da widerspricht die Einteilung den natürlichen Bedürfnissen des menschlichen Erkennens. Und so werden wir auch diesen Bedürfnissen des menschlichen Erkennens entgegenkommen und versuchen, den Gehalt des Evangeliums, das wir besprechen wollen, zu prüfen und dann auf eine Darstellung des geschichtlichen Werdens gerade bei diesem Evangelium etwas eingehen.

Wenn man von außen die Evangelien auf sich wirken läßt, kann man schon einen gewissen Unterschied fühlen in der Art, wie diese

Evangelien darstellen, wie sie sprechen. Wenn Sie auf sich wirken lassen, was in meinen Vorträgen über das Johannes-Evangelium und über das Lukas-Evangelium gesagt worden ist, dann werden Sie gerade in bezug auf diese zwei Evangelien die entsprechende Empfindung noch genauer haben. Wenn man sich einläßt auf das Johannes-Evangelium, dann muß man sagen, daß einen überall, wo man versucht in die gewaltigen Mitteilungen einzudringen, eine Empfindung von geistiger Größe überkommt, zu der man ahnend hinaufblickt, und daß man im Johannes-Evangelium finden kann, wie es uns das Höchste verrät, wozu menschliche Weisheit hinaufblicken kann, das Höchste, was menschlichem Erkennen nach und nach zugänglich werden kann. Der Mensch steht da gleichsam unten und blickt hinauf zu einem Gipfel des Weltendaseins und sagt sich: So klein du auch sein magst als Mensch, das Johannes-Evangelium läßt dich ahnen, daß in deine Seele etwas hineintaucht, mit dem du verwandt bist und das dich überkommt wie mit einem Gefühl des Unendlichen. So ist es vorzugsweise die mit dem Menschen verwandte geistige Größe der Weltenwesen, welche in unsere Seele hineintaucht, wenn wir vom Johannes-Evangelium sprechen.

Erinnern wir uns nun einmal an das Gefühl, das uns überkommen konnte bei der Darstellung des Lukas-Evangeliums. Alles, was diese Darstellung des Lukas-Evangeliums damals durchdringen mußte, war anders. Ist es beim Johannes-Evangelium vorzugsweise die geistige Größe, zu der wir ahnend hinaufblicken, die wie ein Zauberhauch unsere Seele durchdringt, wenn wir uns den Mitteilungen dieses Evangeliums hingeben, so ist es beim Lukas-Evangelium die Innigkeit, das Seelenhafte selber, das uns entgegentritt, man möchte sagen, die Intensität alles dessen, was Liebeskräfte der Welt vermögen, was Opferkräfte in der Welt zuwege bringen, wenn wir ihrer teilhaftig sein können. Schildert uns das Johannes-Evangelium die Wesenheit des Christus Jesus in ihrer geistigen Größe, so zeigt uns das Lukas-Evangelium diese Wesenheit in ihrer unermeßlichen Opferfähigkeit, und es läßt uns ahnen, was durch solches Liebesopfer, das wie eine Kraft gleich anderen Kräften die Welt durchpulst und durchwebt, in der Gesamtevolution der Welt und der Menschheit geschehen ist. So ist es vorzugsweise das Element des Gefühls, in dem wir weben und leben, wenn wir das Lukas-Evangelium auf uns wirken lassen, und so ist es das Element der Erkenntnis, das uns etwas sagt über die letzten Gründe und letzten Ziele dieser Erkenntnis, was uns aus dem Johannes-Evangelium entgegentritt. Das Johannes-Evangelium spricht mehr zu unserer Erkenntnis, das Lukas-Evangelium mehr zu unserem Herzen. Das kann man fühlen an den einzelnen Evangelien selbst; es war aber auch unser Bestreben, das, was wir als geisteswissenschaftliche Darstellungen an diese beiden Urkunden anknüpften, von dieser Grundstimmung gleichsam durchwehen zu lassen. Wer nur Worte hören wollte beim Zyklus über das Johannes-Evangelium oder über das Lukas-Evangelium, der hat wahrhaftig nicht alles gehört. Die Art und Weise des Sprechens war bei den Vortragszyklen eine grundverschiedene. Ganz anders wird wiederum alles sein müssen, wenn wir an das Matthäus-Evangelium herantreten.

Beim Lukas-Evangelium war es so, daß wir alles, was wir Menschenliebe nennen, wie es einmal in der Menschheitsentwickelung da war, hineinfließen sahen in die Wesenheit, welche als der Christus Jesus im Beginne unserer neutestamentlichen Zeitrechnung lebte. Wenn man das Matthäus-Evangelium nur äußerlich auf sich wirken läßt, dann muß man sagen, daß es zunächst eine Urkunde ist, welche eigentlich vielseitiger ist als die beiden anderen, ja sogar in einer gewissen Beziehung vielseitiger als alle drei anderen Evangelien.

Und wenn wir einmal das Markus-Evangelium darstellen werden, dann werden wir sehen, daß auch dieses in einer gewissen Weise einseitig ist. Zeigt uns das Johannes-Evangelium die Weisheitsgröße des Christus Jesus, zeigt das Lukas-Evangelium die Liebesmacht, so wird uns bei einer Schilderung des Markus-Evangeliums entgegentreten, was vor allen Dingen als Kraft, als Schaffensmächte, man möchte sagen, als Herrlichkeit der Welt durch alle Weltenräume hindurchgeht. Aber es ist beim Markus-Evangelium etwas Überwältigendes in dem Ausleben der Intensität der Weltenkraft. Es ist, wie wenn die Weltenkraft von allen Seiten des Raumes rauschend an uns herankäme, wenn wir das Markus-Evangelium wirklich uns zum Verständnis bringen!

So ist es etwas, das sich uns innig warm in die Seele drängt, was uns beim Lukas-Evangelium entgegentritt, etwas, das uns Hoffnung für die Seele gibt, was uns beim Johannes-Evangelium überkommt; und es ist etwas wie Schauer vor der Gewalt und Herrlichkeit der Weltenkräfte, denen gegenüber wir fast zusammensinken könnten, wenn wir das Markus-Evangelium auf uns wirken lassen.

Anders das Matthäus-Evangelium. Alle die drei Elemente, das hoffnungsvolle, aussichtsreiche Erkenntniselement, das warme Gefühls- und Liebeselement und auch die majestätische Weltengröße, sie alle sind, möchte man sagen, in dem Matthäus-Evangelium darinnen. Aber sie sind in einer gewissen Weise so abgeschwächt darinnen, daß sie in ihrer Abschwächung uns menschlich viel verwandter erscheinen als in den drei anderen Evangelien. Vor der Erkenntnis-, vor der Liebes- und der Herrlichkeitsgröße möchten wir bei den drei anderen Evangelien, wenn wir sie auf uns wirken lassen, so recht zusammensinken. Das alles ist im Matthäus-Evangelium darinnen, nur ist es so darinnen, daß wir uns ihm gegenüber aufrecht zu erhalten vermögen. Es ist uns alles menschlich verwandter, so daß wir uns nicht darunter, sondern in gewissem Sinne daneben stellen können. Wir werden vom Matthäus-Evangelium nirgends zerschmettert, obwohl es auch von dem etwas bringt, was in den drei anderen Evangelien zerschmetternd wirken kann. Daher ist das Matthäus-Evangelium die allgemein-menschlichste dieser vier Urkunden. Es schildert uns den Christus Jesus am meisten als Menschen, so daß er uns, wenn wir ihn als Matthäus-Christus Jesus auf uns wirken lassen, in allen seinen Gliedern, in allen seinen Taten menschlich nahe steht. Es ist das Matthäus-Evangelium in gewisser Beziehung etwas wie ein Kommentar für die drei übrigen Evangelien. Was uns in den drei anderen zuweilen zu groß ist, als daß wir es überschauen könnten, es wird uns im kleineren Maßstabe durch das Matthäus-Evangelium klar. Und wenn wir dieses begreifen, wird uns ein bedeutungsvolles Licht auf die drei anderen Evangelien fallen können. Das ist uns aus Einzelheiten leicht verständlich.

Nehmen wir das, was jetzt gesagt werden soll, zunächst einmal rein stilistisch. Damit uns im Lukas-Evangelium geschildert werden kann, wie der höchste Grad von Liebes- und Opferfähigkeit von diesem Wesen, das wir den Christus Jesus nennen, ausfließt in die Menschheit und in die Welt, dazu wird zu Hilfe genommen eine Menschheitsströmung, die herunterkommt aus den uräItesten Zeiten des Erdenwerdens. Und Lukas selber schildert uns diese Strömung bis hinauf zum Menschheitsanfang. – Damit uns gezeigt werden kann, wo der Mensch mit seiner Erkenntnis und seiner Weisheit einsetzen kann und einen Anfang nimmt nach dem Ziel, zu dem diese Erkenntnis hinkommen kann, dazu wird uns im Johannes-Evangelium gleich im Anfange dargestellt, wie die Schilderung des Christus Jesus sich anlehnt an den schöpferischen Logos selber. Das Geistigste, was wir mit unserer Erkenntnis erreichen können, wird gleich in den ersten Sätzen des Johannes-Evangeliums angeschlagen. Wir werden gleich hingeführt zu einem Höchsten des Erkenntnisstrebens, zu einem Höchsten, das in der menschlichen Brust vergegenwärtigt werden kann. – Anders ist es im Matthäus-Evangelium. Das beginnt damit, daß es uns zeigt die Vererbungsverhältnisse des Menschen Jesus von Nazareth in ihrer Herkunft, sozusagen von einem historischen Moment aus. Es zeigt uns die Vererbungsverhältnisse innerhalb eines einzelnen Volkes: wie gewissermaßen alle die Eigenschaften, die wir in dem Jesus von Nazareth vereinigt finden, sich summiert haben durch die Vererbung seit Abraham herunter, wie gleichsam ein Volk, durch dreimal vierzehn Generationen hindurch, das Beste, was es gehabt hat, in das Blut hineinfließen ließ, um in einer vollkommenen Weise in einer menschlichen Individualität höchste menschliche Kräfte darzustellen. – In die Unendlichkeit des Logos führt uns das Johannes-Evangelium. In das Unermeßliche der Menschheitsevolution bis zum Anfang hinauf steigt das Lukas-Evangelium. Ein überschaubares Volk, heruntervererbend seine Eigenschaften vom Stammvater Abraham durch dreimal vierzehn Generationen, das zeigt uns das Matthäus-Evangelium, so zeigt es uns den Menschen Jesus von Nazareth.

Es kann hier nur angedeutet werden, daß es für den, welcher das Markus-Evangelium wirklich verstehen will, notwendig ist, daß er in einer gewissen Beziehung die kosmologischen Kräfte kennt, die unser ganzes Weltenwerden durchströmen. Denn so, wie der Christus Jesus im Markus-Evangelium dargestellt wird, wird uns gezeigt, wie in einer menschlichen Wirksamkeit ein Auszug, eine Essenz aus dem Kosmos gegeben ist, eine Essenz von dem, was sonst in dem Unermeßlichen der Weltenweiten als Weltenkräfte lebt. Es wird uns gezeigt, wie die Taten des Christus Jesus gleichsam Extrakte sind von kosmischen Wirksamkeiten. Wie der Menschengott Christus Jesus, so wie er auf der Erde steht, gleichsam als ein Extrakt der Sonnenwirksamkeit mit all ihren Unermeßlichkeiten vor uns steht, das will uns das Markus-Evangelium schildern. Also wie die Sternenwirksamkeit durch Menschenkraft wirkt, das schildert Markus.

Das Matthäus-Evangelium knüpft in einer gewissen Weise auch an Sternenwirksamkeit an. Es führt uns deshalb, gleich da, wo es uns die Geburt des Jesus von Nazareth schildert, zu einem Punkt, von dem aus wir das große Weltenereignis so ansehen sollen, daß kosmische Tatsachen in einem gewissen Zusammenhang mit dem Menschheitswerden stehen, indem es den Stern zeigt, der die drei Magier hinführt zur Geburtsstätte des Jesus. Aber es schildert uns nicht eine kosmische Wirkung, wie es das Markus-Evangelium tut; es fordert nicht von uns, daß wir unseren Blick erheben zu dieser kosmischen Wirkung: es zeigt uns drei Menschen, drei Magier und die Wirkung, welche das Kosmische auf diese drei Menschen ausübt. Und wir können uns zu den drei Menschen wenden, um zu verspüren, was sie fühlen. Also zum Menschen werden wir selbst dann gewiesen, wenn wir uns zum Kosmischen aufschwingen sollen. Der Reflex des Kosmischen im Menschenherzen wird gezeigt. Der Blick wird nicht hinausgetragen in unermeßliche Weiten, sondern die Wirkung des Kosmischen im menschlichen Herzen wird uns gezeigt.

Ich bitte noch einmal, diese Andeutungen nur stilistisch aufzufassen. Denn so ist der Grundcharakter der Evangelien, daß sie von verschiedenen Seiten schildern. Die Art und Weise, wie sie schildern, ist durchaus charakteristisch für das, was sie uns sagen wollen über das größte Ereignis der Menschheits- und Erdenevolution.

Das ist auch zunächst das Allerbedeutsamste im Eingange des Matthäus-Evangeliums, daß wir hingewiesen werden auf die nächste Blutsverwandtschaft des Jesus von Nazareth. Es wird uns darin gleichsam die Frage beantwortet: Wie war die physische Persönlichkeit dieses Jesus von Nazareth beschaffen? Wie summierten sich alle Eigenschaften eines Volkes seit dem Stammvater Abraham in dieser einen Persönlichkeit, damit in ihr jene Wesenheit sich offenbaren konnte, welche wir die Christus-Wesenheit nennen? Diese Frage wird uns beantwortet. Es wird uns gesagt: Damit die Christus-Wesenheit sich in einem physischen Leibe inkarnieren konnte, dazu mußte dieser physische Leib Eigenschaften haben, wie er sie nur haben konnte, wenn alle Eigenschaften des Blutes jenes Volkes, das von Abraham abstammte, summiert in einem Extrakt dargestellt wurden in der einen Persönlichkeit: Jesus von Nazareth. Es soll daher gezeigt werden: Dieses Blut in Jesus von Nazareth führt wirklich zurück generationenweise bis zum Stammvater des hebräischen Volkes. Daher ist die Wesenheit dieses Volkes, das, was dieses Volk besonders für die Weltgeschichte, für die Menschheits- und Erdenentwickelung ist, insbesondere in der physischen Persönlichkeit des Jesus von Nazareth zusammengedrängt. Was muß man also zunächst kennen, wenn man die Absicht des Schilderers des Matthäus-Evangeliums treffen will in bezug auf diese Einleitung? Man muß das Wesen des hebräischen Volkes kennen! Man muß sich die Frage beantworten können: Welches konnte der Anteil sein, den das hebräische Volk gerade durch seine Eigentümlichkeit der Menschheit zu geben hatte?

Unsere äußere Geschichte, die äußeren materialistischen Geschichtsschilderungen nehmen wenig auf das Rücksicht, was hiermit angeführt wird. In der äußeren Geschichte schildert man die äußeren Tatsachen. Und da steht eigentlich so ziemlich ein Volk neben dem anderen, weil man ganz abstrakt schildert. Dabei tritt diejenige Tatsache, welche eine fundamentale Tatsache ist für den, der die Menschheitsentwickelung verstehen will, ganz zurück: jene Tatsache nämlich, daß kein Volk in der Menschheitsentwickelung dieselbe Aufgabe hat wie ein anderes, sondern daß ein jedes Volk seine besondere Mission und seine besonderen Aufgaben hat. Ein jedes Volk hat zu dem Gesamtschatz, welcher der Erde durch die Menschheitsentwickelung geliefert werden soll, einen Teil beizutragen. Und jeder dieser Teile ist ein anderer, ein ganz bestimmter. Ein jedes Volk hat seine bestimmte Mission. Nun aber ist bis in die Details der physischen Verhältnisse hinein ein jedes Volk so beschaffen, daß es diesen Anteil, den es der gesamten Menschheit zu bringen hat, auch richtig bringen kann. Mit anderen Worten, die Leiber der Menschen, die zu einem Volke gehören, zeigen uns eine solche Ausgestaltung sowohl des physischen Leibes wie auch des Ätherleibes und des astralischen Leibes und eine solche Zusammenfügung dieser Leiber, daß sie das rechte Werkzeug werden können, damit jener Anteil zustande komme, den ein jedes Volk für die gesamte Menschheit zu leisten hat. – Welchen Anteil hatte nun insbesondere das hebräische Volk zu leisten, und wie bildete sich dann die Essenz dieses Anteiles des hebräischen Volkes zu dem Leibe des Jesus von Nazareth?

Wenn man die Mission des hebräischen Volkes verstehen will, muß man schon etwas tiefer hineinschauen in die Gesamtentwickelung der Menschheit. Es wird notwendig sein, einiges von dem, was Sie skizzenhaft in meiner «Geheimwissenschaft im Umriß» und in Vorträgen angedeutet finden können, hier etwas genauer zu charakterisieren. Wir verstehen wohl am besten den Anteil des hebräischen Volkes an der Gesamtentwickelung der Menschheit, wenn wir wenigstens mit einigen kurzen charakteristischen Strichen den Ausgangspunkt nehmen von jener großen Katastrophe in der Menschheitsentwickelung, welche wir die atlantische Katastrophe nennen.

Als die atlantische Katastrophe nach und nach über die Erdenverhältnisse hereinbrach, zogen die Menschen, welche damals auf dem alten atlantischen Kontinente wohnten, von dem Westen nach dem Osten. Im wesentlichen waren bei diesem Zuge zwei Strömungen vorhanden: eine Strömung, welche sich mehr im Norden bewegte, und eine andere, die mehr einen südlichen Weg nahm. Daher haben wir eine große Menschheitsströmung von atlantischer Bevölkerung, welche durch Europa hindurch bis nach Asien hinüberging; und wenn man das Gebiet um den Kaspisee herum in Betracht zieht, hat man ungefähr die Art, wie sich dieser Völkerzug der atlantischen Bevölkerung allmählich ausbreitete. Ein anderer Strom ging dagegen durch das heutige Afrika hindurch. Und in Asien drüben entstand dann eine Art von Zusammenströmen dieser beiden Züge, wie wenn sich gleichsam zwei Ströme treffen und einen Wirbel bilden.

Was uns nun vorzugsweise interessieren soll, das ist, wie die Anschauungsweise, die ganze Seelenform dieser Völker oder wenigstens ihrer Hauptmassen war, welche da von der alten Atlantis nach dem

Osten hinübergeworfen wurden. Es war tatsächlich so, daß in der ersten nachatlantischen Zeit die ganze Seelenverfassung eine andere war, als sie später geworden ist, und namentlich als sie heute ist. Es war bei all diesen Völkermassen noch eine mehr hellseherische Wahrnehmung der Umgebung vorhanden. Die Menschen konnten damals Geistiges gewissermaßen noch sehen, und auch das, was heute physisch gesehen wird, wurde auf eine mehr geistige Art gesehen. Also eine mehr hellseherische Lebens- und Seelenform war damals vorhanden. Besonders wichtig ist es aber, daß dieses Hellsehen der ursprünglichen nachatlantischen Bevölkerung wieder in einer gewissen Beziehung anders war als zum Beispiel das Hellsehen der atlantischen Bevölkerung selbst in der eigentlichen Blütezeit der atlantischen Entwickelung. In der Blütezeit der atlantischen Entwickelung war das in einem hohen Grade vorhandene hellseherische Vermögen der Menschen so, daß sie hineinschauten auf reine Art in eine geistige Welt, und daß die Offenbarungen der geistigen Welt in der Menschenseele Impulse zum Guten bewirkten. Und man könnte sogar sagen: Wer mehr fähig war, in die geistige Welt hineinzuschauen, der bekam in dieser Blütezeit atlantischer Entwickelung einen größeren Impuls des Guten; und wer weniger sehen konnte, bekam einen weniger hohen Impuls des Guten.

Die Veränderungen, die dann auf der Erde vor sich gingen, waren allerdings so geartet, daß schon gegen das letzte Drittel der atlantischen Zeit, besonders aber in der nachatlantischen Zeit, gerade die guten Seiten des alten Hellsehens immer mehr und mehr dahingeschwunden waren. Nur diejenigen, welche in den Einweihungsstätten eine besondere Schulung durchmachten, hatten die guten Seiten des atlantischen Hellsehens bewahrt. Was dagegen auf natürliche Art von dem atlantischen Hellsehen geblieben war, nahm im Laufe der Zeit immer mehr einen solchen Charakter an, daß man sagen kann: Was die Menschen da sahen, führte sehr leicht zum Schauen gerade der schlimmen, der verführerischen und versuchenden Mächte des Daseins. Der hellseherische Menschenblick war nach und nach kaum mehr stark genug, die guten Kräfte zu schauen. Dagegen war es der Menschheit geblieben, Schlimmes zu schauen, dasjenige, was Versuchung, Verführung für die Menschen sein konnte. Und über bestimmte Gebiete der nachatlantischen Bevölkerung war eine gar nicht gute Form des Hellsehens verbreitet, ein Hellsehen, das eigentlich selbst schon eine Art von Versucher war.

Mit diesem Niedergehen der alten hellseherischen Kraft war nun verbunden ein Aufblühen, eine allmähliche Entwickelung jener Sinneswahrnehmung, die wir als die normale für die heutige Menschheit erkennen. Die Dinge, welche die Menschen in der ersten nachatlantischen Zeit mit ihren Augen sahen und die der Mensch heute mit seinen gewöhnlichen Augen sieht, waren damals gar nicht verführerisch, weil die versuchenden Seelenkräfte dafür noch nicht vorhanden waren. Durch ein Äußeres, wodurch heute der Mensch so sehr zum Genüßling werden kann, und wenn ein solcher Anblick auch für den heutigen Menschen der verführerischste wäre, fühlte sich der nachatlantische Mensch nicht besonders verführt. Dagegen stachelte es ihn, wenn er Erbstücke des alten Hellsehens entwickelte. Die gute Seite der geistigen Welt sah er kaum mehr, aber das Luziferische und das Ahrimanische wirkte da mit starker Gewalt auf ihn, so daß er die Kräfte und Mächte sah, die Versucher und Täuscher sein konnten. Die luziferischen und ahrimanischen Kräfte nahm also der Mensch wahr mit seinen alten, vererbten Kräften des Hellsehens. Worauf es nun ankam, das war, daß die Führer und Lenker der Menschheitsevolution, die ihre Weisheit zur Führung der Menschheit aus den Mysterien erhielten, Anstalten trafen, daß die Menschen trotz dieses Tatbestandes dennoch immer mehr und mehr zum Guten und zur Klarheit kamen.

Nun waren die Menschen, welche nach der atlantischen Katastrophe sich nach dem Osten hinüber ausgebreitet hatten, von sehr verschiedenen Entwickelungsstufen. Man kann sagen, je weiter man nach dem Osten hinüberkam, desto moralischer und geistig höher war die Entwickelungsstufe der Menschen. In gewissem Sinne wirkte das, was sich als äußeres Wahrnehmen wie eine neue Welt heranbildete, mit immer größerer Klarheit; es wirkte immer mehr so, daß es die Größe und Herrlichkeit der äußeren Sinneswelt auf die Menschen wirken ließ. Das war der Fall, je weiter man nach dem Osten hinüberkam. Starke Anlagen nach dieser Seite hin hatten namentlich jene Menschen, welche zum Beispiel in den Gegenden nördlich vom heutigen Indien wohnten, bis zum Kaspischen Meer hin, bis zum Oxus und Jaxartes. In diesem mittleren Gebiete Asiens war ein Völkergemenge angesiedelt, das wirklich das Material hergeben konnte zu mancherlei Volksströmungen, die sich dann nach verschiedenen Seiten hin ausbreiteten, auch zu jenem Volke, das wir in bezug auf seine spirituelle Weltauffassung oft charakterisiert haben, zu dem altindischen Volke.

Inmitten Asiens, bei diesem Völkergemenge, war bald nach der atlantischen Katastrophe, zum Teil schon während dieser Zeit, der Sinn für die äußere Wirklichkeit schon sehr stark entwickelt. Dabei war aber bei den Menschen, die auf diesem Gebiet inkarniert waren, noch eine lebendige Erinnerung, eine Art Erinnerungserkenntnis an das vorhanden, was sie in der atlantischen Welt erlebt hatten. Am stärksten war dies bei jener Volksmasse der Fall, welche dann nach Indien herunterzog. Sie hatte zwar ein großes Verständnis für die Herrlichkeit der äußeren Welt, sie war am weitesten fortgeschritten im Beobachten der äußeren Sinneswahrnehmungen, aber gleichzeitig war bei ihr am stärksten entwickelt die Erinnerung an die alten spirituellen Wahrnehmungen der atlantischen Zeit. Daher entwickelte sich bei diesem Volk ein starker Drang nach der geistigen Welt hinauf, an die man sich erinnerte, und eine Leichtigkeit, wieder hineinzublicken in die spirituelle Welt – daneben aber ein Gefühl, daß das, was die äußeren Sinne darboten, Maja oder Illusion sei. Daher entsprang auch bei diesem Volke der Impuls, nicht besonders auf die äußere Sinneswelt zu schauen, sondern alles zu tun, damit die Seele – jetzt durch künstliche Entwickelung, durch Joga – sich hinauferheben könne zu dem, was während der alten atlantischen Zeit der Mensch unmittelbar aus der spirituellen Welt haben konnte.

Weniger stark war diese Eigenart, die Außenwelt zu unterschätzen und als Maja oder Illusion anzuschauen und dafür nur jene Impulse zu entwickeln, welche zum Spirituellen hindrängen, bei dem im Norden von Indien gebliebenen Volksteil ausgebildet. Das war aber ein Volksgemenge, das in der tragischsten Situation war. In der ganzen Art der Begabung des alten indischen Volkes lag es, daß der Mensch mit einer gewissen Leichtigkeit eine bestimmte Jogaentwickelung durchmachen konnte, durch die er wieder hinaufgelangte in die Regionen, in welchen er in der atlantischen Zeit gelebt hatte. Leicht war es für ihn, was er als Illusion ansehen mußte, zu überwinden. Er überwand es in der Erkenntnis. Es war für ihn ein Höchstes die Erkenntnis: Diese Sinnenwelt ist eine Illusion, ist Maja; aber wenn du deine Seele entwickelst, wenn du dir Mühe gibst, dann gelangst du zu der Welt, die hinter der Sinneswelt liegt! Also durch einen inneren Vorgang überwand der Inder, was er als Maja oder Illusion ansah, und was er auch überwinden wollte.

Anders war es bei den nördlichen Völkern, welche in der Geschichte dann die Arier im engeren Sinne genannt werden: bei den Persern, Medern, Bakterern und so weiter. Da war auch stark der Sinn entwickelt für äußere Anschauung, für den äußeren Intellekt. Aber es war der innere Drang, der Impuls, dasselbe durch innere Entwickelung, durch eine Art von Joga erreichen zu wollen, was der atlantische Mensch auf naturgemäße Weise hatte, nicht besonders stark vorhanden. Es war die lebendige Erinnerung bei den nördlichen Völkern nicht so vorhanden, daß sie sie umsetzten in ein Streben, die Illusion der äußeren Welt in der Erkenntnis zu überwinden. Die Seelenverfassung der Inder war nicht bei diesen nördlichen Völkern vorhanden. Bei ihnen war eine Seelenverfassung vorhanden, in der ein jeder bei dem iranischen, persischen oder medischen Volke so etwas fühlte, was, wenn wir es mit unseren heutigen Worten aussprechen wollten, sich in folgender Weise ausnehmen würde: Wenn wir als Menschen einstmals in der spirituellen Welt darinnen waren und Geistiges, Seelisches erlebt und gesehen haben, und jetzt in die physische Welt hinausversetzt sind und vor einer Welt stehen, die wir mit unseren Augen sehen, mit dem Intellekt begreifen, welcher an das Gehirn gebunden ist, dann liegt der Grund dazu nicht bloß im Menschen, und man kann das, was da zu überwinden ist, nicht bloß im Inneren des Menschen überwinden, es ist nichts Besonderes dadurch getan! – Es hätte der Iranier gesagt: Es muß nicht nur mit dem Menschen eine Veränderung vorgegangen sein, es muß sich die Natur und alles, was auf der Erde ist, verändert haben, wenn der Mensch heruntergestiegen ist. Daher kann es nicht genügen, daß wir Menschen dasjenige, was um uns herum ist, lassen wie es ist, und einfach sagen: Es ist alles Illusion, Maja, und wir selber steigen hinauf in die geistige Welt! Dann ändern wir zwar uns, aber nicht das, was sich in der ganzen umliegenden Welt geändert hat. – Daher sagte er nicht: Draußen breitet sich die Maja aus, ich selbst werde diese Maja überschreiten, in mir selbst die Überwindung der Maja und damit die spirituelle Welt erreichen! – Nein, er sagte: Der Mensch gehört mit der übrigen umliegenden Welt zusammen, er ist nur ein Glied davon. Wenn also das, was göttlich im Menschen ist, und was aus göttlich-geistigen Höhen heruntergestiegen ist, umgewandelt werden soll, so darf nicht bloß das zurückverwandelt werden, was im Menschen ist, sondern es muß auch dasjenige zurückverwandelt werden, was in unserer Umgebung ist. – Das gab diesen Völkern besonders den Impuls, tatkräftig einzugreifen in die Umgestaltung und Umschaffung der Welt.

Während man in Indien sagte: Die Welt ist heruntergestiegen; was sie jetzt bietet, ist Maja –, sagte man nördlich davon: Gewiß, die Welt ist heruntergeschritten; aber wir müssen sie so verändern, daß wieder ein Geistiges aus ihr wird! – Sinnen, Erkenntnis-Sinnen war der Grundcharakter des indischen Volkes. Mit der Welt wurde dieses Volk dadurch fertig, daß es die Sinneswahrnehmung Illusion oder Maja nannte. Tatkraft, äußere Energie, Wille zum Umarbeiten dessen, was in der äußeren Natur ist, das war der Grundcharakter des iranischen Volkes und der übrigen nördlichen Völker. Sie sagten: Was um uns herum ist, das ist aus Göttlichem heruntergestiegen; aber der Mensch ist dazu berufen, es zum Göttlichen wieder zurückzuführen! – Was im Grunde genommen schon im Volkscharakter lag bei den Iraniern, das wurde auf ein Höchstes gehoben und mit der größten Energie durchsetzt bei den geistigen Führern, die aus den Mysterien hervorgingen.

Vollständig verstehen, auch äußerlich, kann man das, was ostwärts und südwärts vom Kaspisee sich abspielte, nur dann, wenn man es vergleicht mit dem, was mehr nördlich davon vorging, also in Gegenden, die an das heutige Sibirien, an das heutige Rußland angrenzen, sogar bis nach Europa hinein sich erstrecken. Da waren Menschen, welche sich in hohem Grade das alte Hellsehen bewahrt hatten, und bei denen sich in gewisser Beziehung die Waage hielten die Möglichkeit des alten geistigen Wahrnehmens und die des sinnlichen Anschauens, des neuen

Verstandesdenkens. Bei ihnen war in weitesten Kreisen noch ein Hineinschauen in die geistige Welt vorhanden. Wenn man den Charakter dieses Hineinschauens in die geistige Welt, das allerdings schon auf eine niedere Stufe heruntergestiegen war und bei diesen Völkerschaften im wesentlichen – wie wir heute sagen würden – ein niederes astralisches Hellsehen war, in Betracht zieht, so ergibt sich für die Gesamtentwickelung der Menschheit eine bestimmte Folge daraus. Wer mit dieser Art von Hellsehen begabt ist, wird ein ganz bestimmter Mensch. Der Mensch erhält da eine gewisse Charakteranlage. Das zeigt sich besonders bei diesen Völkermassen, die im Volkscharakter dieses niedere Hellsehen hatten. Ein solcher Mensch hat im wesentlichen den Drang, von der Naturumgebung zu fordern, was er zu seinem Lebensunterhalt braucht, und möglichst wenig zu tun, um es der Natur zu entreißen. Schließlich weiß er ja, so wahr wie der heutige Sinnenmensch weiß, daß es Pflanzen, Tiere und so weiter gibt, daß es göttlich-geistige Wesenheiten gibt, die in alledem darinnenstecken; denn er sieht sie. Er weiß auch, daß sie die mächtigen Wesen sind, die hinter den physischen Wesenheiten stehen. Aber er kennt sie auch so genau, daß er von ihnen fordert, sie sollen ihm ohne viel Arbeit das Dasein fristen, in das sie ihn hineingestellt haben. Man könnte vieles anführen, was äußerlicher Ausdruck ist für die Stimmung und Gesinnung dieser astralisch hellsehenden Menschen. Nur eines soll jetzt dafür angeführt werden.

In dieser Zeit, die jetzt für uns zu betrachten wichtig ist, waren alle diese Völkerschaften, die mit einem in der Dekadenz begriffenen Hellsehen begabt waren, Nomadenvölker, die, ohne seßhaft zu sein, ohne feste Wohnsitze zu gründen, als Hirten herumstreiften, keinen Fleck besonders lieb hatten, auch das, was die Erde ihnen bot, nicht besonders pflegten, und auch gern bereit waren zu zerstören, was um sie herum war, wenn sie etwas brauchten zu ihrem Lebensunterhalt. Aber etwas zu leisten, um das Kulturniveau zu erhöhen, um die Erde umzugestalten, dazu waren diese Völker nicht aufgelegt.

So entstand der große, der wichtige Gegensatz, der vielleicht zu dem Allerwichtigsten der nachatlantischen Entwickelung gehört: der Gegensatz zwischen diesen mehr nördlichen Völkern und den iranischen Völkern. Bei den Iraniern entwickelte sich die Sehnsucht, einzugreifen in das Geschehen rings um sie herum, seßhaft zu werden, was man als Mensch und als Menschheit hat, durch Arbeit sich zu erringen, das heißt also wirklich durch die menschlichen Geisteskräfte die Natur umzugestalten. Das war gerade in diesem Winkel der größte Drang der Menschen. Und unmittelbar daran stieß nach Norden jenes Volk, das hineinschaute in die geistige Welt, das sozusagen auf «du und du» war mit den geistigen Wesenheiten, das aber nicht gern arbeitete, das nicht seßhaft war und gar kein Interesse daran hatte, die Kulturarbeit in der physischen Welt vorwärts zu bringen.

Das ist der größte Gegensatz vielleicht, der sich äußerlich in der Geschichte der nachatlantischen Zeiten gebildet hat, und der rein eine Folge ist der verschiedenen Arten der Seelenentwickelung. Es ist der Gegensatz, den man in der äußeren Geschichte auch kennt: der große Gegensatz zwischen Iran und Turan. Aber man kennt nicht die Ursachen. Hier haben wir jetzt die Gründe.

Im Norden, nach Sibirien hinein: Turan, jenes Völkergemenge, das in hohem Grade mit den Erbstücken eines niederen astralischen Hellsehens begabt war, das infolge dieses Lebens in der geistigen Welt keine Neigung und keinen Sinn hatte, eine äußere Kultur zu begründen, sondern – weil diese Menschen mehr passiver Art waren und sogar zu ihren Priestern vielfach niedere Magier und Zauberer hatten – sich namentlich da, wo es auf das Geistige ankam, mit niederer Zauberei, ja zum Teil sogar mit schwarzer Magie beschäftigte. Im Süden davon: Iran, jene Gegenden, in denen frühzeitig der Drang entstand, mit den primitivsten Mitteln dasjenige, was in der Sinneswelt uns gegeben ist, durch menschliche Geisteskraft umzugestalten, so daß auf diese Weise äußere Kulturen entstehen können.

Das ist der große Gegensatz zwischen Iran und Turan. In einer schönen Weise wird mythisch, legendenhaft angedeutet, wie der nach dieser Kulturseite vorgeschrittenste Teil der Menschen von Norden herunterzog bis in die Gegend, die wir als die iranische angesprochen haben. Und wenn uns in der Legende von Dschemshid, jenem Könige, der seine Völker von Norden heruntergeführt hat nach Iran, erzählt wird: er bekam von jenem Gotte, der nach und nach anerkannt werden wird, den er Ahura Mazdao nannte, einen goldenen Dolch, mit dem er seine Mission auf der Erde erfüllen sollte – dann müssen wir uns klar sein, daß mit dem goldenen Dolch des Königs Dschemshid, der seine Völker herausentwickelte aus der trägen Masse der Turanier, dasjenige gegeben war, was das an die äußeren Menschenkräfte gebundene Weisheitsstreben ist, jenes Weisheitsstreben, welches die vorher in Dekadenz gekommenen Kräfte wieder heraufentwickelt und sie durchdringt und durchwebt mit dem, was der Mensch auf dem physischen Plan an Geisteskraft erringen kann. Dieser goldene Dolch hat als Pflug die Erde umgegraben, hat aus der Erde Ackerland gemacht, hat die ersten primitivsten Erfindungen der Menschheit gebracht. Er hat fortgewirkt und wirkt bis heute in alledem, auf das die Menschen als ihre Kulturerrungenschaften stolz sind. Das ist etwas Bedeutsames, daß der König Dschemshid, der herunterzog aus Turan in die iranischen Gebiete, von Ahura Mazdao diesen goldenen Dolch erhielt, der den Menschen die Kraft gibt, sich die äußere sinnliche Welt zu erarbeiten.

Dieselbe Wesenheit, von der dieser goldene Dolch stammt, ist auch der große Inspirator jenes Führers der iranischen Bevölkerung, den wir als Zarathustra oder Zoroaster, Zerdutsch kennen. Und Zarathustra war es, der in uralten Zeiten – bald nach der atlantischen Katastrophe – mit den Gütern, die er aus den heiligen Mysterien heraustragen konnte, jenes Volk durchdrang, das den Drang hatte, die äußere Kultur mit menschlicher Geisteskraft zu durchweben. Dazu sollte Zarathustra diesen Völkern, die nicht mehr die alte atlantische Fähigkeit hatten, hineinzuschauen in die geistige Welt, neue Aussichten und neue Hoffnungen auf die geistige Welt geben. So eröffnete Zarathustra jenen Weg, den wir öfter besprochen haben, auf dem die Völker einsehen sollten, daß in dem äußeren Sonnenlichtleib nur gegeben ist der äußere Leib eines hohen geistigen Wesens, welches er, im Gegensatz zu der kleinen menschlichen Aura, die «Große Aura», Ahura Mazdao nannte. Er wollte damit andeuten, daß dieses zwar jetzt noch weit entfernte Wesen einstmals heruntersteigen würde auf die Erde, um innerhalb der Menschheitsgeschichte sich substantiell mit der Erde zu vereinigen und im Menschheitswerden weiter zu wirken. Damit wurde für diese Menschen von Zarathustra auf dieselbe Wesenheit hingewiesen, die später in der Geschichte als der Christus lebte.

Damit hatte Zarathustra oder Zoroaster etwas Großes, etwas Gewaltiges vollbracht. Er hatte der neuen nachatlantischen Menschheit, der entgötterten Menschheit, wieder den Aufstieg gebracht zu einem Geistigen und die Hoffnung, daß die Menschen mit den Kräften, die heruntergestiegen waren auf den physischen Plan, dennoch zum Geistigen kommen können. Der alte Inder erreichte das alte Geistige wieder in einer gewissen Weise durch die Jogaschulung. Ein neuer Weg aber sollte den Menschen eröffnet werden durch das, was Zarathustra brachte.

Zarathustra hatte nun einen bedeutsamen Beschützer. – Ich möchte ausdrücklich betonen, daß ich von Zarathustra als von einem Wesen spreche, welches schon die Griechen in die Zeit fünftausend Jahre vor dem Trojanischen Krieg versetzten, das also nichts zu tun hat mit dem, was die äußere Geschichte als Zarathustra bezeichnet, und auch nichts mit dem, was in der Zeit des Darius als Zarathustra erwähnt wird. – Der Zarathustra dieser alten Zeiten hatte einen Beschützer, welcher mit dem später üblich gewordenen Namen Guschtasb bezeichnet werden kann. Wir haben also in Zarathustra eine mächtige priesterhafte Natur, welche auf den großen Sonnengeist, auf Ahura Mazdao, hinweist, auf jene Wesenheit, welche der Führer sein soll für die Menschen aus dem äußeren Physischen zurück zum Geistigen. Und in Guschtasb haben wir die königliche Natur dessen, der geneigt war, alles zu tun auf dem äußeren Gebiete, was die großen Inspirationen Zarathustras in der Welt verbreiten konnte. Daher konnte es nicht ausbleiben, daß diese Inspirationen und diese Intentionen, welche in dem alten Iran durch Zarathustra, durch Guschtasb sich geltend machten, zusammenstießen mit dem, was unmittelbar nördlich dieses Gebietes war. Und es entwickelte sich durch diesen Zusammenstoß tatsächlich einer der größten Kriege, die es in der Welt gegeben hat, von dem die äußere Geschichte nicht viel berichtet, weil er in uralte Zeiten fällt. Es war ein gewaltiger Zusammenstoß zwischen Iran und Turan. Und es entwickelte sich aus diesem Kriege, der nicht Jahrzehnte, der Jahrhunderte dauerte, eine gewisse Stimmung, die lange Zeit im Inneren Asiens andauerte, eine Stimmung, die etwa in folgender Weise in Worte gefaßt werden muß.

Der Iranier, der Zarathustra-Mensch, sagte sich etwa folgendes: Überall, wo wir hinschauen, gibt es eine Welt, die zwar herabgestiegen ist aus dem Göttlich-Geistigen, die sich aber jetzt darstellt wie ein Abfall von der früheren Höhe. Wir müssen voraussetzen, daß alles, was um uns herum ist als die Welt der Tiere, Pflanzen und Mineralien, früher höher war, und daß alles dies in Dekadenz gekommen ist. Der Mensch aber hat die Hoffnung, es wieder hinaufzuführen. – Nehmen wir zum Beispiel ein Tier. Reden wir so, daß wir das, was in dem Gefühl eines Iraniers lebte, übersetzen in unsere Sprache, und reden wir so, wie etwa ein Lehrer in der Schule zu seinen Schülern reden würde, wenn er eine ähnliche Gesinnung charakterisieren wollte. Dann könnten wir sagen: Sieh dir an, was du um dich herum hast. Das war früher geistiger; jetzt ist es heruntergestiegen, ist in Dekadenz gekommen. Nehmen wir einmal den Wolf. Das Tier, das im Wolf ist, das du als sinnliches Wesen siehst, ist heruntergestiegen, ist in Dekadenz gekommen. Es zeigte vor allen Dingen früher seine schlechten Eigenschaften nicht. Du aber, wenn in dir selbst gute Eigenschaften keimen, wenn du deine guten Eigenschaften und geistigen Kräfte zusammen nimmst, du kannst das Tier zähmen. Du kannst ihm einverweben deine eigenen Eigenschaften. Dann kannst du aus dem Wolf einen zahmen Hund bilden, der dir dient! Da hast du in Wolf und Hund zwei Wesen, die gleichsam zwei Weltenströmungen charakterisieren. – Die Menschen, die ihre geistigen Kräfte verwendeten, um die Umwelt zu bearbeiten, sie waren imstande, die Tiere zu zähmen, auf eine höhere Stufe zu bringen, während die anderen, welche ihre Kräfte nicht dazu verwendeten, die Tiere so ließen, wie sie waren, so daß sie immer tiefer und tiefer sinken mußten. Das sind zwei verschiedene Kräfte. Die eine tritt in der Stimmung hervor: Wenn ich die Natur so lasse, wie sie ist, dann sinkt sie immer tiefer und tiefer herunter, dann wird alles wild. Die andere: Aber ich kann meine geistigen Augen auf eine gute Macht richten, deren Bekenner ich bin, dann hilft sie mir, dann kann ich das, was hinuntersinken will, mit ihrer Hilfe wieder hinaufführen. Diese Macht, zu der ich hinaufblicken kann, sie kann mir die Hoffnung zu einer Weiterentwickelung geben! – Diese Macht identifizierte sich für den Iranier mit Ahura Mazdao, und er sagte sich: Alles, was der

Mensch tun kann, um die Kräfte der Natur zu veredeln, um sie hinaufzuheben, das kann geschehen, wenn der Mensch sich verbindet mit Ahura Mazdao, mit der Kraft des Ormuzd. Ormuzd ist eine aufwärtsgehende Strömung. Wenn der Mensch aber die Natur so läßt, wie sie ist, dann kann man sehen, wie alles in die Wildheit hineintreibt. Das kommt von Ahriman! – Und nun entwickelte sich folgende Stimmung im iranischen Gebiete: Im Norden von uns gehen viele Menschen herum. Sie sind im Dienste von Ahriman. Das sind die Ahrimanleute, die nur in der Welt herumstreifen und nur nehmen, was ihnen die Natur bietet, die nicht Hand anlegen wollen, um die Natur zu vergeistigen. Wir aber wollen uns verbünden dem Ormuzd, dem Ahura Mazdao!

So fühlte man in der Welt die Zweiheit, die da auftrat. So fühlten die iranischen Menschen, die Zarathustra-Menschen, und was sie so fühlten, das brachten sie auch in den Gesetzen zum Ausdruck. Sie wollten ihr Leben so einrichten, daß in der äußeren Gesetzgebung der Drang nach aufwärts zum Ausdruck kommen sollte. Das war die äußere Folge des Zarathustrismus. So müssen wir den Gegensatz von Iran und Turan ansprechen. Und jenen Krieg, von dem die okkulte Geschichte so vieles und so Genaues berichtet, den Krieg zwischen Ardschasb und Guschtasb, wovon der eine der König der Turanier war und der andere der Beschützer des Zarathustra, diesen Krieg als Gegensatz zwischen Nord und Süd müssen wir als Stimmung sich fortsetzen sehen auf die beiden Gebiete Iran und Turan. Wenn wir das begreifen, werden wir fließen sehen eine gewisse Seelenströmung von Zarathustra aus auf die ganze Menschheit, auf die er gewirkt hat.

So mußte zunächst charakterisiert werden, wie das ganze Milieu, die ganze Umgebung war, in welche Zarathustra hineingestellt war. Denn wir wissen ja, daß diejenige Individualität, die in das Blut, das von Abraham durch dreimal vierzehn Generationen hinunterfloß, sich hineininkarnierte und die im Matthäus-Evangelium als Jesus von Nazareth auftritt, die Zarathustra-Individualität war. Sie mußten wir zunächst dort aufsuchen, wo sie uns zuerst in der nachatlantischen Zeit entgegentritt. Und jetzt entsteht für uns die Frage: Wieso war gerade das Blut, das von Abraham in Vorderasien durch die Generationen hinunterrann, dasjenige, welches am besten geeignet sein konnte für eine spätere Leiblichkeit des Zarathustra? Denn eine der nachfolgenden Inkarnationen des Zarathustra ist der Jesus von Nazareth.

Damit diese zweite Frage aufgeworfen werden kann, war es notwendig, zuerst die Frage nach dem Zentrum aufzuwerfen und zu beantworten, nach jenem Zentrum, das sich in diesem Blute zum Ausdruck bringt. Wir haben in der Zarathustra-Individualität dieses Zentrum, welches sich in dieses Blut des hebräischen Volkes hineininkarniert. Wir werden nun morgen zu besprechen haben, warum es gerade dieses Blut, dieses Volkstum sein mußte, aus dem Zarathustra seine äußere Leiblichkeit nahm.

ZWEITER VORTRAG

Bern, 2. September 1910

Es wird notwendig sein, daß in den Anfangsvorträgen dieses Zyklus einiges von dem wieder vorkommt, was schon bei der Beleuchtung des Lukas-Evangeliums gesagt worden ist. Gewisse Tatsachen im Leben des Christus Jesus sind ja nur zu verstehen, wenn man diese beiden Evangelien ein wenig miteinander vergleicht.

Was in erster Linie von Bedeutung ist zum inneren Verständnis des Matthäus-Evangeliums, das ist, daß jene Individualität, von der uns dieses Evangelium zunächst erzählt, in bezug auf ihre Leiblichkeit herstammt von Abraham und durch die Vererbung durch dreimal vierzehn Generationen hindurch sozusagen einen Extrakt des gesamten Volkstumes der Abrahamiten, der Hebräer, in sich trägt und daß diese Individualität für den Geisteswissenschafter dieselbe ist, welche wir als die des Zoroaster oder Zarathustra ansprechen. Wir haben gestern gleichsam die äußerliche Umgebung dargestellt, in welche jener Zoroaster oder Zarathustra hineinwirkte. Es wird notwendig sein, auch noch einiges von den Weltanschauungen und Ideen zu erwähnen, welche die Kreise Zarathustras beherrschten. Man muß nämlich sagen, daß auf jenem Gebiete, innerhalb dessen in uralten Zeiten Zoroaster oder Zarathustra gewirkt hat, eine Weltanschauung aufblühte, die in ihren großen Zügen tief Bedeutsames enthält. Man braucht nur einige Sätze auszusprechen von dem, was ja immerhin als die Lehre des ältesten Zarathustra angesehen werden darf, um auf tiefe Grundlagen der ganzen nachatlantischen Weltanschauung hinzuweisen.

Auch schon äußerlich in der Geschichte wird uns gesagt, daß jene Lehre, innerhalb welcher auch Zarathustra wirkte, ausgehe von zwei Prinzipien, welche wir bezeichnen als das Prinzip des Ormuzd, des guten, lichtvollen Wesens, und als das Prinzip des Ahriman, des finsteren, des bösen Wesens. Aber es wird zu gleicher Zeit auch schon in der äußeren Darstellung dieses religiösen Systems betont, daß diese beiden Prinzipien – Ormuzd oder Ahura Mazdao und Ahriman – doch wieder zurückgehen auf ein gemeinschaftliches Prinzip: Zeruane Akarene.

Was ist dieses einheitliche, gleichsam Urprinzip, aus dem die beiden anderen, sich in der Welt bekämpfenden Prinzipien herstammen? Man übersetzt Zeruane Akarene gewöhnlich mit den Worten «die unerschaffene Zeit». Man kann also sagen: Es führt die Zarathustra-Lehre zuletzt zurück auf das Urprinzip, in dem wir zu sehen haben die ruhige, im Weltenlaufe dahinfließende Zeit. Dabei liegt es allerdings schon in jener Wortbedeutung, daß man nicht wiederum fragen kann nach dem Ursprunge dieser Zeit, dieses Zeitenumlaufes. – Es ist wichtig, daß man sich insbesondere einmal diese Idee deutlich zum Bewußtsein bringt: daß man von irgend etwas im Weltenzusammenhange sprechen kann, ohne innerlich berechtigt zu sein, zum Beispiel nach den Ursachen eines solchen ersten Prinzips wieder zu fragen. Das äußerliche abstrakte Denken der Menschen wird es sich ja kaum jemals nehmen lassen, wenn auf irgendeine Ursache hingewiesen wird, immer wieder und wieder zu fragen nach der Ursache dieser Ursache, und so gleichsam die Begriffe in alle Ewigkeit nach rückwärts herumzudrehen. Man müßte sich einmal, wenn man wirklich feststehen wollte auf dem Boden der Geisteswissenschaft, durch gründliche Meditation klarmachen, daß die Frage nach dem Ursprung, nach der Ursache, irgendwo haltmachen muß, irgendwo aufhören muß, und daß, wenn man von einem gewissen Punkte aus weiter nach den Ursachen fragt, man ein bloßes Spiel des Denkens treibt.

Ich habe in meiner «Geheimwissenschaft im Umriß» auf diese erkenntnistheoretische Tatsache hingewiesen. Ich habe gesagt: Man könnte wohl fragen, wenn man auf einer Straße Furchen sieht, woher die Furchen kommen. Man kann antworten: Von den Rädern eines Wagens. Man kann weiter fragen, wo sich die Räder an dem Wagen befinden? Man kann fragen, warum die Furchen von dem Wagen gezogen worden sind? und kann als Antwort erhalten: Weil er über die Straße gefahren ist. Man kann weiter fragen: Warum er über die Straße gefahren ist? und mag als Antwort bekommen: Weil er einen Menschen über die Straße fahren sollte. – Man kommt aber bei diesem Fragen zuletzt zu den Entschlüssen, welche jenen Menschen dazu geführt haben, den Wagen zu benutzen. Und wenn man dann nicht dabei stillsteht, daß der Mensch diese Absicht gehabt hat, wenn man weiter fragt nach den Ursachen dieser Absicht, dann verfehlt man das eigentlich Inhaltvolle und bleibt in einem Fragespiel stecken.

So ist es auch bei den großen Weltanschauungsfragen. Irgendwo muß haltgemacht werden. Haltgemacht werden muß nach dem, was den Lehren des Zarathustrismus zugrunde liegt, bei der Zeit, die im ruhigen Laufe dahinfließt. Nun teilt der Zarathustrismus die Zeit selbst wieder in zwei Prinzipien, oder besser gesagt, er läßt aus ihr zwei Prinzipien hervorgehen: ein gutes, ein Lichtprinzip, das ich Ihnen gestern ziemlich konkret charakterisieren konnte als das Ormuzdprinzip, und ein böses, ein Finsternisprinzip, das Ahrimanprinzip. Es liegt dieser urpersischen Auffassung wirklich ein ungeheuer tief Bedeutungsvolles zugrunde, nämlich das, daß alles Böse, alles Üble in der Welt, alles, was in seinem physischen Bilde als das Dunkle, als das Finstere bezeichnet werden muß, nicht ursprünglich ein Böses, ein Finsteres, ein Übles ist. Gerade darauf machte ich aufmerksam, daß das urpersische Denken zum Beispiel den Wolf, der in einer gewissen Weise etwas Wildes, etwas Schlimmes darstellt, etwas, woran das Ahrimanprinzip arbeitet, so ansieht, daß er sich herunterentwickelt hat, als er sich selbst überlassen blieb und das Ahrimanprinzip in ihm wirksam sein konnte, daß also in diesem Sinne der Wolf ursprünglich heruntergeglitten ist von einem Wesen, dem wir das Gute nicht absprechen dürfen. Das liegt nach urpersischer, nach urarischer Auffassung allem Werden zugrunde: daß Schlimmes, Übles, Böses dadurch entsteht, daß etwas, was in einem früheren Zeitpunkt in seiner damaligen Gestalt ein Gutes war, diese Gestalt in einen späteren Zeitraum hinein bewahrt hat, daß dieses also, statt sich zu ändern, statt fortzuschreiten, die Gestalt sich bewahrt hat, welche einem früheren Zeitpunkt angemessen war. Alles Schlimme, alles Finstere und Böse leitet die urpersische Anschauung einfach davon ab, daß die Gestalt eines Wesens, welche in einem früheren Zeitpunkt eine gute war, in eine spätere Zeit hinein so geblieben ist, anstatt sich entsprechend zu verändern. Und aus dem Zusammenstoß einer solchen, aus einem früheren Zeitraum hereingetragenen Wesensform in eine spätere Zeit mit demjenigen, was fortgeschritten ist, daraus entsteht der Kampf des Guten mit dem Bösen. So ist der Streit zwischen Gut und Böse nach urpersischer Auffassung kein anderer als der Streit zwischen dem, was seine richtige Gestalt in der Gegenwart hat, und dem, was seine alte Gestalt in die Gegenwart hineinträgt. Es ist also das Böse nicht ein absolutes Böses, sondern nur ein versetztes Gutes, etwas, das gut war in einer früheren Zeit. So erscheint das Böse, welches sich in die Gegenwart hineinstellt, als ein Geschehnis, das eine frühere Zeit hereinbewahrt in die Gegenwart. Da, wo das Frühere und das Spätere noch nicht miteinander in Kampf treten, fließt noch die ungeschiedene, nicht in ihre einzelnen Momente real auseinandergetretene Zeit dahin.

Das ist eine tief bedeutsame Anschauung, die wir hier auf dem Grund der ersten nachatlantischen Volkstümer im Zarathustrismus finden. Und diese Anschauung, die wir eigentlich auch als das Grundprinzip des Zarathustrismus ansehen können, schließt in sich, wenn sie in der richtigen Art betrachtet wird, gerade dasjenige, was wir gestern von einer gewissen Seite her charakterisieren konnten, und was wir so stark hervortreten sehen gerade bei jenen Völkern, welche sich anlehnten an die Lehren des Zarathustra. Wir sehen überall bei diesen Völkerschaften Einsicht in die Notwendigkeit, daß diese zwei, gleichsam aus dem gleichförmigen Strom der Zeit herausgewachsenen Momente sich einander gegenübertreten in der Zeit selbst und erst im Laufe der Zeit überwunden werden. Wir sehen die Notwendigkeit, daß das Junge entstehe und daß das Alte erhalten bleibe, und daß im Ausgleich des Alten mit dem Jungen das Weltenziel, insbesondere das Erdenziel nach und nach erreicht werde. So, wie wir sie jetzt charakterisiert haben, liegt aber diese Anschauungsweise auch zugrunde aller Höherentwickelung, wie sie auftrat innerhalb dessen, was aus dem Zarathustrismus herstammt. Nachdem der Zarathustrismus in den gestern charakterisierten Zeiten sich seinen Ursitz in jenen Gegenden hat anweisen lassen, wirkte er überall, wo er auftrat. Und wir werden gleich sehen, wie unermeßlich stark er auf alle Folgezeit wirkte. Er wirkte in der Weise, daß er den Gegensatz des Alten und des Jungen hineinträufeln ließ in alles, was er wirkte. Und er wirkte tief.

Zarathustra konnte so tief auf alle Folgezeit wirken, weil er in der Zeit, wo er aufgestiegen war zu der höchsten der Initiationen, die zu seiner Zeit zu erreichen war, zwei Schüler sich herangezogen hatte.

Ich habe sie schon erwähnt. Den einen lehrte er alles, was sich bezieht auf die Geheimnisse des Raumes, der sich um uns herum sinnlich ausbreitet, also alles, was die Geheimnisse des Gleichzeitigen sind; dann lehrte er den anderen Schüler alles, was die Geheimnisse der dahinfließenden Zeit sind, die Geheimnisse der Evolution, der Entwickelung. Auch darauf habe ich schon hingewiesen, daß in einem bestimmten Zeitpunkt einer solchen Schülerschaft, wie sie bestand bei diesen beiden großen Schülern gegenüber dem Zarathustra, etwas ganz Besonderes eintritt: daß der Lehrer hinopfern kann etwas von seiner eigenen Wesenheit für seine Schüler. Und Zarathustra, wie er war in seiner Zarathustra-Zeit, hat aus seiner eigenen Wesenheit für seine beiden Schüler hingeopfert seinen eigenen Astralleib und seinen eigenen Ätherleib. Die Individualität des Zarathustra, seine innerste Wesenheit, blieb ja in sich geschlossen erhalten zu immer wiederkehrenden Inkarnationen. Aber, was gleichsam das astralische Kleid war des Zarathustra, der astralische Leib, in dem er als Zarathustra in uralten Zeiten der nachatlantischen Entwickelung gelebt hat, dieses astralische Kleid war so vollkommen, so durchdrungen von der ganzen Wesenheit des Zarathustra, daß es nicht zerstob wie andere astralische Kleider der Menschen, sondern in sich geschlossen blieb. Im Weltenwerden können solche durch die Tiefe der Individualität, die sie getragen hat, in sich zusammengeschlossene menschliche Hüllen erhalten bleiben. Und der astralische Leib des Zarathustra blieb erhalten. Und der eine der Schüler, der von Zarathustra erhalten hatte die Raumeslehre und die Geheimnisse alles dessen, was gleichzeitig unseren Sinnesraum durchdringt, dieser Schüler wurde wiedergeboren in jener Persönlichkeit, welche in der Geschichte genannt wird Thoth oder Hermes der Ägypter. Dieser wiederinkarnierte Schüler des Zarathustra, der dazu ausersehen war – so lehrt die okkulte Forschung –, jener ägyptische Hermes oder Thoth zu werden, er sollte nicht nur in sich alles befestigen, was er in einer früheren Inkarnation von Zarathustra überkommen hatte, sondern er sollte es noch dadurch zur Festigkeit bringen, daß ihm in jener Art, wie es durch die heiligen Mysterien möglich ist, einverleibt wurde, eingegossen, einfiltriert wurde der erhalten gebliebene astralische Leib des Zarathustra selber. So wurde die Individualität dieses Zarathustra-

Schülers wiedergeboren als der Inaugurator der ägyptischen Kultur, und einverleibt wurde diesem Hermes oder Thoth der astralische Leib des Zarathustra selbst. Wir haben also direkt ein Glied der Zarathustra-Wesenheit in dem ägyptischen Hermes. Und mit diesem Glied und mit dem, was er sich mitgebracht hatte von seiner Schülerschaft des Zarathustra, wirkte Hermes alles, was wir an Großem und Bedeutungsvollem in der ägyptischen Kultur haben.

Damit so etwas geschehen konnte, was durch diesen Missionar, durch diesen Sendboten Zarathustras geschah, mußte natürlich ein Volkstum in entsprechender Weise vorhanden sein. Nur bei diesen Völkerschaften, wo Menschen waren, die auf dem mehr südlichen Wege aus den atlantischen Gegenden herübergezogen waren und sich im Osten Afrikas niedergelassen hatten und die sich vieles von ihrer atlantischen Art des Hellsehens bewahrt hatten, nur dort konnte fruchtbaren Boden finden, was Hermes, der Schüler Zarathustras, einpflanzen konnte. Da stieß zusammen das Wesen der Seele in der ägyptischen Bevölkerung mit dem, was Hermes geben konnte, und dadurch bildete sich die ägyptische Kultur aus.

Das war nun eine ganz besondere Art von Kultur. Denken Sie nur einmal an alles, was als die Geheimnisse des gleichzeitig im Raume Bestehenden dem Hermes als ein teures Gut von seinem Lehrer Zarathustra übergeben worden war. Dadurch hatte Hermes in seiner Wesenheit gerade das Allerwichtigste, was Zarathustra beherrschte. Wir haben öfter darauf hingewiesen, daß es zum Charakteristischsten der Zarathustra-Lehre gehörte, daß Zarathustra seine Leute hinwies nach dem Sonnenleib, nach dem äußeren Licht und dem äußeren physischen Lichtkörper der Sonne und ihnen zeigte, wie dieser Sonnenkörper nur die äußere Hülle einer hohen geistigen Wesenheit ist. Also, was durch die Räume als Wesenheit zugrunde liegt der ganzen Natur, was gleichzeitig ist, aber durch die Zeit immer fortschreitet von Epoche zu Epoche und sich in einer bestimmten Epoche immer neu zeigt, dies hatte Zarathustra in bezug auf seine Geheimnisse dem Hermes anvertraut. Was von der Sonne ausgeht und sich von der Sonne weiterentwickelt, das beherrschte Hermes. Das konnte er legen in die Seelen derer, die herübergekommen waren aus der atlantischen Bevölkerung, weil diese

Seelen wie durch natürliche Gaben selbst einst hineingesehen hatten in die Sonnengeheimnisse und sich in der Erinnerung etwas davon bewahrt hatten. Es war ja alles in fortschreitender Linie in Entwickelung. Sowohl die Seelen derer, welche die Hermes-Weisheit empfangen sollten, haben sich in fortschreitender Art entwickelt, wie auch Hermes selber.

Anders war es bei dem zweiten Schüler des Zarathustra. Er hatte diejenigen Geheimnisse empfangen, welche sich auf den Zeitlauf beziehen, und er mußte daher mitempfangen, was wie die Stauung des Alten und des Jungen, wie etwas Gegensätzliches, polarisch Wirkendes in der Evolution darinnen steht. Aber auch für diesen Schüler hatte Zarathustra einen Teil seiner eigenen Wesenheit hingeopfert, so daß auch dieser zweite Schüler bei der Wiedergeburt empfangen konnte das Opfer des Zarathustra. Während also die Individualität des Zarathustra erhalten blieb, wurden die Hüllen von ihm getrennt; sie blieben aber, weil sie von einer so mächtigen Individualität zusammengehalten waren, intakt und zerstoben nicht. Dieser zweite Schüler, welcher die Zeitenweisheit – im Gegensatz zur Raumesweisheit – erhalten hatte, empfing zu einer bestimmten Zeit seiner Wiederverkörperung den Ätherleib des Zarathustra, welchen Zarathustra ebenso hingeopfert hatte wie seinen astralischen Leib. Kein anderer ist dieser wiedergeborene Zarathustra-Schüler als Moses. Moses erhält einverleibt in ganz früher Kindheit den erhalten gebliebenen Ätherleib des Zarathustra. In einer geheimnisvollen Weise ist in den religiösen Urkunden, die wirklich auf Okkultismus gebaut sind, alles enthalten, was uns auf solche Geheimnisse, wie sie uns die okkulte Forschung lehrt, hinweisen kann. Wenn Moses der wiederinkarnierte Schüler des Zarathustra war und einverleibt erhalten sollte den erhalten gebliebenen Ätherleib des Zarathustra, dann mußte mit ihm etwas ganz Besonderes geschehen. Bevor er die entsprechenden Eindrücke aus der Umgebung wie ein anderer Mensch erhalten sollte, bevor in seine Individualität herabsteigen konnten die Eindrücke der Außenwelt, mußte in seine Wesenheit hineinfiltriert werden, was er als ein Wunder-Erbstück von Zarathustra erhalten sollte. Das wird erzählt in jener Symbolik: daß er in ein Kästchen gelegt und in den Fluß versenkt worden ist, was sich wie eine merkwürdige Initiation ausnimmt. Eine Initiation besteht ja darin, daß ein Mensch abgeschlossen bleibt für eine bestimmte Zeit von der Außenwelt, und während dessen dasjenige, was er erhalten soll, in sich hineinfiltriert erhält. Damals also, als Moses so abgeschlossen war, konnte ihm in einem bestimmten Moment der aufbewahrte Ätherleib des Zarathustra einverleibt werden. Da konnte in ihm aufblühen jene wunderbare Zeitenweisheit, die ihm einst Zarathustra früher vermittelt hatte, mit der er jetzt begabt wurde, und die er herausbringen konnte, indem er in Bildern, die wieder für sein Volk geeignet waren, darstellte die Weisheit der Zeit hintereinander. Daher können uns bei Moses die großen Bilder der Genesis entgegentreten als äußere Imaginationen der Zeitenweisheit, die von Zarathustra herstammte. Sie waren das wiedergeborene Wissen, die wiedergeborene Weisheit, die er von Zarathustra empfangen hatte. Das war nun in seinem Inneren dadurch befestigt, daß er die Ätherhülle des Zarathustra selber empfangen hatte.

Aber nicht nur das eine ist bei einem solchen, für die Entwickelung der Menschheit so bedeutungsvollen Vorgang notwendig, daß ein Initiierter als Inaugurator da ist für eine Kulturbewegung, sondern das andere ist auch notwendig, daß dasjenige, was eine solche große Individualität als Kulturkeim zu versenken hat, in den entsprechenden, das heißt passenden Volkskeim hineinversenkt werden kann. Und wenn wir den Volkskeim, den Volksgrund betrachten wollen, in welchen Moses hineinversenken konnte, was ihm von Zarathustra übertragen worden war, da ist es gut, daß wir uns mit einer gewissen Eigenart der Moses-Weisheit selbst befassen.

Moses war also in einer früheren Inkarnation Schüler Zarathustras. Er hat damals die Zeitenweisheit erhalten und jenes Geheimnis, welches wir dadurch angedeutet haben, daß in allen Zeiten ein Früheres mit einem Späteren zusammenstößt und dadurch eine Gegensätzlichkeit entsteht. Sollte sich Moses mit dieser Weisheit hineinstellen in die Menschheitsentwickelung, dann mußte er selbst sich mit der andersgearteten Weisheit, als es die Hermes-Weisheit war, wie ein Gegensatz hineinstellen in die Entwickelung. Das geschah. Wir können sagen: Hermes hat von Zarathustra die direkte Weisheit empfangen, sozusagen die Sonnenweisheit, das heißt das Wissen von dem, was geheimnisvoll wesenhaft lebt in der äußeren physischen Hülle des Lichtes und des Sonnenleibes, dasjenige also, was einen direkten Weg geht. Anders Moses. Moses hatte diejenige Weisheit erhalten, die der Mensch mehr in dem dichteren Ätherleib bewahrt, nicht in dem astralischen Leib. Er hatte diejenige Weisheit erhalten, die nicht nur hinaufschaut zur Sonne und fragt, was alles fließt von dem Sonnenwesen aus, sondern die auch das begreift, was sich dem Sonnenlicht, der Sonnenglut entgegenstellt; was in sich verarbeitet, obwohl es sich nicht davon verschlechtern läßt, dasjenige, was erdenhaft, was dicht geworden ist, was sich aus der Erde heraushebt als das Altgewordene, als das Verfestigte: Erdenweisheit also, die in der Sonnenweisheit zwar lebt, die aber doch Erdenweisheit ist. Die Geheimnisse vom Erdenwerden, von der Art und Weise, wie sich der Mensch auf der Erde entwickelt und die Erdensubstantialität evolviert hat, als sich die Sonne von der Erde getrennt hat, das hatte Moses erhalten. Das macht es aber gerade aus, wenn wir jetzt die Sache nicht äußerlich, sondern innerlich betrachten, warum uns in den Hermes-Lehren etwas wie der krasse Gegensatz zu der Moses-Weisheit entgegentritt.

Es gibt nun allerdings gewisse Anschauungen in der Gegenwart, die bei der Betrachtung solcher Dinge nach dem Prinzip vorgehen: In der Nacht sind alle Kühe grau! Die sehen dann überall nur das gleiche und sind sehr entzückt, wenn sie zum Beispiel im Hermestum das gleiche wie im Mosestum finden: hier einmal eine Dreiheit, da eine Dreiheit, dort eine Vierheit und hier eine Vierheit. Damit ist aber nicht viel getan. Denn das wäre ungefähr ebenso, wie wenn jemand einen anderen zum Botaniker erziehen wollte und ihn nicht die Unterschiede lehrte, wodurch sich zum Beispiel die Rose von der Nelke unterscheidet, sondern nur auf dasjenige hinweisen würde, was bei beiden gleich ist. Damit kommen wir nicht durch. Wir müssen wissen, wodurch sich die Wesenheiten unterscheiden und auch die Weisheiten. Und so müssen wir auch wissen, daß die Moses-Weisheit eine ganz andere war als die Hermes-Weisheit. Beide gingen zwar von Zarathustra aus; aber wie gerade sich auch die Einheit trennt und in verschiedener Weise manifestiert, so gab auch Zarathustra zweien seiner Schüler so verschiedenartige Offenbarungen.

Wenn wir die Hermes-Weisheit auf uns wirken lassen, finden wir alles, was uns die Welt lichtvoll macht, was uns zeigt, wie der Weltenursprung ist und wie das Licht hineinwirkt. Aber wir finden in der Hermes-Weisheit nicht die Begriffe, die uns zugleich zeigen, wie in allem Werden ein Früheres in ein Späteres hineinwirkt, wie dadurch die Vergangenheit mit der Gegenwart in Streit kommt und wie Finsternis sich dem Licht entgegenstellt. Erdenweisheit, die uns begreiflich macht, wie sich die Erde nach der Trennung von der Sonne entwickelt hat mit dem Menschen, das ist im Grunde genommen in der Hermes-Weisheit gar nicht enthalten. Das aber sollte insbesondere die Mission der Moses-Weisheit sein: die Erde nach ihrer Trennung von der Sonne in ihrem Werden dem Menschen begreiflich zu machen. Erdenweisheit ist das, was Moses zu bringen hatte, Sonnenweisheit, was Hermes zu bringen hatte. In Moses also, indem er sich erinnert an alles, was er von Zarathustra erhalten hat, leuchtet auf das Erdenwerden, die Erdenevolution des Menschen. Er geht gleichsam vom Irdischen aus. Aber dieses Irdische ist ja von der Sonne getrennt, es enthält in einer gewissen Weise abschattiert das Sonnenhafte. Das Irdische kommt ihm entgegen und begegnet sich mit dem Sonnenhaften. Daher mußte sich die Erdenweisheit des Moses mit der Sonnenweisheit des Hermes in der Tat auch im konkreten Dasein begegnen. Diese beiden Richtungen mußten aufeinanderstoßen. Das wird uns in seiner Tatsächlichkeit ganz wunderbar in dem Zusammenstoß des Moses und seiner Initiation mit der Hermes-Weisheit auch äußerlich dargestellt. In dem Geborenwerden in Ägypten, in dem Hingezogensein seines Volkes nach Ägypten, in dem Zusammenstoßen des Moses-Volkes mit dem ägyptischen Hermes-Volk liegt der äußerliche Abglanz des Zusammenstoßes von Sonnenweisheit mit Erdenweisheit, wie sie beide von Zarathustra herstammen, wie sie sich aber beide in ganz verschiedenen Evolutionsströmen über die Erde ergießen, wie sie zusammenwirken müssen und zusammenfallen.

Nun drückt sich eine gewisse Weisheit, die im Zusammenhang steht mit den Methoden der Mysterien, immer in einer ganz besonderen Art aus über die tiefsten Geheimnisse des menschlichen und auch des sonstigen Geschehens. Ich habe schon in München bei den Vorträgen über die «Geheimnisse der biblischen Schöpfungsgeschichte» darauf hingewiesen, wie es gegenüber diesen großen Wahrheiten, welche nicht nur den Menschen in seinen tiefsten Geheimnissen, sondern auch die Weltentatsachen überhaupt umfassen, wie es in bezug auf diese Geheimnisse außerordentlich schwierig ist, in irgendeiner gangbaren, äußeren Sprache solche Dinge auszudrücken. Unsere Worte sind wirklich für uns oft Fesseln, denn sie haben ihren prägnanten Sinn, der ihnen seit langen Zeiten zubereitet ist. Und wenn wir mit den großen Weistümern, die sich uns in unserer Seele enthüllen, an die Sprache herantreten und in Worte gießen wollen, was sich uns innerlich enthüllt, dann entsteht ein Kampf gegen dieses so schwache Instrument der Sprache, das wirklich in gewisser Beziehung ungeheuer unzulänglich ist.

Die größte Trivialität, welche wohl im Laufe des 19. Jahrhunderts und der neueren Kultur überhaupt gesagt worden ist, die aber unzählige Male wiederholt wurde im Zeitalter des Löschpapiers, das ist die: daß eine jede wirkliche Wahrheit in einfacher Weise sich ausdrücken lassen müsse, und daß die Sprache mit ihren Ausdrucksformen geradezu ein Maßstab dafür wäre, ob jemand irgendeine Wahrheit besäße oder nicht. Aber dieser Satz ist nur ein Ausdruck dafür, daß diejenigen, die ihn aussprechen, nicht im Besitze der eigentlichen Wahrheit sind, sondern nur im Besitze derjenigen Wahrheiten, die ihnen durch die Sprache im Laufe der Jahrhunderte übermittelt sind, und die sie nur ein wenig anders gestalten. Für solche Leute reicht die Sprache dann aus, und sie fühlen nicht den Kampf, den man manchmal mit der Sprache führen muß. Dieser Kampf tritt uns aber da, wo etwas Großes und Gewaltiges zu sagen ist, nur allzu stark vor die Seele.

Ich habe schon in München darauf hingewiesen, wie in dem Rosenkreuzermysterium «Die Pforte der Einweihung» das Ende der ersten Szene im «Meditationszimmer» einen harten Kampf mit der Sprache abgegeben hat. Was darin von dem Hierophanten zum Schüler gesagt werden sollte, das ist etwas, was nur zum allergeringsten Maße in das schwache Instrument der Sprache hineingegossen werden konnte.

Nun wurden aber in den heiligen Mysterien gerade die tiefsten Geheimnisse zum Ausdruck gebracht. Daher empfand man in den Mysterien zu allen Zeiten, ein wie schwaches Instrument die Sprache ist, und wie ungeeignet sie ist, Bilder herzugeben für das, was man eigentlich sagen will. Daher der Drang aller Zeiten in den Mysterien nach Ausdrucksmitteln für dasjenige, was die Seele innerlich erlebte. Und als die schwächsten erwiesen sich jene Ausdrucksmittel, welche der Mensch für den äußeren Gebrauch, für den äußeren Umgang jahrhundertelang bewahrt. Dagegen erwiesen sich als geeignet die Bilder, die sich ergaben, wenn man den Blick hinausrichtete in die Raumesweiten: die Sternenbilder, das Aufgehen eines bestimmten Sternes in einem gewissen Zeitpunkt, die Bedeckung eines Sternes durch einen anderen in einem bestimmten Zeitpunkt. Kurz, die Bilder, die sich auf diese Weise ergaben, konnte man gut brauchen, um das auszudrücken, was in einer bestimmten Weise sich in der Menschenseele vollzieht. Ich will das kurz charakterisieren.

Nehmen wir an, in einem bestimmten Zeitpunkt sollte ein großes Ereignis dadurch geschehen, daß eine Menschenseele in diesem Zeitpunkt reif wurde, etwas Großes zu erleben und dies den Völkern zu überbringen, oder man wollte ausdrücken, daß das betreffende Volk selbst oder ein ganzer Teil der Menschheit einen besonderen Reifezustand erlangt hatte und in der Evolution zu einer bestimmten Stufe hinaufgestiegen war, und zeigen, wie sich hineinstellte in dieses Volk eine Individualität, vielleicht von einer ganz anderen Seite her. Da fiel also zusammen der Höhepunkt der Entwickelung dieser Individualität mit dem Höhepunkt der Entwickelung der Volksseele, und dieses Zusammenfallen wollte man ausdrücken in seiner Einzigartigkeit. Alles, was man in solchem Falle mit der Sprache sagen konnte, wirkte nicht großartig genug, um die Bedeutung eines solchen Ereignisses in unser Gefühl hineinzugießen. Daher drückte man es in dieser Weise aus: Das Zusammenfallen der höchsten Stärke einer einzelnen Individualität mit der höchsten Stärke einer einzelnen Volksseele ist so, wie wenn die Sonne steht im Sternbild des Löwen und uns von dort ihr Licht zustrahlt. Da wurde das Bild des Löwen genommen, um in einem bildhaften Ausdruck darzustellen, was angedeutet werden sollte in seiner Stärke in der Menschheitsevolution. Was sich so äußerlich darbot im Weltenraum, das wurde zum Ausdrucksmittel für dasjenige, was in der Menschheit vor sich geht. Von dorther rührten die Ausdrücke, die gebraucht wurden in der Menschheitsgeschichte und die hergenommen sind von dem Lauf der Gestirne. Das waren Ausdrucksmittel für die geistigen Tatsachen in der Menschheit.

Wenn von so etwas gesprochen wird, daß zum Beispiel die Sonne im Zeichen des Löwen steht, und daß durch ein Himmelsereignis, wie das Sich-Decken der Sonne mit einem bestimmten Sternbild, symbolisch ausgedrückt wird ein Ereignis in der Menschheitsentwickelung, dann kann es wohl sein, daß die Triviallinge so etwas umkehren und meinen, daß alle auf die Menschheitsgeschichte sich beziehenden Ereignisse früher mythisch gehüllt worden wären in Vorgänge, die von den Sternen hergenommen sind, während man in Wahrheit dasjenige, was in der Menschheit vor sich ging, dadurch ausdrückte, daß man die Bilder hernahm von der Konstellation der Gestirne. In Wahrheit ist das Richtige immer umgekehrt von dem, was die Triviallinge lieben.

Dieser Zusammenhang mit dem Kosmos ist etwas, was uns mit einer gewissen Ehrfurcht erfüllen sollte gegenüber allem, was uns gesagt wird über die großen Ereignisse der Menschheitsevolution, und was ausgedrückt wird in den Bildern, die hergenommen sind von dem kosmischen Dasein. Aber es besteht doch ein geheimer Zusammenhang zwischen dem ganzen kosmischen Dasein und demjenigen, was sich im Menschendasein vollzieht. Es ist das, was auf der Erde sich vollzieht, ein Spiegelbild dessen, was im Kosmos geschieht.

So ist auch das Entgegenschreiten der Sonnenweisheit des Hermes und der Erdenweisheit des Moses, wie es in Ägypten zum Ausdruck kommt, in gewisser Beziehung ein Abbild, ein Spiegelbild von Wirkungsweisen im Kosmos draußen. Denken Sie sich gewisse Wirkungen von der Sonne ausstrahlend zur Erde und andere Wirkungen von der Erde zurückstrahlend in den Weltenraum, so wird es nicht einerlei sein, wo sich diese beiden Wirkungen im Raum begegnen; sondern je nachdem sie sich näher oder ferner begegnen, wird auch die Wirkung des Zusammentreffens der ausgesendeten und zurückgesendeten Strahlen eine verschiedene sein. Nun stellte man das Zusammenstoßen der Hermes-Weisheit mit der Moses-Weisheit im alten Ägypten in den Mysterien in der Weise dar, daß es sich vergleichen ließ mit etwas, was im Grunde genommen im Kosmos auch schon dagewesen ist nach unserer geisteswissenschaftlichen Kosmologie. Wir wissen, daß ursprünglich eine Trennung von Sonne und Erde stattgefunden hat, daß dann die Erde noch eine Zeitlang mit dem Monde verbunden war, und daß dann ein Teil von der Erde sich hinausbewegte in den Raum und sie als unser heutiger Mond wieder verlassen hat. Da hat also die Erde einen Teil von sich als Mond wieder zurückgeschickt in den Weltenraum, der Sonne zu. Wie ein solches «Herausstrahlen» der Erde gegen die Sonne zu, war auch der eigentümliche Vorgang, als sich die Erdenweisheit des Moses im Ägyptertum begegnete mit der Sonnenweisheit des Hermes.

Es war die Moses-Weisheit in ihrem weiteren Verlaufe etwas, von dem man sagen kann, sie entwickelte sich als die Wissenschaft der Erde und des Menschen – eben als Erdenweisheit – nach der Trennung von der Sonnenweisheit weiter, aber in der Weise, daß sie der Sonne entgegenwuchs und aufnahm, was von der Sonne als direkte Weisheit kam und mit dem sie sich jetzt durchdrang. Aber nur bis zu einem gewissen Grade sollte sie sich mit der direkten Sonnenweisheit durchdringen; dann sollte sie allein weiterschreiten und sich selbständig entwickeln. Daher bleibt die Moses-Weisheit nur so lange in Ägypten, bis sie genugsam aufnehmen konnte, was sie brauchte; dann erfolgte der «Auszug der Moseskinder aus Ägypten», damit dasjenige, was als Sonnenweisheit von der Erdenweisheit aufgenommen worden ist, verdaut und jetzt selbständig weitergebracht wird.

Wir haben also innerhalb der Moses-Weisheit zwei Glieder zu unterscheiden: ein Glied, wo sich die Moses-Weisheit im Schoße der Hermes-Weisheit entwickelt, gleichsam von allen Seiten von ihr umgeben ist und immerfort die Hermes-Weisheit aufnimmt; dann trennt sie sich von ihr und entwickelt sich abgesondert von ihr nach dem Auszug aus Ägypten, entwickelt in ihrem eigenen Schoß die Hermes-Weisheit weiter und erreicht bei dieser Weiterentwickelung drei Etappen. Wohin soll sich die Moses-Weisheit entwickeln? Was ist ihre Aufgabe? – Ihre Aufgabe soll sein, daß sie den Weg wieder zurückfindet zur Sonne. Sie ist Erdenweisheit geworden. Moses wird geboren mit dem, was ihm Zarathustra gegeben hat als Erdenweiser. Er soll den

Weg wieder zurückfinden. Und er sucht ihn zurück auf seinen verschiedenen Etappen, indem er sich imprägniert in der ersten Etappe mit der Hermes-Weisheit; dann entwickelt er sich weiter. Was er auf diesem Wege durchmacht, läßt sich wieder am besten darstellen in Bildern kosmischer Vorgänge. Wenn das, was auf der Erde geschieht, wieder zurückstrahlt in den Raum, dann begegnet es auf dem Wege zur Sonne zuerst dem Merkur. Wir wissen ja, daß dasjenige, was in der gewöhnlichen Astronomie Venus ist, nach der okkulten Terminologie Merkur genannt wird, und ebenso ist das, was gewöhnlich Merkur genannt wird, im okkulten Sinne Venus. Man trifft also, wenn man von der Erde ausgeht der Sonne zu, zunächst das Merkurartige, dann auf dem weiteren Wege das Venusartige und dann das Sonnenhafte. Daher sollte Moses in inneren Seelenvorgängen das von Zarathustra Ererbte so entwickeln, daß es beim Rückzug wieder das Sonnenhafte finden konnte. Es mußte sich also bis zu einem bestimmten Grade heranentwickeln. Was er als Weisheit gepflanzt hat in die weltliche Kultur, das mußte sich so entwickeln, wie es seinem Volke gegeben war. Daher war sein Weg so, daß er dasjenige, was Hermes direkt brachte, wie in Radienstrahlen von der Sonne, auf dem Rückweg neu entwickelte, umgekehrt, nachdem er zunächst etwas von der Hermes-Weisheit aufgenommen hatte.

Nun wird uns gesagt, daß Hermes, der später Merkur, Thoth, genannt wurde, seinem Volke Kunst und Wissenschaft gebracht hat, äußeres Weltwissen, äußere weltliche Kunst, in der Art, wie es sein Volk brauchen konnte. In anderer Art, gleichsam entgegengesetzt, sollte bis zu diesem Hermes-Merkur-Standpunkt Moses selber weiterdringen, die Hermes-Weisheit rückläufig selber ausbilden. Das ist dargestellt in dem Fortgang des hebräischen Volkes bis zu dem Punkte des Zeitalters und der Regierung des David, der uns entgegentritt als der königliche Psalmensänger, als göttlicher Prophet, der als Gottesmann wirkte wie als Schwertträger und auch als Träger des Musikinstrumentes. David, der Hermes, der Merkurius des hebräischen Volkes, so wird er uns geschildert. So weit hat es jetzt jener Strom des hebräischen Volkstumes gebracht, daß er ein selbständiges Hermestum oder Merkurtum hervorbrachte. Die aufgenommene Hermes-

Weisheit war also im davidischen Zeitalter bis in die Region des Merkur gelangt.

Weiterschreiten sollte die Weisheit des Moses auf der rückläufigen Bahn bis zu dem Punkte, wo die Venusregion ist, wenn man so sagen darf. Die Venusregion kam für den Hebräismus in jener Zeit, als die Moses-Weisheit, das heißt das, was durch Jahrhunderte als diese Moses-Weisheit heruntergeströmt war, sich verbinden mußte mit einem ganz anderen Element, mit einer Weisheitsrichtung, die gleichsam von der anderen Seite hergestrahlt war. So wie das, was von der Erde zurückstrahlt in den Raum, auf dem Weg zur Sonne in einem Punkt die Venus trifft, so traf die Moses-Weisheit zusammen mit dem, was auf der anderen Seite von Asien herübergestrahlt war, in der babylonischen Gefangenschaft. Was sich wie in abgeschwächter Form kundgab in den Mysterien Babylons und Chaldäas, mit dem traf die Weisheit des hebräischen Volkes in ihrer besonderen Entwickelung zusammen in der babylonischen Gefangenschaft. Wie wenn ein Wanderer, der ausgegangen wäre von der Erde und gewußt hätte, was auf der Erde ist, die Region des Merkur durchdrungen hätte und gekommen wäre in die Region der Venus, um auf der Venus das auf sie fallende Sonnenlicht zu empfangen, so empfing die Moses-Weisheit dasjenige, was direkt ausgegangen war aus den Heiligtümern des Zarathustrismus und sich in abgeschwächter Gestalt fortgepflanzt hatte in den Mysterien und Weistümern der Chaldäer und Babylonier. Das empfing die Moses-Weisheit jetzt während der babylonischen Gefangenschaft. Da verband sich die Moses-Weisheit mit dem, was bis in die Gebiete des Euphrat und Tigris hinübergedrungen war.

Da geschah abermals ein anderes. In der Tat war Moses zusammengetroffen mit dem, was einst von der Sonne ausgegangen war. Moses, nicht er selbst, aber das, was er seinem Volke mit seiner Weisheit hinterlassen hatte, floß zusammen in den Stätten, welche die Weisheit der Hebräer betreten mußte während der babylonischen Gefangenschaft, es floß zusammen direkt mit dem Sonnenhaften dieser Weisheit. Denn dort lehrte während dieser Zeit in den Mysterienstätten am Euphrat und Tigris, mit denen damals die hebräischen Weisen bekannt wurden, der wiederinkarnierte Zarathustra. Ungefähr zur Zeit der babylonischen Gefangenschaft war Zarathustra selber inkarniert, und dort lehrte er, der einen Teil seiner Weisheit abgegeben hatte, um einen Teil davon wiederzubekommen. Er selber inkarnierte sich ja immer wieder, und wurde so, in seiner Inkarnation als Zarathas oder Nazarathos, der Lehrer der in die babylonische Gefangenschaft hinabgeführten Juden, die mit den Heiligtümern dieser Gegenden bekannt wurden.

So kam die Moses-Weisheit in ihrem Fortfließen, in ihrem Fortströmen zusammen mit dem, was Zarathustra selbst hat werden können, nachdem er von den weiter abgelegenen Mysterienstätten hingezogen war in die Stätten Vorderasiens. Denn dort wurde er der Lehrer der initiierten Schüler Chaldäas, sowohl einzelner eingeweihter Lehrer als auch der Lehrer derjenigen, die jetzt empfingen die Befruchtung ihrer Moses-Weisheit mit jenem Strome, der ihnen dadurch entgegenkommen konnte, daß sie das, was Zarathustra einst ihrem Ahnherrn, dem Moses, gelehrt hatte, jetzt wiederempfangen konnten von Zarathustra selbst in seiner Inkarnation als Zarathas oder Nazarathos. Diese Schicksale hatte die Moses-Weisheit durchgemacht. Sie hatte in der Tat ihren Ursprung bei Zarathustra; sie war versetzt worden in ein fremdes Gebiet. Es war, wie wenn ein Sonnenwesen mit verbundenen Augen herabgetragen wurde auf die Erde und nun im Rückmarsch alles wieder suchen mußte, was es verloren hatte.

So war Moses der Schüler Zarathustras. Er fand sich in seinem Dasein in der ägyptischen Kultur so, daß alles, was ihm Zarathustra einst gegeben hatte, aufgeleuchtet war in seinem Inneren. Aber es war so, wie wenn er nicht gewußt hätte, woher es ihm, abgesondert auf dem Erdeninselfelde aufleuchtete. Und entgegen ging er demjenigen, was einstmals Sonne war. Entgegen ging er innerhalb Ägyptens der Hermes-Weisheit, die auf direkte Weise brachte, was Zarathustra-Weisheit war, nicht auf dem reflektierten Wege wie Moses. Und nachdem er genügend davon aufgenommen hatte, entwickelte sich der Strom der Moses-Weisheit in direkter Weise weiter. Und indem er im davidischen Zeitalter ein direktes Hermestum, eine eigene Wissenschaft und Kunst begründete, ging er der Sonne entgegen, von der er ausgegangen war in einer Gestalt, in der er sich zuerst verhüllt zeigen mußte.

In den altbabylonischen Lehrstätten, wo er auch der Lehrer des Pythagoras war, da konnte Zarathustra nur so lehren, wie es überhaupt möglich ist zu lehren in einem bestimmten Körper, da man angewiesen ist auf die Werkzeuge dieses betreffenden Körpers. Sollte Zarathustra die volle Sonnenhaftigkeit, die er einstmals zum Ausdruck gebracht hatte und übertragen hatte an Hermes und Moses, in einer neuen Gestalt zum Ausdrucke bringen, welche dem Fortschritte der Zeit angemessen war, dann mußte er eine körperliche Hülle haben, die ein würdiges Instrument war, die dem fortgeschrittenen Zeitalter angemessen war. Nur in einer Gestalt, die bedingt war durch einen Körper, wie er im alten Babylon hervorgebracht war, konnte Zarathustra alles dasjenige wieder hervorbringen, was er übertragen konnte auf Pythagoras, auf die hebräischen Gelehrten und auf die chaldäischen und babylonischen Weisen, die damals im 6. vorchristlichen Jahrhundert imstande waren, ihn zu hören. Es war mit dem, was Zarathustra lehren konnte, wirklich so, wie wenn das Sonnenlicht erst aufgefangen würde von der Venus und nicht direkt auf die Erde kommen könnte; es war, wie wenn die Zarathustra-Weisheit nicht in ureigener Gestalt, sondern erst in abgeschwächter Gestalt sich zeigen konnte. Denn damit die Zarathustra-Weisheit in ureigener Gestalt wirksam sein konnte, dazu mußte sich Zarathustra erst umgeben mit einem geeigneten Körper. Dieser geeignete Körper konnte nur zustande kommen auf eine ganz eigene Weise, die man etwa in folgender Art charakterisieren könnte.

Wir haben gestern gesagt, daß es drei verschiedene Volksseelenarten in Asien gab: die indische im Süden, die iranische und die nordasiatisch-turanische. Wir haben darauf hingewiesen, daß diese drei Seelenarten dadurch entstanden sind, daß der nördliche Strom der atlantischen Bevölkerung nach Asien sich hinüberbewegt hat und dort ausgestrahlt ist. Ein anderer Strom ging aber durch Afrika hindurch und sandte seine letzten Ausläufer bis in das turanische Element hinüber. Und wo der nördliche Strom, der von der Atlantis nach Asien zog, und die andere Strömung, die sich von der Atlantis durch Afrika ausbreitete, zusammenstießen, da entstand eine eigentümliche Mischung, da bildete sich ein Volkstum heraus, aus dem das spätere Hebräertum entstanden ist. Mit diesem Volkstum geschah etwas ganz

Besonderes. Alles das, wovon wir gesagt haben, daß es wie ein astralisch-ätherisches Hellsehen in der Dekadenz zurückgeblieben war bei gewissen Völkerschaften und in dieser Gestalt ein Schlimmes geworden war, indem es als äußerliches Hellsehen wie in einer letzten Phase auftrat, das alles schlug sich innerhalb derjenigen Leute, die zum hebräischen Volke wurden, nach innen. Es nahm eine ganz andere Richtung an. Statt daß es in äußerer Wirkung als die Reste des alten atlantischen Hellsehens sich in einem niederen astralischen Hellsehen zeigte, trat es bei diesem Volke so auf, daß es im Inneren des Leibes organisierend wirkte. Was äußerlich etwas Dekadentes war, was deshalb, weil es konservativ geblieben war, ein dekadentes Element des Hellsehens, etwas mit ahrimanischem Element Durchzogenes geworden war, das war in richtiger Weise fortgeschritten, indem es eine im Inneren des Menschen wirksame Kraft geworden war, die im Inneren des Menschen organisierte. Es lebte sich beim hebräischen Volke nicht aus in einem zurückgebliebenen Hellsehertum, sondern es organisierte die Leiblichkeit um und machte sie dadurch in bewußter Weise vollkommener. Alles, was im Turaniertum dekadent war, das wirkte fortschaffend und umgestaltend beim hebräischen Volke.

Deshalb dürfen wir sagen: In der Leiblichkeit des hebräischen Volkes, die sich durch die Vererbung in der Blutsverwandtschaft fortgepflanzt hatte von Generation zu Generation, wirkte alles, was als äußere Anschauung seine Zeit erfüllt hatte, was nicht mehr äußere Anschauung sein sollte, was auf einen anderen Schauplatz treten sollte, um in seinem rechten Element zu sein. Was den Atlantiern die Kraft gegeben hatte, geistig hineinzuschauen in den Raum und in geistige Gebiete, was verwildert war bei den Turaniern als hellseherischer Rest, das alles wirkte bei diesem kleinen hebräischen Volke so, daß es nach innen schlug. Alles, was beim Atlantiertum göttlich-geistig war, wirkte beim hebräischen Volke im Inneren, bildete Organe, wirkte leibgestaltend und konnte daher aufblitzen innerhalb des Blutes des hebräischen Volkes als das göttliche Bewußtsein im Inneren. Es war beim hebräischen Volke so, wie wenn alles, was der Atlantier gesehen hat, wenn er den hellseherischen Blick in alle Richtungen des Raumes schickte, wie wenn das aufgetreten wäre, ganz nach innen geschlagen, im Innersten als Organbewußtsein des hebräischen Volkes, als das Jahve- oder Jehova-Bewußtsein, als das Gottesbewußtsein im Inneren. Mit seinem Blute vereinigt fand dieses Volk den Gott, der ausgebreitet war im Raum, fand sich durchdrungen, imprägniert mit dem Gott, der im Raum ausgebreitet war, und es wußte, daß dieser Gott in seinem Inneren, in der Pulsation seines Blutes lebt.

Indem wir also auf der einen Seite Iraniertum und Turaniertum entgegengestellt sehen, wie wir es gestern charakterisiert haben, und indem wir nun Turaniertum und Hebräertum einander gegenüberstellen, sehen wir dasjenige, was bei den Turaniern dekadent ist, in seinem Fortschritt und in seinem Elemente, wie es später sein mußte, im Blut des hebräischen Volkes pulsieren. So, daß es innerlich gefühlt wird, lebt alles das auf, was der Atlantier gesehen hat. Und in einem einzigen Worte schließt es sich zusammen, in dem Worte Jahve oder Jehova. Wie in einem einzigen Punkt, wie in ein einziges Zentrum des Gottesbewußtseins zusammengedrängt, lebt durch die Generationen Abrahams, Isaaks, Jakobs und so weiter heruntergehend, im Blute der Generationen, unsichtbar, aber innerlich gefühlt, der Gott, der hinter allen Wesen sich gezeigt hat für das atlantische Hellsehen, der jetzt der Gott im Blute Abrahams, Isaaks und Jakobs war und diese Generationen führte von Schicksal zu Schicksal. Es war auf diese Weise das Äußere innerlich geworden; es wurde erlebt, nicht mehr geschaut, und es wurde nicht mehr mit einzelnen verschiedenen Namen bezeichnet, sondern mit einem Einzelnamen, mit dem: «Ich bin der Ich-bin!» Es hatte eine ganz andere Gestalt angenommen. Während es der Mensch in der atlantischen Zeit überall fand, wo er nicht war – draußen in der Welt –, fand es der Mensch jetzt da, wo er sein Zentrum hatte, in seinem Ich, und fühlte es in dem Blute, das durch die Generationen rinnt. Es ist der große Gott der Welt jetzt geworden jener Gott des hebräischen Volkes, der Gott Abrahams, Isaaks und Jakobs, der im Blute durch die Generationen rinnt.

So wird jenes Volkstum begründet, das wir in seiner eigentümlichen inneren Mission für die Menschheitsevolution morgen betrachten werden. Wir haben heute nur andeuten können den allerersten Punkt der Blutsbeschaffenheit dieses Volkes, wo zusammengedrängt ist im Inneren alles, was einst der Mensch in der atlantischen Zeit von außen hat auf sich eindringen lassen. Wir werden sehen, welche Geheimnisse sich in dem vollziehen, was damit nur angeschlagen ist, und wir werden die eigentümliche Natur jenes Volkes kennenlernen, aus welchem Zarathustra seinen Körper nehmen konnte zu dem Wesen, das wir als den Jesus von Nazareth bezeichnen.

DRITTER VORTRAG

Bern, 3. September 1910

Bevor wir heute zu unserem Thema übergehen, möchte ich eine kleine Ergänzung geben zu dem gestern Gesagten. Ich machte darauf aufmerksam, wie in den Vorgängen der Menschheitsentwickelung, namentlich in den großen bedeutungsvollen Vorgängen unseres Daseins, etwas zu sehen ist, was sich charakteristisch ausdrücken läßt durch eine Sprache, die hergenommen ist von den Vorgängen im Kosmos. Ich erwähnte, wie unmöglich es ist, klar, deutlich und auch eingehend dasjenige, was in bezug auf die großen Geheimnisse zu sagen ist, in gewöhnliche Worte zu kleiden.

Wenn wir jenen bedeutungsvollen Vorgang charakterisieren wollen, den wir nennen können die Wechselwirkung zwischen den zwei großen Schülern des Zarathustra, zwischen Hermes oder Thoth und Moses, so können wir dies am besten dadurch tun, daß wir ihn darstellen als die Wiederholung eines großen kosmischen Vorganges, wobei wir diesen letzteren allerdings so auffassen müssen, daß er uns im Sinne der okkulten Weisheit, im Sinne der Geheimwissenschaft erscheint. Blikken wir, um diesen kosmischen Vorgang zunächst vor uns zu haben, wiederholentlich zurück auf jene Zeit, da sich unsere Erde von ihrer Sonne getrennt hat, wo beide also sozusagen mit einem selbständigen Zentrum ein eigenes Leben im Kosmos weiterführten. Wir können uns diesen Vorgang so vorstellen, daß wir uns die gesamte Substantialität der Erde und der Sonne in urferner Vergangenheit als ein Ganzes denken, gleichsam als einen großen Weltenleib, und daß sich diese beiden in urferner Vergangenheit trennten. Allerdings muß dabei immer im Auge behalten werden, daß wir dabei andere kosmische Vorgänge unberücksichtigt lassen, die der Trennung von Sonne und Erde parallel gingen, als die Abspaltung der anderen Planeten unseres Sonnensystems. Für unsere Zwecke können wir die Zeitverhältnisse dieser anderen Trennungen zunächst unberücksichtigt lassen und können sagen: Es fand also einmal eine Trennung in der Weise statt, daß die Sonne das eine Zentrum bildete und die Erde das andere.

Wenn wir nun diesen Zeitpunkt der Erden-Sonnentrennung ins Auge fassen, müssen wir zunächst auch berücksichtigen, daß wir hierbei auf Zeiten zurückblicken, in denen dasjenige, was jetzt als «Erde» bezeichnet ist, noch die Substantialität unseres heutigen Mondes in sich, in ihrem eigenen Schoße hatte, so daß da gleichsam Erde + Mond und Sonne einander gegenüberstehen. Alles, was vor dieser Trennung an geistigen, physischen Kräften vorhanden war, spaltete sich in der Weise, daß gleichsam das gröbere Element, die gröberen, dichteren Wirksamkeiten mit der Erde gingen, während die feineren, höheren, geistig-ätherischen Wirksamkeiten mit der Sonne gingen. Nun müssen wir uns vorstellen, daß eine längere Zeit hindurch Erde und Sonne voneinander getrennt ihre Lebensentwickelung durchmachten, daß zunächst alles, was von der Sonne ausging zur Erde hin, ganz anderer Natur war als etwa jene Wirkungen, welche heute von der Sonne auf die Erde herunter sich tätig erweisen. Da haben wir zuerst eine Art Erdendasein, ein Erdenleben, das sich sozusagen erweist als ein inneres, verschlossenes Erdenleben, welches wenig annimmt von dem Sonnenleben, von dem, was da geistig und in seinem Ausdruck physisch von der Sonne auf die Erde herunterstrahlt.

In dieser ersten Zeit der Sonnen-Erdentrennung war es ja so, daß die Erde gewissermaßen einer Vertrocknung, einer Verdorrung, einer Mumifizierung entgegenging. Und wenn es so geblieben wäre, daß die Erde den Mond in ihrem Schoß behalten hätte, so wäre das Leben, das heute auf der Erde besteht, niemals möglich geworden. Während die Erde noch den Mond in sich hatte, konnte das Sonnenleben sich nicht in vollem Maße wirksam erweisen; das konnte es erst später, nachdem die Erde dasjenige, was heute Mond ist, von sich abgesondert hatte, und gerade so die geistigen Wesenheiten, die mit dem Mond verbunden sind, aus sich heraussonderte, wie auch die Substantialität des Mondes von der Erde abgesondert worden ist.

Nun ist aber mit dieser Trennung des Mondes von der Erde noch etwas anderes verbunden. Wir müssen uns ja klar sein, daß alles, was wir heute das Leben auf unserer Erde nennen, sich langsam und allmählich entwickelt hat. Und wir geben in der Geisteswissenschaft auch die aufeinanderfolgenden Zustände an, wie sie sich herangebildet und entfaltet haben, welche das Erdenleben möglich machten. Da haben wir zuerst das alte Saturndasein, dann das alte Sonnendasein, das alte Mondendasein und zuletzt erst unser Erdendasein. Also demjenigen, was wir als Sonnentrennung oder auch als vorhergehendes Zusammensein der Erde mit der Sonne bezeichnen, dem gingen andere Entwickelungsprozesse voran von ganz anderer Natur, nämlich das Saturn-, Sonnen-, Mondendasein, aus dem sich dann erst unser Erdendasein entwickelte. Und als die Erde in der jetzigen Gestalt beginnt, da ist sie noch verbunden mit der Substanz aller Planeten, die zu unserem Sonnensystem gehören und die sich erst später herausdifferenzieren. Diese Herausdifferenzierung ist ein Ergebnis von Kräften, die während des Saturn-, Sonnen- und Mondendaseins gewirkt haben.

Nun wissen wir, daß während des Saturndaseins nicht eine solche Konfiguration der Materie, des Stoffes vorhanden war, wie es heute der Fall ist. Feste Körper, flüssige oder wässerige Körper, sogar gasförmige, dampfförmige oder luftförmige Körper waren auf dem alten Saturn noch nicht vorhanden. Er war lediglich in seinem ganzen Gefüge etwas, was nur in Wärme vorhanden war. Eine bloße Wärmedifferenzierung, eine bloße Wärmestruktur war auf diesem alten Saturn vorhanden. Wir können daher sagen: Der alte Saturn hatte nur einen Wärmeleib, und alles, was sich auf ihm entwickelte, entwickelte sich in dem Element der Wärme. Ich brauche hier nicht zu wiederholen, daß derjenige, der so etwas sagt, ganz genau weiß, wie unmöglich es für die heutige Physik ist, sich einen solchen bloß aus Wärme bestehenden Leib zu denken, wie ja überhaupt «Wärme» für die heutige Physik nur ein Zustand, aber nicht etwas Substantielles ist. Aber es geht uns hier nicht die heutige Physik etwas an, sondern allein das, was die Wahrheit ist.

Nun geht die Entwickelung vorwärts von dem Wärmeleib des Saturn zu dem späteren alten Sonnenzustand. Da verdichtet sich gewissermaßen, wie es in der «Geheimwissenschaft im Umriß» dargestellt ist, der Wärmeleib des Saturn. Ein Teil der Wärme bleibt natürlich vorhanden; aber es verdichtet sich der Wärmeleib zum Teil zum gasigen, luftförmigen Zustand der Sonne. Aber damit ist nicht nur eine Verdichtung verknüpft, sondern auch eine Verdünnung; es findet dabei auch statt eine Hinaufentwickelung zum Licht. Wir können daher sagen: Wenn wir hinüberschreiten von dem Wärmezustand des alten Saturn zum Sonnenzustand, so kommen wir da zu einem Weltenkörper, der in sich hat Luft, Wärme und Licht.

Und wenn wir dann von der Sonne weiterschreiten zu dem alten Mondenzustand, der unserem Erdenzustand vorangegangen ist, so finden wir, daß wiederum eine Verdichtung eintritt; wir finden jetzt nicht nur einen gasigen oder luftförmigen Zustand, sondern daneben auch einen wässerigen Zustand. Aber nach der anderen Seite, gleichsam nach der Vergeistigung, nach der Ätherisierung hin, ist auch eine Veränderung eingetreten. Wir sehen, daß nicht nur Licht vorhanden ist während des Mondenzustandes, sondern auch dasjenige, was man Klangäther nennt, der identisch ist mit dem heutigen chemischen Äther. Was hier als Klangäther bezeichnet wird, ist nicht dasselbe, was wir physisch als Klang oder Ton bezeichnen. Dieses letztere ist nur ein Abglanz dessen, was das hellseherische Vermögen als die Harmonie der Sphären, als ätherischen Ton empfindet, der durch die Welt webt und lebt. Wir sprechen daher von etwas viel Geistigerem, von etwas viel Ätherischerem, wenn wir von diesem Äther und diesem Klange selbst sprechen.

Dann kommen wir von dem alten Mondendasein zu dem Erdenzustand. Da findet die Verdichtung zum Festen statt. Solche festen Körper, wie sie auf der Erde sind, gab es auf dem alten Mond nicht. Das ist erst ein Zustand, der sich auf der Erde gebildet hat. So haben wir jetzt auf der Erde Wärme, Gasförmiges oder Luftförmiges, Wässeriges oder Flüssiges und feste Körper, und auf der anderen Seite haben wir Lichtäther, Klangäther und dann Lebensäther. Das ist dasjenige, wozu es die Entwickelung auf der Erde gebracht hat. Wir haben auf der Erde also sieben Zustände elementarischer Natur, wie wir auf dem alten Saturn nur einen einzigen, einen mittleren, den Wärmezustand haben. Daher haben wir uns unsere Erde, als sie sich im Beginne ihres jetzigen Daseins aus dem kosmischen Dunkel heraushebt, wo sie noch mit der Sonne und auch mit den anderen Planeten vereinigt war, vorzustellen als in diesen sieben elementarischen Zuständen webend und lebend. Mit der Sonnentrennung aber geschieht etwas sehr Merkwürdiges.

Für das heutige äußere Leben, wie es sich darstellt unter den Wirkungsweisen, die von der Sonne zur Erde hereinstrahlen, findet sich zwar Wärme und Licht, aber unter diese Wirkungsweisen, die der wahrnehmbaren Sinneswelt angehören und in das ganze Gebiet der sinnlichen Wahrnehmungen fallen, gehören nicht die Äußerungen, die Offenbarungen des Klangäthers und des Lebensäthers. Aus diesem Grunde ist es auch, daß dasjenige, was wir die Wirkungen des Klangäthers nennen, sich nur in den chemischen Zusammensetzungen und Zersetzungen, also in den gegenseitigen Verhältnissen des materiellen Daseins äußert. Und was wir die Wirkung des Lebensäthers nennen, so wie er von der Sonne hereinstrahlt, kann nicht direkt wahrgenommen werden vom Menschen in ähnlicher Weise, wie das Licht dem Menschen unmittelbar wahrnehmbar wird, indem er mit der sinnlichen Wahrnehmung Helligkeit und Dunkelheit unterscheidet. Es wird das Leben wahrgenommen in seinen Wirkungen in den lebenden Wesenheiten, nicht aber wird der einstrahlende Lebensäther direkt wahrgenommen. Daher ist auch die Wissenschaft gedrängt zu sagen, das Leben als solches sei ihr ein Rätsel. – So finden wir, daß die zwei obersten Arten der ätherischen Offenbarungen, Lebensäther und Klangäther, ob sie zwar von der Sonne ausgehen und zu dem Feinsten gehören, was von der Sonne ausgeht, doch nicht für das Erdenwerden unmittelbar offenbar werden. Da haben wir etwas, was, obwohl es von der Sonne herniederstrahlt, dem gewöhnlichen Wahrnehmen verborgen ist. Für alles, was im Klangäther und Lebensäther lebt, wird auf der Erde, auch für die heutigen Verhältnisse, sozusagen etwas menschliches Inneres wahrnehmbar. Nicht die unmittelbaren Wirkungen des Lebens und der Sphärenharmonie werden auf der Erde wahrnehmbar, wohl aber wird wahrnehmbar das, was in der ganzen Konstitution des Menschen wirkt.

Nun werde ich Ihnen das am leichtesten dadurch charakterisieren können, daß ich Sie noch einmal verweise auf die Entwickelung, welche der Mensch auf der Erde genommen hat. Wir wissen, daß in alten Zeiten bis in die atlantische Zeit hinein der Mensch begabt war mit einem unmittelbaren Hellsehen, durch das er mit seinem Wahrnehmungsvermögen nicht nur eine Sinnenwelt schaute wie heute, sondern durch das er die geistigen Hintergründe des sinnlichen Daseins schauen konnte. Wodurch konnte er das? Das war dadurch möglich, daß für die Menschen in jener alten Zeit ein Zwischenzustand vorhanden war, ein Zustand zwischen dem, was wir als unser heutiges Wachbewußtsein vom Aufwachen bis zum Einschlafen haben, und demjenigen, was wir den Schlafzustand nennen. Im Wachzustande nimmt der Mensch die physisch-sinnlichen Dinge wahr; im Schlafzustande nimmt er – oder die Mehrzahl der Menschen – zunächst heute gar nichts wahr, da lebt er nur. Würden Sie freilich hellseherisch dieses Leben des Menschen während des Schlafzustandes untersuchen, so würden Sie sonderbare Entdeckungen machen, sonderbar aber nur für den Menschen, der die Welt äußerlich betrachtet.

Während des Schlafzustandes ist der astralische Leib und das Ich des Menschen, das wissen wir, außerhalb seines physischen Leibes und Ätherleibes. Nun habe ich wiederholt darauf aufmerksam gemacht, daß man sich nicht vorstellen soll, daß der astralische Leib und das Ich, die in der Nacht außerhalb des physischen und Ätherleibes sind, etwa nur wie eine Nebelwolke, wie man gewöhnlich sagt, ganz in der Nähe des physischen Leibes schweben. Was man als eine solche Nebelwolke zum Beispiel in dem Zustand eines niederen astralischen Hellsehens ansehen kann, und was wir den astralischen Leib nennen, das ist nur der gröbste Anfang dessen, was der Mensch während des Schlafzustandes darstellt. Und wenn man diese Wolke in der Nähe des physischen und Ätherleibes als das einzige ansehen wollte, würde man damit nur beweisen, daß man von den niedersten Formen des astralischen Hellsehens ausgeht. Was der Mensch in Wirklichkeit während des Schlafes ist, das ist weit ausgedehnt. In der Tat beginnen die Innenkräfte im astralischen Leibe und im Ich im Augenblicke des Einschlafens sich auszudehnen über das ganze Sonnensystem, sie werden ein Teil des ganzen Sonnensystems. Von überall her saugt der Mensch in seinen astralischen Leib und in sein Ich die Kräfte zur Stärkung dieses Lebens ein, wenn er im Schlafzustande ist, um sich dann beim Aufwachen wieder zusammenzuziehen in die engeren Grenzen seiner Haut und in diese das hineinzufügen, was er in der Nacht herausgesogen hat aus dem Gesamtumfange des Sonnensystems. Deshalb nannten auch die mittelalterlichen Okkultisten diesen geistigen Leib des Menschen den «astralischen» Leib, weil er verbunden ist mit den Sternenwelten und aus ihnen seine Kräfte saugt. So können wir sagen: Der Mensch ist tatsächlich während des Nachtschlafens ausgedehnt über das ganze Sonnensystem.

Was durchdringt nun während des Schlafes unseren astralischen Leib? Wenn wir außerhalb unseres physischen Leibes sind in der Nacht, dann ist unser astralischer Leib durchlebt und durchwebt von den Sphärenharmonien, von dem, was sonst sich nur im Äther, im Klangäther verbreiten kann. Wie etwa auf einer Metallplatte, die mit einem gewissen Staub bestreut worden ist, die Schwingungen, die die Luft durchpulsen, wenn man die Platte mit einem Violinbogen streicht, auch innerhalb dieses Staubes fortpulsieren und die bekannten Chladnischen Klangfiguren erzeugen, so durchzittern und durchpulsen den Menschen während der Nacht die Sphärenharmonien und bringen wieder in Ordnung, was der Mensch während des Tages mit den äußeren Sinneswahrnehmungen in Unordnung gebracht hat. Und was den Lebensäther durchwebt und durchlebt, das durchpulst uns auch während des Schlafzustandes, nur hat der Mensch keine Wahrnehmung für dieses innerliche Leben seiner Hüllen, wenn er vom physischen und Ätherleibe getrennt ist. Im normalen Zustande besitzt der Mensch nur ein Wahrnehmen, wenn er wieder untertaucht in den physischen Leib und Ätherleib und die äußeren Organe des Ätherleibes zum Denken und die äußeren Organe des physischen Leibes zum sinnlichen Wahrnehmen benutzt.

Aber in den alten Zeiten gab es eben Zwischenzustände zwischen Wachen und Schlafen, die heute nur auf abnorme Weise herbeigeführt werden können und im gewöhnlichen Leben wegen der damit verbundenen Gefahr auch gar nicht herbeigeführt werden sollen. In den atlantischen Zeiten aber waren diese Wahrnehmungsfähigkeiten normalerweise entwickelt, es waren Zwischenzustände zwischen Wachen und Schlafen. Dadurch konnte sich der Mensch in dasjenige hineinversetzen, was lebte und webte in der Sphärenharmonie und in dem Lebensäther. Mit anderen Worten: Der Mensch konnte in den alten Zeiten – wenn auch in den Erdenwirkungen die Sphärenharmonie und das Leben sich nur in den äußeren Lebewesen zeigen – durch das alte Hellsehen wahrnehmen, was ihm die Sonne zustrahlte als Sphärenharmonie und als das den Raum durchpulsende Leben.

Diese Möglichkeit hörte nach und nach auf. Es schloß sich das Tor gegenüber diesen Wahrnehmungen, als der Mensch die alte Hellsichtigkeit verlor. Und damit trat dann allmählich etwas anderes ein: die innere Kraft des Wissens, die innere Kraft des Erkennens. Erst dadurch lernte der Mensch innerlich nachsinnen, innerlich nachdenken. Alles, was wir heute im wachen Leben unser Nachdenken über die Dinge der physischen Welt nennen und so weiter, also unser eigentliches Innenleben, das entwickelte sich erst mit dem Schwinden der alten Hellsichtigkeit. Ein solches Innenleben, wie es der Mensch heute hat, das in den Gefühlen, Empfindungen, Gedanken und Vorstellungen verläuft und das im Grunde das Schöpferische unserer Kultur ausmacht, hatte der Mensch in den ersten atlantischen Zeiten noch nicht. Er lebte in den Zwischenzuständen zwischen Wachen und Schlafen ausgegossen in eine geistige Welt, und die Sinnenwelt nahm er wie in einem Nebel wahr, jedenfalls war sie dem Verständnis, den inneren Spiegelbildern des äußeren Lebens vollständig entrückt. – Das äußere Leben steigt also auf, während das alte Hellsehen allmählich verschwindet.

So können wir sagen: Es entwickelte sich in unserem Inneren etwas, was ein schwacher Abglanz dessen ist, was wir die Sphärenharmonie nennen und die Wirkung des Lebensäthers. Aber in demselben Maße, wie sich der Mensch innerlich erfüllt fühlte mit Empfindungen, mit Wahrnehmungen, die ihm die äußere Welt wiederholten und die sein heutiges Innenleben ausbildeten, in demselben Maße schwand für ihn die Sphärenmusik. Und in demselben Maße, wie sich der Mensch fühlte als eine Ich-Wesenheit, schwand für ihn hin die Wahrnehmung des die Welt durchpulsenden göttlichen Lebensäthers. Der Mensch mußte sich den jetzigen Zustand dadurch erkaufen, daß er gewisse Seiten des äußeren Lebens verlor. So fühlte der Mensch als Erdenwesen in sich abgeschlossen das Leben, das er als direkt von der Sonne ausstrahlend nicht mehr wahrnehmen konnte; und nur einen schwachen Abglanz hat er von dem gewaltigen kosmischen Leben, von Sphärenklang und Lebensäther, heute in seinem Innenleben.

Auch für das menschliche Erkennen entwickelte sich wie eine Wiederholung das, was sich für die Erde selbst entwickelt hat. Die Erde wäre, als sie sich von der Sonne abgetrennt hatte, in sich verschlossen worden, wäre verhärtet worden, wenn sie weiter verbunden geblieben wäre mit all den Substantialitäten, mit denen sie sich von der Sonne getrennt hatte. Die Sonne konnte mit ihren Wirkungen zunächst nicht in das Erdenwerden eingreifen, und das dauerte so lange, bis die Trennung des Mondes von der Erde eintrat. Deshalb haben wir in dem, was die Erde als Mond aus sich herauswarf, eine Abstoßung all derjenigen Substantialitäten zu erblicken, welche es der Erde unmöglich machten, die direkten Sonnenwirkungen zu empfangen. Und indem sie den Mond aus sich heraussetzte, öffnete sie dadurch ihr Sein und ihr Wesen erst so recht den Einflüssen, den Wirkungen der von ihr getrennten Sonne, kam gleichsam der Sonne entgegen. Entgegen jener Richtung, in der sich die Erde selbst von der Sonne getrennt hatte, schickte sie einen Teil ihres eigenen Wesens, den Mond, der dann die Wirkung des Sonnenwesens der Erde reflektiert wiedergab, wie er äußerlich das Licht wiedergibt. In der Abspaltung des Mondes von der Erde liegt also etwas höchst Bedeutungsvolles vor: das Sich-Öffnen der Erde gegenüber den Sonnenwirkungen.

Was so kosmisch geschah, das mußte auch eintreten – sich wiederholend – für das Menschenleben. Die Erde hatte sich längst geöffnet dem Sonnenwirken, da war erst der richtige Zeitpunkt gekommen, wo sich der Mensch abschließen mußte den unmittelbaren Sonnenwirkungen. Die unmittelbaren Sonnenwirkungen waren für die atlantischen Menschen noch vorhanden in ihrem Hellsehen; da empfingen die Atlantier das, was von der Sonne hereinstrahlte. Und wie für die Erde eine Zeit eintrat, wo sie anfing sich zu verhärten, so trat für den Menschen eine Zeit ein, wo er sich zurückzog, ein Innenleben entwickelte und sich nicht der Sonnenwirkung mehr öffnen konnte. Und dieser Prozeß der Heranbildung eines Innenlebens, wo sich der Mensch nicht der Sonne öffnen konnte und nur in sich selber das entwickeln konnte, was ein schwacher Abglanz war der Wirkungen des Lebensäthers, des Klangäthers, der Sphärenharmonie, diese Zeit dauerte lange bis in die nachatlantische Zeit hinein.

So gab es also in den ersten Zeiten der atlantischen Entwickelung ein unmittelbares Wahrnehmen der Sonnenwirkungen. Dann verschlossen sich die Menschen diesen Wirkungen. Und als dieselben nicht mehr in den Menschen hereindringen konnten, während das menschliche Innenleben dafür immer mehr und mehr aufblühte, da waren es nur die heiligen Mysterien, welche ihre Bekenner so zur Entwickelung der geistigen Kräfte brachten, daß der Mensch sozusagen entgegen den normalen Erdverhältnissen, durch das, was man mit Joga bezeichnen kann, die Sonnenwirkungen unmittelbar wahrnehmen konnte. Daher entwickelten sich in der zweiten Hälfte der atlantischen Zeit die mit Recht Orakel genannten Stätten innerhalb des atlantischen Landes, wo innerhalb einer Menschheit, die normalerweise nicht mehr die direkten Wirkungen des Klangäthers und des Lebensäthers wahrnehmen konnte, solche Schüler und Bekenner der heiligen Weisheit ausgebildet wurden, die dadurch, daß sie das bloße sinnliche Wahrnehmen zunächst unterdrückten, die Offenbarungen des Klangäthers und des Lebensäthers wahrnehmen konnten. Und diese Möglichkeit blieb erhalten für die wirklichen Stätten der Geheimwissenschaft in der nachatlantischen Zeit. Es ist ja so stark geblieben, daß selbst die äußere Wissenschaft, ob sie es zwar nicht versteht, noch eine Überlieferung aus der Schule des Pythagoras bewahrt hat, die dahin geht, daß man die Sphärenharmonien hören kann. Nur verwandelt die äußere Wissenschaft so etwas wie die Sphärenharmonie gleich in ein Abstraktum – was sie aber nicht war – und denkt nur nicht das, was sie ist. Denn in Wirklichkeit verstand man in den Pythagoreerschulen unter der Fähigkeit der Wahrnehmung der Sphärenharmonie das reale Sich-wieder-Öffnen der menschlichen Wesenheit dem Klangäther, der Sphärenharmonie, und dem realen göttlichen Lebensäther.

Nun war gerade derjenige, der am gewaltigsten, am großartigsten darauf hinwies, daß hinter der Wirksamkeit der Sonne, wie sie auf die Erde hereinstrahlt mit ihrem Licht und ihrer Wärme, noch etwas anderes ist, etwas, das Klangeswirksamkeit, ja Lebenswirksamkeit ist, die sich im menschlichen Innenleben eben nur in einem schwachen Abglanz geltend machen, Zarathustra oder Zoroaster. Und wenn wir seine Lehre in eine Sprache übersetzen wollen, die von unseren heutigen Worten genommen ist, so können wir sagen, er hat seine Schüler folgendes gelehrt: Wenn ihr hinaufschaut zur Sonne, so nehmt ihr die wohltätige Wärme wahr und das wohltätige Licht, das der Erde zustrahlt; wenn ihr aber höhere Organe entwickelt, wenn ihr geistiges Wahrnehmen entwickelt, so könnt ihr das Sonnenwesen wahrnehmen, das hinter dem physischen Sonnenleben ist; und dann nehmt ihr wahr Klangeswirkungen und in den Klangeswirkungen Lebenssinn! – Was so als Geistiges hinter den physischen Sonnenwirkungen als Nächstes wahrzunehmen war, das bezeichnete Zarathustra für seine Schüler als Ormuzd, als Ahura Mazdao, als die Große Aura der Sonne. Wir werden es daher begreiflich finden, daß man in der Übersetzung das Wort Ahura Mazdao auch die «große Weisheit» nennen kann, im Gegensatz zu dem, was der Mensch heute in sich als die kleine Weisheit entwickelt. Die große Weisheit ist die, welche er wahrnimmt, wenn er die Geistigkeit der Sonne, die große Sonnenaura wahrnimmt.

So konnte ein Dichter, auf alte Zeiten der Menschheitsentwickelung blickend, hinweisen auf dasjenige, was für den Geistesforscher eine Wahrheit ist, und sagen:

«Die Sonne tönt nach alter Weise
In Brudersphären Wettgesang,
Und ihre vorgeschriebne Reise
Vollendet sie mit Donnergang.»

Ästhetlinge werden das natürlich für etwas Gesuchtes halten. Sie haben es so gern, wenn man sagt, es sei dichterische Freiheit, wenn *Goethe* die Sonne tönen läßt. Sie ahnen nicht, was ein Dichter im Sinne Goethes ist, der nur Realitäten schildert, wenn er sagt: «Die Sonne tönt nach alter Weise», das heißt nach der Weise, wie sie die alte Menschheit gekannt hat. Denn so tönt sie auch heute noch für den, der eingeweiht ist.

Darauf hatte Zarathustra seine Schüler hingewiesen. Er hatte natürlich unter seinen Schülern besonders die zwei auf diese gewaltige Tatsache hingewiesen, die wir als seine intimsten Schüler bezeichnen konnten, die dann in ihren Wiederverkörperungen als Hermes und Moses erschienen sind. Aber auf zwei ganz verschiedene Arten hat er sie hingewiesen auf das, was hinter dem lichthaften Sonnenleib ist. Er hat den Hermes so darauf hingewiesen, daß dieser in dem verblieb, was unmittelbar von der Sonne herkommt. Und er hat den Moses so inspiriert, daß er wie in einer Erinnerung behielt, was das Geheimnis der Sonnenweisheit ist.

Wenn wir nun im Sinne der «Geheimwissenschaft» uns vorstellen die Erde nach der Trennung von der Sonne, das Hinausgehen der Mondenkräfte von der Erde, und dieses alles nach dem Sich-Öffnen der Erde gegen die Sonne, so haben wir in Venus und Merkur dasjenige, was mitten drinnen steht zwischen Erde und Sonne. Und wenn wir nun den ganzen Zwischenraum zwischen Sonne und Erde einteilen in drei Mittelglieder, so können wir sagen: Die Erde hat sich von der Sonne herausgetrennt; sie selber hat der Sonne entgegengeschickt den Mond. Es haben sich dann abgespalten von der Sonne und sind der Erde entgegengekommen Venus und Merkur. So daß wir also in Venus und Merkur etwas zu sehen haben, was von der Sonne herankommt an die Erde und in dem Mond etwas, was der Sonne entgegengeht.

Wie sich die kosmischen Verhältnisse gestalten, so gestalten sich, wie in einer Spiegelung, auch die Verhältnisse in der Menschheitsentwickelung. Wenn wir die Offenbarungen des Zarathustra als Sonnenweisheit annehmen, die er auf der einen Seite dem Hermes, auf der anderen dem Moses vermittelte, so war dasjenige, was in Hermes lebte, weil er ja den astralischen Leib des Zarathustra in sich hatte, das von Zarathustra Ausstrahlende der Sonnenweisheit; und was in Moses lebte, war sozusagen abgeschlossen wie ein abgeschlossener Weisheitsplanet, der sich erst entgegenentwickeln mußte dem, was direkt von der Sonne ausstrahlte. Wie also die Erdenwirksamkeit durch das Abgeben des Mondes sich öffnete der Sonnenwirksamkeit, so öffnete sich die Moses-Weisheit der direkt von Zarathustra ausstrahlenden Weisheit, der Sonnenweisheit. Und diese beiden, die Erdenweisheit des Moses und die Sonnenweisheit des Zarathustra in Hermes, trafen zusammen in Ägypten, wo das Mosestum mit dem Hermestum zusammentrifft. So daß wir dasjenige, was Moses aus sich selbst herausentwickelte, was er, wie aus der Entfernung von Zarathustra aufnehmend, in sich selber erweckte, ausstrahlte und seinem Volke überlieferte, analog aufzufassen haben dem Ausschleudern der Mondensubstantialität von der Erde.

Was Moses so als Weisheit für sein Volk ausstrahlte, das können wir auch nennen nach dem Namen, der die Moses-Weisheit zusammenfaßt, die Jahve- oder Jehovaweisheit. Denn wenn wir den Namen Jahve oder Jehova in richtiger Weise verstehen, ist er wie ein Résumé der gesamten Moses-Weisheit. Wenn wir aber das so auffassen, wird uns auch verständlich, warum die alten Traditionen Jahve oder Jehova eine Mondgottheit nennen. Diese Tatsache werden Sie in vielen Mitteilungen finden, aber den Grund dafür können Sie erst einsehen, wenn Sie diese tiefen Zusammenhänge auf sich wirken lassen. Wie die Erde das, was sie als Mond in sich enthielt, heraussetzte und der Sonne entgegenschickte, so mußte auch die Erdenweisheit des Moses dem Hermes entgegengehen, der ja die unmittelbare Weisheit des Zarathustra besaß in dem von Zarathustra hingeopferten Astralleibe, und dann sich selber entwickeln. Wir haben schon charakterisiert, wie nach dieser Begegnung mit Hermes das Mosestum sich entwickelte bis in das davidische Zeitalter, und wie ein anderes, ein neues Hermestum oder Merkurtum erscheint in David, dem königlichen Krieger und göttlichen Sänger des hebräischen Volkes. Und wir haben gesehen, wie das Mosestum näher kommt dem Sonnenelement, als es sich neuerdings berührt während der babylonischen Gefangenschaft mit der ausstrahlenden Sonnenweisheit, weil Zarathustra unter dem Namen Zarathas oder Nazarathos selber der Lehrer der hebräischen Eingeweihten während der babylonischen Gefangenschaft war. So sehen wir in der Moses-Weisheit etwas, was den ganzen kosmischen Gang der Erdentrennung von der Sonne und das, was mit der Erde hinterher geschehen ist, wiederholt.

Solche Zusammenhänge erschienen als etwas, was die alten Weisen des hebräischen Volkes und alle die, welche sie fühlten, mit tiefster Ehrfurcht erfüllte. Sie fühlten etwas wie unmittelbare Offenbarungen, die ihnen aus den Weltenräumen und dem Weltensein selber entgegenstrahlten. Und eine solche Persönlichkeit wie die des Moses erschien ihnen wie ein Sendbote der kosmischen Mächte selber. Sie fühlten es.

Und so etwas müssen wir nachfühlen, wenn wir wirklich die alten Zeiten verstehen wollen, sonst bleibt alles Verstehen nur eine leere Abstraktion.

Nun handelt es sich darum, daß dasjenige, was so von Zarathustra ausgestrahlt ist und sich durch Hermes und Moses auf die Nachwelt ergossen hat, sich in einer entsprechenden Weise auch so fortentwikkeln konnte, daß es auf höherer Stufe wiedererscheinen konnte in einer anderen Form, in einer höheren Ausbildungsform. Dazu war notwendig, daß Zarathustra selber, die Individualität, die vorher nur hingeopfert hatte den astralischen Leib und den Ätherleib, in einem physischen Leibe auf der Erde erscheinen konnte, um auch diesen hinzuopfern. Das ist ein Stufengang, ein schöner Stufengang. Erst lebte in uralten Zeiten Zarathustra auf seine Art und gab den Impuls der nachatlantischen Entwickelung in der urpersischen, in der iranischen Kultur. Dann gab er seinen astralischen Leib ab, um eine nächste Kultur in Szene zu setzen durch Hermes, und er gab seinen Ätherleib ab an Moses. So hatte er zwei seiner Hüllen hingeopfert. Nun mußte er auch noch Gelegenheit erhalten, seinen physischen Leib hinzuopfern. Denn das erforderte das große Geheimnis der Entwickelung der Menschheit, daß von einem Wesen die drei Leiber hingeopfert werden konnten. Für Hermes hatte Zarathustra hingeopfert seinen astralischen Leib, für Moses seinen Ätherleib. Das dritte, was ihm noch bevorstand, war die Hinopferung des physischen Leibes. Dazu bedurfte es besonderer Veranstaltungen, dazu mußte der physische Leib des Zarathustra erst in besonderer Weise zubereitet sein. Und wir haben gestern schon darauf hingedeutet, wie durch das eigentümliche Leben beim hebräischen Volke durch Generationen hindurch jener physische Leib zubereitet wurde, der dann von Zarathustra hingeopfert werden konnte als sein drittes großes Opfer. Dazu war notwendig, daß in dem hebräischen Volke alles, was sonst direkte äußere geistige Wahrnehmung, was astralisches Schauen war, was bei den turanischen Völkern in Dekadenz gekommen war, innerliche Wirksamkeit wurde.

Das ist das Geheimnis des hebräischen Volkes. Während bei den turanischen Völkern die Kräfte, welche Erbstücke aus alter Zeit waren, der Zubereitung äußerer Hellseherorgane dienten, strahlten sie beim hebräischen Volke nach innen und organisierten die innere Leiblichkeit, so daß das hebräische Volk ausersehen war, im Inneren zu fühlen und zu empfinden, was sonst geschaut worden war während der atlantischen Zeit, ausgebreitet über den Sinnesraum hinter den einzelnen sinnlichen Dingen. Jahve oder Jehova, wie ihn bewußt ausspricht das hebräische Volk, ist der in einem Punkt zusammengefaßte «Große Geist», der hinter allen Dingen und Wesenheiten dem uralten Hellsehen erschien. Auch das wird uns angedeutet, daß der Stammvater dieses althebräischen Volkes in einer ganz besonderen Art und Weise, eben als Stammvater, diese innere Organisation erhalten hat.

Ich bemerke an dieser Stelle etwas, was ich auch schon öfter bemerkt habe: daß Sagen und Legenden, die in bildhafter Weise von den Tatsachen erzählen, die sich in alten Zeiten zugetragen haben, wahrer und zutreffender sind als die heutige anthropologische Forschung, die aus den heutigen Ausgrabungen und einzelnen Denkmalsfetzen ein Bild des Weltenwerdens zusammensetzt. Die alten Legenden werden in den meisten Fällen bewahrheitet von dem, was wir die geisteswissenschaftliche Forschung nennen. Ich sage «in den meisten» und nicht «in allen», weil ich es nicht untersucht habe, obwohl es sehr wahrscheinlich überall da, wo es wirkliche alte Legenden sind, der Fall ist. So führt uns auch das hebräische Volk, wenn wir seinem Ursprung nachgehen, nicht auf das zurück, was heute eine anthropologische Forschung vermutet, sondern es führt uns wirklich zurück auf einen Stammvater, von dem uns die Bibel erzählt. Das ist eine wirkliche Gestalt, dieser Abraham oder Abram, und es ist durchaus wahr, was die talmudische Legende von diesem Stammvater erzählt.

In dieser Legende wird uns der Vater des Abraham geschildert als ein Feldherr jener sagenhaften, aber wiederum wirklichen Persönlichkeit, die in der Bibel als «Nimrod» bezeichnet wird. Und auf Grund eines Traumerlebnisses wird der Sohn seines Feldherrn dem Nimrod angekündigt von denen, die die Zeichen der Zeit verstehen, als eine Wesenheit, die viele Könige und Herrscher entthronen werde. Nimrod fürchtet sich davor und befiehlt, daß der Sohn seines Feldherrn getötet werde. Das erzählt die Legende; das bestätigt uns die okkulte Forschung. Der Vater des Abraham ergreift eine Ausflucht und zeigt ein fremdes Kind dem Nimrod vor. Das eigene Kind aber, Abraham, wird in einer Höhle auferzogen. Und die Tatsache, daß wirklich Abraham der erste ist, der durch jene Kräfte, die sonst für die äußeren hellseherischen Fähigkeiten Verwendung fanden, jetzt im Inneren jene organisatorische Kraft entwickelt, die zum inneren Gottesbewußtsein führen soll, diese Umkehrung der ganzen Kraftsumme wird angedeutet in der Legende dadurch, daß das Kind während der drei Jahre, wo es in der Höhle auferzogen wird, Milch saugt durch Gottes Gnade aus seinem eigenen Finger der rechten Hand. Das Durch-sich-selber-Genährtwerden, das Hineingehen der Kräfte, welche früher die alte Hellsichtigkeit bewirkt haben, in die innere Organisation des Menschen, das wird uns in dem Stammvater des hebräischen Volkes, in Abraham, in wunderbarer Weise charakterisiert. Solche Legenden wirken, wenn man ihren eigentlichen Grund erfährt, mit einer solchen Kraft auf uns, daß wir uns sagen: Wir begreifen es, daß die alten Mitteiler dasjenige, was hinter den Legenden steht, nicht anders sagen konnten als in Bildern. Aber diese Bilder waren geeignet, wenn auch nicht das Bewußtsein, so doch die Gefühle für die großen Tatsachen hervorzurufen. Und das genügte für die alten Zeiten.

So ist Abraham derjenige, der zuerst den inneren Abglanz der göttlichen Weisheit, des göttlichen Schauens, in so recht menschlicher Weise als menschliches Denken über das Göttliche entwickelt. Abram oder Abraham, wie er später genannt wurde, hatte tatsächlich, was die okkulte Forschung immer zu betonen hat, eine andere physische Organisation als alles, was sonst an Menschen um ihn herum lebte. Die Menschen ringsherum waren damals in ihrer Organisation nicht so, daß sie inneres Denken durch ein besonderes Werkzeug hätten ausbilden können. Sie konnten Denken ausbilden, wenn sie leibfrei wurden, wenn sie sozusagen in ihrem Ätherleib Kräfte entwickelten; wenn sie aber im physischen Leibe darinnen steckten, hatten sie noch nicht ausgebildet das Werkzeug des Denkens. Abraham ist in der Tat der erste, der in vorzüglicher Weise das physische Werkzeug des Denkens ausgebildet hatte. Daher wird er nicht mit Unrecht – auch das ist natürlich wieder mit dem nötigen granum salis zu verstehen – als der Erfinder der Arithmetik bezeichnet, der in vorzüglicher Weise auf das

Instrument des physischen Leibes angewiesenen Gedankenwissenschaft. Arithmetik ist etwas, was in seiner Form, wegen seiner inneren Gewißheit, nahe herantritt an das, was hellseherisch gewußt werden kann. Aber es ist die Arithmetik angewiesen auf ein leibliches Organ.

So haben wir hier einen tiefinneren Zusammenhang zwischen dem, was äußere Kräfte bisher zum Hellsehen benutzten, und dem, was jetzt ein inneres Organ benutzt zum Denken. Das ist darin angedeutet, daß man Abraham als den Erfinder der Arithmetik kennzeichnet. Wir haben daher in Abraham diejenige Persönlichkeit zu sehen, welche zuerst eingepflanzt erhalten hat das physische Organ des Denkens, jenes Organ, durch das der Mensch mit seinem physischen Denken sich erheben konnte zu dem Gedanken an einen Gott. Früher konnte der Mensch von Gott und göttlichem Dasein nur etwas wissen durch hellseherische Beobachtung. Alles, was aus alter Zeit stammte an Wissen über Gott und göttliches Dasein, das entstammte hellseherischer Beobachtung. Mit dem Gedanken sich zu erheben zum Göttlichen, dazu brauchte es eines physischen Werkzeuges; das ist dem Abraham zuerst eingepflanzt gewesen. Und da es sich hier um ein physisches Organ handelt, so war auch das ganze Verhältnis zur objektiven Welt und zur subjektiven Wesenheit des Menschen dieses Gottesgedankens, der durch ein physisches Werkzeug erfaßt wurde, ein anderes als früher.

Früher hatte man in den Geheimschulen in der göttlichen Weisheit den Gottesgedanken erfaßt, und man konnte ihn überliefern an denjenigen, der dies auch konnte, wenn er dahin gebracht wurde, daß er Wahrnehmungen haben konnte im Ätherleib, frei von den Organen des physischen Leibes. Soll aber das, was physisches Werkzeug ist, auf einen anderen übergehen, so gibt es nur ein Mittel: die Vererbung in der physischen Organisation. Was also für Abraham das Wichtigste, das Wesentlichste war, das physische Organ, das mußte, sollte es sich auf der Erde erhalten, in physischer Vererbung von Generation zu Generation fortgepflanzt werden, weil es eben ein physisches Organ war. So begreifen wir es, daß die Vererbung im Volke, sozusagen das Herunterrinnen dieser physischen Veranlagung durch das Blut der Generationen, ein so Wichtiges ist im hebräischen Volk.

Was aber bei Abraham zuerst physische Veranlagung war, nämlich

Ausmeißelung, Auskristallisierung eines physischen Organs für das Erfassen des Göttlichen, das mußte sich erst einleben. Indem es sich vererbte von Generation zu Generation, drang es immer tiefer in die menschliche Wesenheit ein und erfaßte dieselbe immer tiefer, je tiefer es sich vererbte. Wir können daher sagen: Was Abraham empfangen hatte zur Mission des hebräischen Volkes, das mußte sich vervollkommnen, das mußte, indem es von Mensch zu Mensch durch die Vererbung überging, in der Fortentwickelung vollkommener werden. Es konnte aber das, was ein physisches Organ war, nur durch die Vererbung immer vollkommener werden.

Sollte nun diejenige Wesenheit, die wir als die Individualität des Zarathustra zunächst kennengelernt haben, einen möglichst vollkommenen physischen Leib haben, das heißt einen physischen Leib, der auch diejenigen Organe hatte, die ein Werkzeug sein konnten zum Erfassen des Gottesgedankens im physischen Menschenleibe, dann mußte auf die höchste Höhe gebracht werden, was als physisches Werkzeug dem Abraham eingepflanzt worden war. Es mußte innerlich sich befestigen, mußte sich vererben und so sich entwickeln, daß daraus ein richtiger Leib für den Zarathustra werden konnte mit all den Eigenschaften, die Zarathustra brauchte in seinem physischen Leibe. Wenn aber der physische Leib eines Menschen in dieser Weise vollkommen werden soll, wenn er so brauchbar werden soll, wie er für Zarathustra brauchbar sein sollte, dann durfte nicht bloß der physische Leib des Menschen vollkommener werden. Es ist natürlich unmöglich, daß für sich allein, herausgerissen aus dem gesamten Menschen, nur der physische Leib des Menschen vollkommen werde. Es mußten alle drei Hüllen nach und nach sich vervollkommnen durch physische Vererbung. Was also dem physischen Menschen, dem ätherischen und dem astralischen Menschen auf dem Wege durch die physische Vererbung gegeben werden kann, das mußte ihm gegeben werden in den aufeinanderfolgenden Generationen.

Nun besteht ein gewisses Gesetz innerhalb der Entwickelung. Dieses Gesetz kennen wir für die Entwickelung des einzelnen Menschen und haben es auch schon öfter charakterisiert. Wir haben gezeigt, wie beim Menschen ein besonderes Stück seiner Entwickelung die Zeit ausmacht von der Geburt bis zum sechsten, siebenten Jahre: In diese Zeit fällt hinein die Entwickelung des physischen Leibes. Die Entwikkelung des Ätherleibes fällt in die Zeit vom sechsten, siebenten Jahre bis zum vierzehnten, fünfzehnten. Von da ab bis zum einundzwanzigsten, zweiundzwanzigsten Jahre haben wir dann die Entwickelung des astralischen Leibes. Das ist sozusagen die Gesetzmäßigkeit, die durch die Siebenzahl bezeichnet wird, für die Entwickelung des einzelnen Menschen. Eine ähnliche Gesetzmäßigkeit besteht für die Entwickelung der Menschheit der äußeren Hüllen durch die Generationen hindurch, und wir werden auf die tieferen Gesetze dieses Vorganges noch hinzuweisen haben. Während der einzelne Mensch im Verlaufe von je sieben Jahren eine Entwickelungsstufe durchmacht, bis zum siebenten Jahre seinen physischen Leib entwickelt, der während dieser Zeit immer vollkommener und vollkommener wird, so wird das ganze Gefüge des physischen Leibes, wie es sich durch die Generationen hindurch vervollkommnen kann, durch sieben Generationen hindurch zu einer gewissen Vollkommenheit gebracht. Aber die Vererbung geschieht nicht so, daß sie von einem Menschen auf den nächsten Nachkommen übergeht, nicht direkt von der einen auf die nächste Generation. Es können die Eigenschaften, auf die es ankommt, nicht unmittelbar vom Vater auf den Sohn, von der Mutter auf die Tochter übergehen, sondern nur vom Vater auf den Enkel, also auf die zweite Generation, dann auf die vierte Generation und so weiter. Also es kann sich die Vererbung nicht unmittelbar ausleben. Wir müßten es bei den Generationen zu tun haben mit einer Vererbung in der Siebenzahl; aber da die Vererbung immer ein Glied überspringt, haben wir es in Wirklichkeit zu tun mit einer Vierzehnzahl.

Was in Abraham veranlagt war als physische Leiblichkeit, das konnte auf seiner Höhe angelangt sein nach vierzehn Generationen. Sollten aber auch der Ätherleib und der astralische Leib davon ergriffen werden, so mußte jene Entwickelung, die für den einzelnen Menschen weitergeht vom siebenten bis zum vierzehnten Jahre, durch weitere sieben beziehungsweise vierzehn Generationen hindurchgehen. Und was für den Menschen eine Entwickelung durch die nächsten sieben Jahre – vom vierzehnten ab – ist, das mußte wieder durch vierzehn Generationen hindurchgehen. Das heißt also: Was bei dem Stammvater Abraham veranlagt war als physische Organisation, das mußte sich ausleben durch dreimal sieben beziehungsweise dreimal vierzehn Generationen; dann war es so, daß es ergriffen hatte den physischen Leib, den Ätherleib und den astralischen Leib. Durch dreimal vierzehn Generationen, das heißt durch zweiundvierzig Generationen, ist es einem Menschen durch die Vererbung in der Generationenreihe möglich, daß er dasjenige vollkommen im physischen Leibe, Ätherleibe und astralischen Leibe ausgebildet erhält, was Abraham in der ersten Anlage erhalten hat.

Gehen wir also von Abraham durch dreimal vierzehn Generationen hinunter, so haben wir einen Menschenleib, der in sich ganz durchdrungen, imprägniert ist mit dem, was in der ersten Anlage bei Abraham vorhanden war. Dies erst konnte der Leib sein, den Zarathustra für seine Verkörperung brauchen konnte. Das erzählt uns auch der Schreiber des Matthäus-Evangeliums. Und in der Generationentafel, die er gibt, deutet er noch ausdrücklich darauf hin, daß er vierzehn Glieder aufzählt von Abraham bis auf David, vierzehn von David bis zur babylonischen Gefangenschaft, und vierzehn von der babylonischen Gefangenschaft bis auf Christus. Durch diese dreimal vierzehn Glieder – wobei immer eines übersprungen ist – ist in gewisser Weise ganz zur Ausbildung gelangt, was bei Abraham für die Mission des hebräischen Volkes veranlagt war. Da ist es ganz in die Gliedrigkeit des Menschen eingeprägt. Da heraus konnte der Leib genommen werden, den Zarathustra brauchte, um zur Verkörperung zu kommen in der Zeit, als er ein ganz Neues der Menschheit eröffnen sollte.

So sehen wir, daß aus einer ganz besonderen Tiefe heraus der Beginn des Matthäus-Evangeliums geschöpft ist. Solche Dinge müssen wir aber erst verstehen. Wir müssen verstehen: Was uns mit diesen dreimal vierzehn Generationen gesagt ist, soll uns darauf hindeuten, wie in dem, was vererbt werden konnte von dem Joseph auf den Jesus von Nazareth, die Essenz dessen lebte, was in der ersten Anlage bei Abraham vorhanden war, was dann ausstrahlte in das ganze hebräische Volk und sich dann sammeln konnte in dem einen Instrument, in der einen Hülle, die die Hülle war für Zarathustra, in dem sich verkörpern konnte der Christus.

VIERTER VORTRAG

Bern, 4. September 1910

Nach dem, was wir gestern ausführen konnten, besteht ein großer, bedeutungsvoller Unterschied zwischen dem, was man die Erkenntnis der geistigen Welt durch alle Zeiten hindurch nennen kann, und jener Art von Erkenntnis der göttlich-geistigen Welt, wie sie angestrebt werden konnte aus der besonderen Beschaffenheit, aus der besonderen Organisation gerade des hebräischen Volkes. Wir haben darauf hingewiesen, daß dieses hebräische Volk schon in seinem Stammvater Abraham oder Abram eine ganz besondere Organisation erhalten hat, die darin bestand, daß dem menschlichen Organismus eingeordnet worden ist ein physisches Werkzeug, ein physisches Organ, um sozusagen durch die Mittel der Sinneserkenntnis, so weit das möglich ist, sich hinaufzuerheben zu einer gewissen – nicht nur Ahnung, sondern Erkenntnis des Göttlich-Geistigen. Erkenntnis des Göttlich-Geistigen gab es und gibt es überall und immer. Aber diese gleichsam ewige Erkenntnis des Göttlich-Geistigen wird erreicht auf dem Wege der Mysterieneinweihung, auf dem Wege der Initiation überhaupt. Von diesem, was durch eine besondere menschliche Entwickelung, was sozusagen auf künstlichem Wege innerhalb der Menschheitsevolution erreicht werden kann, müssen wir unterscheiden jene Erkenntnis der geistigen Welt, die für irgendeine Zeit die normale ist, sozusagen als besondere Mission in der Menschheitsentwickelung herauskommend. So könnten wir für die alte atlantische Zeit eine astralisch-hellseherische Wahrnehmung des Göttlich-Geistigen das Normale nennen. Für die Zeiten aber, in welchen das hebräische Volk blüht, ist die normale, das heißt die äußerliche, exoterische Erkenntnis der geistigen Welt diejenige, welche zustande kommt mit Hilfe eines besonderen physischen Organs durch jene Erkenntniskraft, die an ein solches physisches Organ gebunden ist. Und wir haben schon darauf hingewiesen, daß das Volk Abrahams zu dieser Erkenntnis in der Weise kam, daß es gleichsam das göttliche Dasein verschmolzen fühlte mit dem eigenen Inneren. Innenerkenntnis also, Ergreifen des Göttlichen im eigenen Innersten war es, was durch dieses Organ möglich geworden war.

Aber es ist dieses Ergreifen des Göttlich-Geistigen im Inneren durch diese Erkenntnis nicht gleich so möglich geworden, daß der einzelne Mensch hätte sagen können: Ich versenke mich in mein eigenes Inneres; ich suche dieses eigene Innere so tief zu erfassen, als ich es nur erfassen kann, und dann finde ich den Tropfen des göttlich-geistigen Daseins, der mir eine Erkenntnis geben kann von der Beschaffenheit dessen, was auch die äußere Welt an Göttlich-Geistigem durchlebt und durchwebt. – So war es nicht gleich. Das ist erst gekommen durch die Erscheinung, durch die Offenbarung des Christus innerhalb der Menschheitsentwickelung. Für das althebräische Volk war erst die Möglichkeit gegeben, im Volksgeiste das Göttliche zu erleben, wenn sich der einzelne fühlte als ein Glied des ganzen Volkes, nicht als eine einzelne Individualität. Wenn er sich mit dem Blut in eine herunterfließende Generationenreihe hineingehörig fühlte, dann fühlte er leben in dem Volksbewußtsein, in seinem Blut, das Gottes- oder Jahve-Bewußtsein. Wenn man daher zutreffend bezeichnen will im geisteswissenschaftlichen Sinne, kann man den Gott Jahve nicht dadurch bezeichnen, daß man sagen würde: Er ist der Gott Abrahams. Damit würde er nur ungenau bezeichnet sein. Sondern man muß sagen: Er ist der Gott Abrahams, Isaaks und Jakobs; er ist diejenige Wesenheit, die von Generation zu Generation fließt, die sich im Volksbewußtsein in Einzelmenschen, durch einzelne Menschen hindurch offenbart.

Das ist der Unterschied und der große Fortschritt von dieser Erkenntnis Abrahams, Isaaks und Jakobs zu der christlichen, daß die christliche Erkenntnis in der einzelnen Menschenindividualität dasselbe erkennt, was die althebräische Erkenntnis nur erreichen konnte durch Vertiefung in den Volksgeist, in den Geist, der in dem Blute der Generationen rann. So konnte Abraham sagen: Insofern mir verheißen ist, der Begründer eines Volkes zu sein, das sich ausbreiten wird in den von mir abstammenden Generationen, wird leben in dem Blute, das durch sie hinunterrinnt, der Gott, den wir als den höchsten anerkennen; er offenbart sich uns im Bewußtsein unseres Volkes. – Das wurde das Normale.

Nun geht durch alle Zeiten hindurch ein höheres Erkennen des Göttlich-Geistigen: das Mysterienerkennen. Das ist nicht abhängig von jenen anderen, besonderen Formen. Man konnte in der Zeit der alten atlantischen Entwickelung durch ein gewisses astralisch-ätherisches Hellsehen hineinschauen in den göttlich-geistigen Untergrund des Daseins; man konnte sein Inneres entwickeln und zu einer Mysterien- oder Orakelerkenntnis kommen. Und auch in der Zeit, als die hebräische Erkenntnis das Normale war, konnte man in gewissen Stätten dadurch hinaufsteigen, daß man nicht im Leibe, wie die Abrahamiten, sondern außer dem Leibe das Göttliche erkannte; man konnte hinaufsteigen zu dem Göttlich-Geistigen unter dem Gesichtspunkt des Ewigen, indem der Mensch sein Ewiges erhob zum Anschauen des Göttlich-Geistigen.

Sie können sich nun leicht vorstellen, daß für Abraham eines notwendig war. Er lernte auf seine ganz besondere Art, auf dem Wege durch ein physisches Organ, durch physische Erkenntnis das Göttlich-Geistige kennen. Er lernte auf diesem Wege den führenden Weltengott kennen. Wenn er sich lebendig in den Gesamtweg der Entwickelung hineinstellen wollte, dann war es für ihn unendlich wichtig, zu erkennen, daß der Gott, der sich im Volksbewußtsein kundtut, derselbe ist, der in den Mysterien zu allen Zeiten als die schöpferische und schaffende Gottheit anerkannt wurde. Also es mußte Abraham identifizieren können seinen Gott mit dem Gott der Mysterien. Das war nur unter einer ganz bestimmten Voraussetzung möglich. Unter einer ganz bestimmten Voraussetzung mußte ihm die Gewißheit gegeben werden, daß dieselben Kräfte im Volksbewußtsein sprechen, die in den Mysterien auf eine höhere Art sprechen. Wenn wir diese Gewißheit einsehen wollen, müssen wir uns eine Tatsache der Menschheitsentwickelung vor Augen führen.

In meiner «Geheimwissenschaft im Umriß» können Sie nachlesen, daß es in der alten Atlantis Eingeweihte gegeben hat, die dort Orakelpriester genannt werden; auf den Namen kommt es nicht an. Ich habe auch darauf hingewiesen, daß einer dieser großen Initiierten der Führer aller atlantischen Orakel war, der Sonneneingeweihte, im Gegensatz zu den untergeordneten Orakelstätten der Atlantis, welche Merkur-,

Mars-, Jupitereingeweihte und so weiter in sich bargen. Ich habe auch darauf hingewiesen, daß dieser große Sonneneingeweihte, der Führer des Sonnenorakels, auch der große Führer der bedeutungsvollen Kulturkolonie war, die sich vom Westen nach dem Osten, von der Atlantis nach dem Inneren Asiens, bewegt hat, um von dort auszustrahlen, zu inaugurieren die nachatlantische Kultur. In geheimnisvolle Stätten im Inneren Asiens zog sich dieser große Eingeweihte, der er damals schon war, zurück. Er gab zunächst denjenigen großen Weisen, die wir als die heiligen Rishis bezeichnen, die Möglichkeit, große Lehrer ihres Volkstums zu sein. Und er war es, dieser große, geheimnisvolle Initiierte, der auch dem Zarathustra oder Zoroaster seine Einweihung zuteil werden ließ.

Anders wurde allerdings dem Zarathustra, anders den indischen Rishis die Einweihung gegeben; denn sie hatten verschiedene Aufgaben. Den Rishis wurde eine solche Einweihung gegeben, daß sie sozusagen wie von selbst, wenn sie ihr Inneres weiter entwickelten, die großen Geheimnisse des Daseins aussprechen konnten. Dadurch wurden sie die großen Führer und Lehrer der vorvedischen, altindischen Kultur. Es war für sie noch etwas, was zwar auf künstlichem Wege erzeugt war, aber auf diesem Wege durchaus ähnlich war dem alten atlantischen Hellsehen, das nur einzeln auf die sieben Rishis verteilt war. Jeder der sieben Rishis hatte sein bestimmtes Gebiet. Wie die verschiedenen Orakelstätten ihr besonderes Gebiet hatten, so hatte jeder der sieben Rishis seine besondere Aufgabe. Und ein Kollegium sprach, wenn jeder der sieben Rishis sagte, was er wußte von der Urweisheit der Welt. Die hatten sie empfangen von dem großen Sonneneingeweihten, der hinausverpflanzt hatte von dem Westen nach dem Osten die alte atlantische Weisheit und sie eben in einer besonderen Weise weitergegeben hatte an die, welche die Träger der nachatlantischen Kultur werden sollten. In anderer Weise gab er sie dem Zarathustra, so daß Zarathustra so sprechen konnte, wie ich es auch angedeutet habe.

Die Rishis sagten: Um zum höchsten Göttlich-Geistigen zu kommen, muß man alles, was in der Umwelt ist, was sich den äußeren Sinnen darbietet, als Maja oder Illusion ansehen; man muß sich abwenden davon, ganz den Blick in das Innere versenken: dann geht eine andere Welt in einem auf als die, welche vor einem ist. – Also mit Abwendung von der illusionären Welt der Maja, mit der Entwickelung des eigenen Inneren hinaufzusteigen in die göttlich-geistigen Sphären, das war die Lehre der alten indischen Rishis. Anders Zarathustra. Er wandte sich nicht ab von dem, was sich äußerlich manifestiert. Er sagte nicht: Das Äußere ist Maja oder Illusion, von der wir uns abwenden müssen. Sondern er sagte: Diese Maja oder Illusion ist die Offenbarung, das wirkliche Kleid des göttlich-geistigen Daseins. Wir dürfen uns nicht von ihm abwenden, sondern im Gegenteil, wir müssen es erforschen. Wir müssen sehen im Sonnenlichtleib das äußere Gewebe, worinnen webt und lebt Ahura Mazdao!

So war in gewisser Weise der Standpunkt Zarathustras der entgegengesetzte von dem der alten Rishis. Es ist gerade die nachindische Kultur dadurch bedeutsam geworden, daß sie der Außenwelt einprägen sollte, was sich der Mensch durch sein geistiges Wirken erobern kann. Und wir haben auch gesehen, wie Zarathustra das Beste, was er zu geben hatte, übertragen hatte in der geschilderten Art an Moses und Hermes. Damit die Moses-Weisheit in der richtigen Weise fruchtbar werden konnte und als Samen aufgehen konnte, mußte sie hineingesenkt sein in das Volkstum, das zu seinem Stammvater Abraham hatte. Denn Abraham hatte zuerst das Organ in sich veranlagt, ein Jahvebewußtsein zu erwerben. Aber er mußte wissen, daß der Gott, der sich in seinem Inneren ankündigen konnte den physischen Erkenntniskräften, mit derselben Stimme spricht, mit welcher der ewige, alles durchwebende Gott der Mysterien spricht, nur daß er sich auf eine eingeschränkte Weise, nämlich wie Abraham ihn erkennen konnte, offenbarte.

Einer solchen bedeutsamen Wesenheit, wie es der große atlantische Sonneninitiierte war, ist es nicht ohne weiteres möglich, zu denen, die zu irgendeiner Zeit leben und eine besondere Mission haben, sogleich in einer verständlichen Sprache zu reden. Eine so hohe Individualität wie der große Sonneninitiierte, der in seiner Individualität ein ewiges Dasein führt, von dem mit Recht gesagt wurde – um anzudeuten den Ewigkeitscharakter dieser Individualität –, daß man von ihm nicht anführen sollte Namen und Alter, nicht Vater und Mutter, ein solcher großer Führer des Menschheitsdaseins kann sich nur dadurch offenbaren, daß er etwas annimmt, wodurch er verwandt wird denen, welchen er sich offenbaren kann. So nahm, um dem Abraham die entsprechende Aufklärung zu geben, der Lehrer der Rishis, der Lehrer des Zarathustra, eine Gestalt an, in welcher er den Ätherleib trug, der aufbewahrt war von dem Stammvater des Abraham, denselben Ätherleib, der schon in dem Stammvater des Abraham, in Sem, dem Sohne Noahs, vorhanden war. Dieser Ätherleib des Sem war aufbewahrt worden, wie der Ätherleib des Zarathustra für Moses aufbewahrt worden war, und seiner bediente sich der große Eingeweihte des Sonnenmysteriums, um sich in einer verständlichen Art dem Abraham offenbaren zu können. Diese Begegnung des Abraham mit dem großen Eingeweihten des Sonnenmysteriums ist jene Begegnung, welche uns im Alten Testament geschildert wird als die Begegnung des Abraham mit dem Könige, mit dem Priester des höchsten Gottes, mit Melchisedek oder Malek-Zadik, wie man gewohnt geworden ist ihn zu nennen (1. Mose 14,18–20). Das ist eine Begegnung von größter, von universellster Bedeutung, diese Begegnung des Abraham mit dem großen Eingeweihten des Sonnenmysteriums, der – nur um ihn sozusagen nicht zu verblüffen – in dem Ätherleib des Sem sich zeigte, des Stammvaters des semitischen Stammes. Und bedeutungsvoll wird in der Bibel auf etwas hingewiesen, was leider nur zu wenig verstanden wird, nämlich darauf, woher sozusagen dasjenige kommen kann, was Melchisedek dem Abraham zu geben in der Lage ist. Was kann Melchisedek dem Abraham geben? Er kann ihm geben das Geheimnis des Sonnendaseins, das natürlich Abraham nur in seiner Art verstehen kann, dasselbe, was hinter der Zarathustra-Offenbarung steht, worauf Zarathustra erst prophetisch hingewiesen hat.

Wenn wir uns die Tatsache vorstellen, daß Zarathustra seine bevorzugten Schüler auf das hinwies, was als Ahura Mazdao geistig hinter dem Sonnenlichtleib lebt, indem er sagte: Seht hin, dahinter steckt etwas, was jetzt noch nicht mit der Erde vereinigt ist, was aber einst in die Erdenevolution sich ergießen wird und auf die Erde heruntersteigen wird –, wenn wir anerkennen, daß Zarathustra nur prophetisch vorherverkünden konnte den Sonnengeist, den Christus, von dem er sagte: Er wird kommen in einem menschlichen Leibe –, dann werden wir sagen müssen, daß für denjenigen Menschen, der vorbereiten und später herbeiführen sollte die Inkarnation des Christus auf der Erde, sich noch größere Tiefen dieses Sonnengeheimnisses zeigen mußten. Das geschah dadurch, daß der Lehrer des Zarathustra selber bei jener Begegnung Einfluß nahm auf Abraham, sozusagen aus derselben Quelle seinen Einfluß brachte, aus der dann der Christus-Einfluß kommt. Das wird uns wieder in der Bibel symbolisch angedeutet, indem gesagt wird: Indem Abraham dem Melchisedek entgegengeht, bringt ihm dieser König von Salem, dieser Priester des höchsten der Götter, Brot und Traubensaft. «Brot und Traubensaft» wird später noch einmal ausgeteilt: Als das Geheimnis des Christus ausgedrückt werden soll für seine Bekenner bei der Einsetzung des Abendmahles, da geschieht es durch Brot und Traubensaft! Indem die Gleichheit des Opfers in so bedeutungsvoller Weise betont wird, wird darauf hingewiesen, daß es dieselbe Quelle ist, aus der Melchisedek schöpft, und woheraus der Christus schöpft.

Also es sollte ein Einfluß stattfinden von dem, was später auf die Erde niedersteigen sollte, auf dem Umwege durch Melchisedek. Und dieser Einfluß sollte auf den großen Vorbereiter des späteren Ereignisses, auf Abraham, erfolgen. Und die Folge der Wirkung dieser Begegnung des Abraham mit Melchisedek war die, daß Abraham nun spürte: was ihn da antreibt, was er anspricht mit dem Namen Jahve oder Jehova als das Höchste, was er denken kann, das kommt aus derselben Quelle, aus der auch für alles höchste Erdenwissen das Bewußtsein des Initiierten kommt von dem alle Welten durchwebenden und durchlebenden höchsten Gott. Das war das Bewußtsein, das Abraham jetzt weitertragen konnte. – Ein anderes Bewußtsein ging in Abraham noch auf: das Bewußtsein, daß nun tatsächlich mit dem Blute der Generationen, das durch das Volkstum hinunterrinnt, etwas gegeben sein soll, was sich richtig nur vergleichen läßt mit dem, was in den Mysterien geschaut werden kann, wenn der hellseherische Blick sich hinausrichtet in die Geheimnisse des Daseins und die Sprache des Kosmos versteht.

Ich habe schon darauf aufmerksam gemacht, wie man in den Mysterien die Geheimnisse des Kosmos ausdrückt, indem man eine Sternensprache spricht und die Geheimnisse des Kosmos zum Ausdrucksmittel nimmt für das, was man sagen will. Es gab Zeiten, in denen die Mysterienlehrer das Auszudrückende in solche Worte, in solche Bilder kleideten, die hergenommen waren von der Konstellation der Sterne. Man sah gleichsam in den Wegen der Sterne, in den Lagen der Sterne zueinander die Bilder, durch die man ausdrücken wollte, was der Mensch geistig erlebt, wenn er sich zu dem Göttlich-Geistigen hinauferhebt.

Was hat man nun in der Mysterienweisheit gelesen in dieser Sternenschrift? Man hat darinnen gelesen die Geheimnisse der die Welt durchwebenden und durchlebenden Gottheit. Es waren die Ordnungen der Sterne der augenfällige Ausdruck der Gottheit. Man richtete den Blick in Weltenalle und sagte: Da kündet sich die Gottheit an! Und wie sie sich ankündet, das beschreiben uns die Ordnungen und Harmonien der Sterne. – So lebte sich für ein solches Anschauen der Weltengott aus in der Ordnung der Sterne.

Sollte sich auf eine besondere Art in der Mission des hebräischen Volkes dieser Weltengott ausleben, so mußte er sich in derselben Ordnung ausleben, die im Kosmos in den Sternenbahnen vorgezeichnet ist. Das heißt, es mußte sich durch das Blut der Generationen, in welchem ja das äußere Instrument der Jahve-Offenbarungen enthalten war, eine ähnliche Ordnung ausdrücken, wie sie sich ausdrückt in den Sternenbahnen. Mit anderen Worten: In der Nachkommenschaft des Abraham mußte etwas sein, was in der Generationenfolge, in der Blutsverwandtschaft, ein Spiegelbild dessen war, was Sternenschrift im Kosmos ist. Deshalb bekam Abraham die Verheißung: Deine Nachkommen sollen geordnet sein wie die Sterne am Himmel! – Das ist die richtige Auslegung des Satzes, der gewöhnlich heißt: «Deine Nachkommen sollen zahlreich sein wie die Sterne am Himmel», und womit nur die Vielzahl der Nachkommenschaft angedeutet wird (1. Mose 22, 17). Aber nicht die Vielzahl ist gemeint, sondern gemeint ist, daß in der Nachkommenschaft eine solche Ordnung herrschen solle, wie sie am Himmel in der Sprache der Götter wahrgenommen wurde in der Gruppierung der Sterne. Da sah man hinauf in eine solche Ordnung, wie sie sich darstellt in der Ordnung des Tierkreises. Und in der Stellung der Wandelsterne, der Planeten zum Tierkreis drückten sich jene Konstellationen aus, in denen man die Sprache fand, um die Taten der Götter, wie sie weben durch das Weltall, auszudrücken. Dieses feste Band also, das im Zodiakus und in dem Verhältnis der Planeten zu den zwölf Tierkreiszeichen sich darstellt, mußte sich ausdrücken in der Blutsverwandtschaft in der Nachkommenschaft des Abraham.

So haben wir in den zwölf Söhnen Jakobs, in den zwölf Stämmen des hebräischen Volkes die Abbilder der zwölf Zeichen des Tierkreises. Wie sich oben in den zwölf Tierkreisbildern die Sprache der Götter ausdrückt, so drückt sich Jahve aus in dem durch die Generationen herabfließenden Blute des jüdischen Volkes, das sich nach den zwölf Söhnen des Jakob in die zwölf Stämme teilte. Dasjenige, was sich in diese Konstellation des Tierkreises hineinordnet, bezeichnen wir mit dem Namen der Planeten, mit Venus, Merkur, Mond, Sonne und so weiter. Und wir haben gesehen, wie dasjenige, was sich im Laufe der Zeit im Lebensgange des hebräischen Volkes als Einzelabschnitte abspielt, in der Tat in gewisser Beziehung zu parallelisieren ist mit dem Weg der Planeten durch den Zodiakus: daß wir David, den königlichen Sänger, parallelisieren müssen mit Hermes oder Merkur, daß wir die Zeit der babylonischen Gefangenschaft, das heißt jene Konfiguration, welche die Jahve-Offenbarung etwa sechs Jahrhunderte vor unserer Zeitrechnung durch einen neuen Einschlag erhalten hat, parallelisieren dürfen mit dem Namen der Venus als einem Namen unseres Planetensystems. Das sollte dem Abraham angedeutet werden. So daß zum Beispiel die Art, wie eine Persönlichkeit wie David sich hineinstellt in die Stammesfolge, parallel geht dem, wie der Merkur zum Zodiakus steht. Der Stamm Juda zum Beispiel entspricht dem Sternbilde des Löwen, und das Hineingestelltsein des David in den Stamm Juda würde in der Geschichte des hebräischen Volkes dem entsprechen, was im Kosmos das Bedecken des Sternbildes des Löwen durch Merkur wäre. So kann man lesen an allen Einzelheiten, in der Blutfolge, in dem merkwürdigen Übertragen der Königs- oder Priesterwürde, in den Kämpfen oder Siegen des einen oder des anderen Stammes, in der ganzen hebräischen Geschichte, was die Bedeckung der einzelnen Sternbilder draußen im Weltenraume ist. Das lag in dem bedeutungsvollen Wort: Deine Nachkommen sollen geordnet sein wie die Harmonie der Sterne am

Himmel. – Wir müssen nur nicht in den Urkunden, die auf Okkultismus gebaut sind, jene Trivialitäten sehen, welche so gern darin gesehen werden, sondern wir müssen voraussetzen, daß diese Urkunden von einer unendlichen Tiefe sind.

So sehen wir in der Tat, wie Ordnung vorhanden ist in dieser Generationenfolge, die uns dann im Matthäus-Evangelium geschildert wird. Wir sehen, daß uns dieser Evangelist andeutet, wie auf eine ganz besondere Weise das Blut jenes Leibes zusammengesetzt war, der zunächst aufnehmen sollte die Individualität des Zarathustra, damit diese Individualität des Zarathustra die Offenbarung des Christus auf der Erde herbeiführen konnte.

Was war also durch die zweiundvierzig Generationen hindurch von Abraham bis auf Joseph erlangt worden? Das war erlangt worden, daß mit dem Letzten in der Generationenfolge eine Blutmischung zustande gekommen war, die sich nach den Gesetzen der Sternenwelt, der heiligen Mysterien vollzogen hatte. Und in dieser Blutmischung, welche die Zarathustra-Individualität brauchte, um das große Werk auszuführen, war eine innere Ordnung, eine Harmonie, die einer der schönsten, der bedeutsamsten Ordnungen des Sternensystems entsprach. So war die Blutmischung, die Zarathustra vorfand, ein Abbild des ganzen Kosmos. Dieses Blut, das da durch Generationen hindurch gebildet wurde, war so gemischt, wie die Ordnungen des Kosmos geregelt sind. Das alles liegt zugrunde jener bedeutsamen Urkunde, welche wir jetzt, wenn ich so sagen darf, in einer abgeschwächten Form in dem Evangelium nach Matthäus vor uns haben. Dieses tiefe Geheimnis von einem Volkswerden als Abbild eines kosmischen Werdens liegt dem zugrunde.

So fühlten diejenigen, welche zunächst etwas wußten von dem großen Mysterium Christi. Sie fühlten schon in dem Blut, welches dieser Matthäus-Jesus von Nazareth in sich hatte, ein Abbild des Kosmos, ein Abbild jenes Geistes, der im ganzen Kosmos waltet. Dieses Geheimnis drückten sie aus, indem sie sagten: In dem Blut, in welchem leben sollte das Ich, das dann Jesus von Nazareth war, lebte der Geist des ganzen Kosmos. Sollte also dieser physische Leib geboren werden, dann mußte er sein ein Abdruck des Geistes des ganzen Kosmos, des

Geistes, der da waltet in der Welt. – Das war ursprünglich die Formel, daß die Kraft, die jener Blutmischung zugrunde lag, welche die des Zarathustra oder Jesus von Nazareth wurde, daß diese Kraft der Geist war unseres ganzen Kosmos, eben jener Geist, der ursprünglich, nach der Trennung der Sonne von unserer Erde, brütend dasjenige durchdrang, was sich herausgegliedert hatte in der Weltenevolution. Aus den schon erwähnten Münchener Vorträgen wissen wir: Wenn wir den Beginn der Genesis, das «Bereschit bara Elohim eth haschamajim we'eth ha'aretz», nicht mit den trivialen Worten der heutigen Zeit übersetzen wollen, die sich nicht mehr mit dem alten Sinn decken, sondern wenn wir den wahren Sinn heraussuchen, daß wir dann zu übersetzen haben: «In dem, was herübergekommen war aus dem Saturn-, Sonnen- und Mondendasein, ersannen in kosmischer Tätigkeit die Elohim dasjenige, was sich nach außen offenbart, was sich im Inneren regt. Und über dem, was sich im Inneren regt, und durch das, was sich regt, herrschte das finstere Dunkel; aber es breitete sich aus da hinein, es brütete darüber, es durchdringend mit Wärme – ähnlich wie das Huhn das Ei – der schöpferische Geist der Elohim, Ruach-Elohim.» Was da als Geist brütete, das ist dasselbe, ganz dasselbe, was dann die Ordnungen bewirkte, welche man ausdrücken konnte in einer gewissen Weise durch die Konstellation der Sterne. So fühlten die ursprünglichen Eingeweihten des Christus-Mysteriums, daß die Blutmischung des Jesus von Nazareth ein Abbild dessen war, was Ruach-Elohim durch das Weltendasein hindurch wirkte. Und sie nannten daher das Blut, das auf diese Weise für das große Ereignis zubereitet worden ist, «geschaffen durch den Geist des Weltendaseins», durch denselben Geist, der in jener bedeutungsvollen Schilderung der Genesis, in dem «Bereschit bara...», genannt wird Ruach.

Dieser heilige Sinn, der wahrhaftig größer ist als jeglicher andere, triviale Sinn, liegt zunächst als der höhere Sinn dem zugrunde, was genannt wird «die Empfängnis aus dem heiligen Geiste des Weltenalls». Das liegt dem zugrunde, was enthalten ist in dem Wort: «Und die Gebärerin dieses Wesens war erfüllt von der Kraft dieses Geistes des Weltenalls» (Matth. 1,18). Wir müssen nur die ganze Größe eines solchen Mysteriums empfinden, und wir werden dann schon finden, daß in dieser Art, die Sache darzustellen, etwas unendlich Höheres liegt als in alledem, was exoterisch in der Conceptio immaculata, in der «Unbefleckten Empfängnis» gegeben ist. Man braucht ja nur zwei Dinge in der Bibel sich selbst gegenüberzustellen, wenn man die wahre Absicht der Bibel erkennen und von einer trivialen Ausdeutung der Unbefleckten Empfängnis abkommen will. Das eine ist dies: Wozu würde der Schreiber des Matthäus-Evangeliums die ganze Reihe der Generationen von Abraham bis auf Joseph aufstellen, wenn er etwa sagen wollte, daß mit dieser ganzen Generationenfolge die Geburt des Jesus von Nazareth nichts zu tun habe? Er bemüht sich darzustellen, wie das Blut von Abraham bis auf Joseph heruntergeleitet wird, und dann sollte er sagen, daß mit diesem Blut in Wahrheit das Blut des Jesus von Nazareth nichts zu tun habe? Und die andere Tatsache ist, daß Ruach-Elohim, der in der Bibel der Heilige Geist genannt wird, in der hebräischen Sprache weiblichen Geschlechts ist, ein Femininum ist, was doch wohl auch in irgendeiner Weise in Betracht kommen muß. – Wir werden darauf noch weiter zu sprechen kommen; jetzt wollte ich nur ein Gefühl dafür hervorrufen, wie groß die Gedankenkonzeption ist, die diesem Mysterium bei seinem Ausgangspunkt zugrunde liegt.

Was da beim Ausgangspunkt unserer Zeitrechnung sich abgespielt hat, und was nur die Weisen kannten, die wirklich in die Geheimnisse des Weltendaseins eingeweiht waren, das wurde zunächst ausgedrückt in aramäischer Sprache in der Urkunde, welche dem Matthäus-Evangelium zugrunde liegt. Und nicht nur durch den Okkultismus, sondern auch durch rein philologische Forschung ist es möglich, zu beweisen, daß diese Urkunde, welche dem Matthäus-Evangelium zugrunde liegt, bereits im Jahre 71 existiert hat. Das wahre Zustandekommen der Evangelien können Sie in meinem Buche «Das Christentum als mystische Tatsache» dargestellt finden. Aber wenn man wirklich genau vorgeht, kann man selbst philologisch nachweisen, daß alles, was von einer späteren Konzeption des Matthäus-Evangeliums gesagt wird, nicht richtig ist; denn wir können nachweisen, daß bereits im Jahre 71 – also verhältnismäßig kurze Zeit nach dem Ereignisse von Palästina – eine aramäische Urschrift des Matthäus-Evangeliums vorhanden war. Aber weil ich hier nicht philologische Tatsachen, sondern nur geisteswissenschaftliche zu vertreten habe, will ich dabei nur auf eines hinweisen aus der talmudischen Literatur, die vollständig gesichert ist durch jüdische Gelehrte.

In der talmudischen Literatur finden wir eine Angabe, daß Rabbi Gamaliel II. mit seiner Schwester in einen Erbschaftsstreit verwickelt war, der dadurch entstanden war, daß im Jahre 70 sein Vater in einem Streit mit den Römern umgekommen war. Und es wird uns erzählt, daß Rabbi Gamaliel II. damals vor einem Richter stand, der nach allem, was uns die talmudische Literatur berichtet, ein Halbchrist war, ein sogenannter Judenchrist. Solche gab es schon in jenen Richterstellen, die von den Römern den Juden hingesetzt waren. Dabei ging nun etwas Merkwürdiges vor: Rabbi Gamaliel II. kämpft mit seiner Schwester um die Erbschaft, um das Vermögen seines Vaters. Und vor seinem Richter, der schon etwas vom Christentum weiß, macht er geltend, daß nach dem bei den Juden geltenden Gesetz nur der Sohn, nicht aber die Tochter erben könne, und daß ihm allein also die Erbschaft gehöre. Da hält ihm der Richter vor, daß ja die Thora abgesetzt sei in denjenigen Kreisen, innerhalb welcher er Richter sei, und da er Recht und Urteilsspruch bei ihm suche, so wolle er nicht bloß richten nach dem Gesetz der Juden, sondern nach dem Gesetz, das sich an die Stelle der Thora hingesetzt habe. Das alles war geschehen, wie schon gesagt, im Jahre 71, da der Vater des Gamaliel im Jahre 70 bei der Judenverfolgung umgekommen war. Nun fand Rabbi Gamaliel keinen anderen Ausweg mehr, als daß er den Richter bestach. Da machte der bestochene Richter am nächsten Tage ein Zitat, und zwar war das ein solches, das entlehnt war der aramäischen Urschrift des Matthäus-Evangeliums. Und was sagte der Richter? Der Christus «sei nicht gekommen, das Gesetz des Moses zu brechen, sondern es zu erfüllen!» (Matth. 5,17). So glaubte er damit sein Gewissen entlasten zu können, wenn er das Gesetz beugte, indem er sagte, er richte doch im Sinne des Christus, wenn er dem Gamaliel die Erbschaft zuspräche.

Daraus wissen wir, daß im Jahre 71 eine christliche Urkunde bestand, aus welcher Worte entlehnt wurden, welche heute im Matthäus-Evangelium enthalten sind. Wir haben also dieses äußerliche Zeichen – es wird nämlich jene Stelle in aramäischer Sprache angeführt –, daß diese Urkunde, diese aramäische Urschrift des Matthäus-Evangeliums, damals mindestens teilweise vorhanden gewesen ist. Was die okkulte Forschung darüber zu sagen hat, das werden wir noch zu besprechen haben. Dies sollte jetzt nur angeführt werden, um zu zeigen: Wenn man schon die äußere Wissenschaft zu Hilfe zieht, darf man das nicht machen, was so oft gemacht wird, daß nämlich alles zusammengetragen wird, was die Herren gerade lesen können, während sie zum Beispiel die talmudische Literatur unberücksichtigt lassen, die außerordentlich bedeutsam ist für das, was man auch exoterisch über diese Dinge erkennen kann.

So sehen wir, daß wir auch äußerlich auf einem recht guten Boden stehen, wenn man das Matthäus-Evangelium verhältnismäßig früh ansetzt. Damit schon allein, möchte ich sagen, ist auch äußerlich ein gewisser Beweis geliefert, daß die Menschen, welche an der Abfassung des Matthäus-Evangeliums beteiligt waren, zeitlich nicht sehr weit entfernt von den Ereignissen in Palästina waren, so daß dadurch selbst exoterisch gesichert ist, daß man damals nicht einfach den Leuten ins Gesicht lügen konnte und sagen, es hätte also im Beginne unserer Zeitrechnung nicht der Christus Jesus gelebt, von dem wir sprechen. Denn es war nicht einmal ein halbes Jahrhundert darnach, so daß man noch zu Augenzeugen zu sprechen hatte und denen nicht Dinge sagen konnte, welche sich nicht zugetragen hatten. Das sind Dinge, die exoterisch wichtig sind, und wir wollen sie nur anführen zum Beleg für das Exoterische der Sache.

Wir haben also gesehen, wie aus den Geheimnissen des Kosmos heraus in der Menschheitsevolution Veranstaltungen getroffen worden sind, um aus dem gleichsam filtrierten Blute des hebräischen Volkes, das die Ordnung des Weltalls selbst in sich aufgenommen hatte, einen Körper herzustellen, in welchem sich wieder inkarniert der große Eingeweihte Zarathustra. Denn von der Zarathustra-Individualität spricht das Matthäus-Evangelium; und keine andere Individualität als die Zarathustra-Individualität ist es, von der dieses Evangelium spricht. Nun dürfen wir uns nicht etwa denken, daß alles dies, was wir gleichsam aus den tiefsten Geheimnissen der Weltenevolution hervorheben, sich so ganz offen vor aller Augen abgespielt habe. Das war auch für die Zeitgenossen in ein tiefes Geheimnis gehüllt und nur den wenigsten Eingeweihten verständlich. Daher ist es begreiflich, daß ein so tiefes Schweigen herrscht über alles, was sich damals als das größte Ereignis der Menschheitsevolution zugetragen hat. Und wenn sich heute die Historiker auf ihre Urkunden berufen und sagen, daß diese Urkunden über dieses Ereignis schweigen, so muß uns das nicht verwundern, sondern ganz natürlich erscheinen.

Wenn wir jetzt charakterisiert haben, wie von der Zarathustra-Seite her dieses größte Ereignis unserer Menschheitsevolution vorbereitet wurde, so müssen wir uns jetzt noch andere vorbereitende Strömungen zu diesem großen Ereignis ein wenig vor die Seele führen. Vieles, vieles geschah in der Menschheitsevolution unmittelbar vorher und auch unmittelbar nachher, nachdem diese Ereignisse um Christus herum sich abgespielt hatten. Es ist dieses Ereignis im Grunde schon lange vorher vorbereitet worden. Wie es von äußerer Seite vorbereitet wurde, indem Zarathustra Moses und Hermes ausgesandt hat, indem von Melchisedek, von dem Sonnenmysterium selber, die äußere Hülle des Jesus von Nazareth vorbereitet wurde, so wurde ein anderes noch vorbereitet, gleichsam eine Nebenströmung dieser großen Strömung, die aber, wenn sie auch nur eine Nebenströmung ist, doch etwas zu tun hat mit der großen Hauptströmung, die von Zarathustra herkommt. Diese Nebenströmung bereitet sich langsam vor in jenen Stätten, die uns bezeichnet werden auch von der äußeren Geschichte dadurch, daß wir auf gewisse Sekten aufmerksam gemacht werden, welche eine besondere Seelenentwickelung anstrebten, und die uns von *Philo* als die «Therapeuten» beschrieben werden. Die Therapeuten waren Angehörige einer geheimnisvollen Sekte, die auf innerlichem Wege ihre Seelen zu reinigen suchten, um das herauszubringen, was durch den äußeren Verkehr und durch die äußeren Erkenntnisse verunreinigt wird, um sich dadurch in reine geistige Sphären zu erheben. Eine Abzweigung dieser Sekte der Therapeuten, in welcher jene Nebenströmung weiter vorbereitet wurde, waren die in Asien lebenden «Essäer» oder «Essener». Diese Menschen alle – Sie können eine kurze Beschreibung darüber in meinem «Christentum als mystische Tatsache» finden –, welche in diesen Sekten vereinigt waren, hatten eine gewisse gemeinsame geistige Leitung. Sowohl bei den Therapeuten wie auch bei den Essäern war eine gewisse geistige Leitung vorhanden. Und wenn wir diese geistige Leitung exoterisch kennenlernen wollen, müssen wir uns an das erinnern, was wir im vorigen Jahre bei den Vorträgen über das Lukas-Evangelium besprochen haben. Wir haben dabei angeführt das Geheimnis des Gautama Buddha, wie es in den orientalischen Schriften auch exoterisch behandelt wird, und wir haben gesagt, daß derjenige, der ein Buddha werden will im Laufe der Entwickelung, zunächst ein Bodhisattva werden müsse. Wir haben ausgeführt, wie derjenige, der aus der Geschichte als «Buddha» bekannt ist, auch zuerst ein Bodhisattva war und dann Buddha wurde. Bis zum neunundzwanzigsten Jahre seines physischen Seins als der Sohn des Königs Suddhodana war er noch ein Bodhisattva, und erst im neunundzwanzigsten Jahre ist er durch seine innere Seelenentwickelung vom Bodhisattva zum Buddha geworden. Der Bodhisattvas gibt es nun eine ganze Reihe in der Entwickelung der Menschheit; und jener Bodhisattva, der sechs Jahrhunderte vor unserer Zeitrechnung ein Buddha geworden war, ist einer von den Bodhisattvas, welche die Entwickelung der Menschheit leiten. Eine solche Individualität, welche aufsteigt von der Würde eines Bodhisattva zur Würde eines Buddha, inkorporiert sich später nicht wieder in einem physischen Leibe auf der Erde. Wir haben dann gesehen, wie sich der Buddha manifestiert hat bei der Geburt des Jesus des Lukas-Evangeliums, indem er sich mit diesem Jesus, den wir den Jesus der nathanischen Linie nannten, verband mit seinem ätherischen Leibe. Und wir haben gesehen, daß dies ein anderer Jesus ist als der, von dem wir beim Matthäus-Evangelium zunächst sprechen.

In diesem Buddhawerden des Königssohnes des Suddhodana haben wir zu sehen den Abschluß einer alten Entwickelung. In der Tat gehört diese Entwickelung, welche ihren Abschluß mit dem Buddhawerden jenes Bodhisattva erreicht, derselben Strömung an, der auch die heiligen Rishis der Inder angehören; aber diese erreichte mit dem Buddhawerden jenes Bodhisattva einen gewissen Abschluß. – Wenn nun ein Bodhisattva zum Buddha wird, so tritt an seine Stelle sein Nachfolger. Das erzählt auch die alte indische Legende, indem sie sagt, daß der Bodhisattva, der herunterstieg, um als Sohn des Königs Suddhodana zur Buddhawürde aufzusteigen, vor seinem letzten Herabsteigen die Krone des Bodhisattva weitergab an seinen Nachfolger in den geistigen Reichen. Es gab also seit jenen Zeiten einen Nachfolger jenes Bodhisattva, der damals Buddha wurde. Und dieser neue Bodhisattva, der nun als Bodhisattva weiter wirkte, hatte eine besondere Aufgabe für die Menschheitsentwickelung. Ihm war besonders die Aufgabe zugefallen, geistig zu leiten jene Bewegung, welche sich im Therapeutentum, im Essäertum kundgab, so daß wir in jenem Bodhisattva, der der Nachfolger des Buddha wurde, anerkennen den geistigen Leiter der Therapeuten- und Essäergemeinden. Da wirkte sein Einfluß. Dieser Bodhisattva schickte sozusagen zur Leitung der Essäer unter der Regierung des Königs Alexander Jannai – ungefähr 125 bis 77 vor unserer Zeitrechnung – eine besondere Individualität in die Essäergemeinden hinein. Diese besondere Individualität leitete ungefähr ein Jahrhundert vor dem Erscheinen des Christus Jesus auf der Erde die Essäergemeinden. Diese Persönlichkeit ist dem Okkultismus gut bekannt, aber auch der äußeren talmudischen Literatur.

Es gab also ein Jahrhundert vor unserer Zeitrechnung, ein Jahrhundert vor der Erscheinung des Christus auf der Erde, eine Individualität, die nichts zu tun hat mit dem Jesus des Lukas-Evangeliums und nichts zu tun hat mit dem Jesus des Matthäus-Evangeliums, eine Persönlichkeit, die Lenker und Leiter war in den Essäergemeinden. Diese Persönlichkeit ist dem Okkultismus gut bekannt als eine Art von Vorläufer der Essäer für das Christentum; sie ist bekannt aber auch in der talmudischen Literatur unter dem Namen Jesus, der Sohn des Pandira, Jeshu ben Pandira. Diesen Jesus, Sohn des Pandira, über den üble jüdische Literaturen allerlei gefabelt haben, was dann in neuerer Zeit wieder aufgewärmt worden ist, diese Persönlichkeit, die eine edle und große Persönlichkeit war, darf man nicht verwechseln, wie es einige Talmudisten tun, mit dem Jesus von Nazareth, von dem wir sprechen. Wir kennen auch diesen essäischen Vorläufer des Christentums in dem Jesus, dem Sohn des Pandira. Und wir wissen, daß dieser Jeshu ben Pandira von denen, die damals in der essäischen Lehre Gotteslästerungen sahen, angeklagt worden ist der Gotteslästerung und Häresie, dann zuerst gesteinigt und, nachdem er gesteinigt worden war, an einem Baum aufgehängt worden ist, um zur Strafe auch noch die Schande hinzuzufügen. Das ist eine okkulte, aber auch eine in der talmudischen Literatur vorkommende Tatsache.

In diesem Jeshu ben Pandira haben wir eine Persönlichkeit zu sehen, die unter dem Schutze des Bodhisattva steht, welcher der Nachfolger jenes Bodhisattva ist, der als der Sohn des Königs Suddhodana später zum Buddha geworden ist. So liegen die Dinge ganz klar. Wir haben eine Art Vorbereitung, eine Nebenströmung der christlichen Hauptströmung in jener Strömung zu sehen, welche abhängig ist von dem Nachfolger des Buddha, von dem jetzigen Bodhisattva, der später der Maitreya Buddha werden wird und seine Sendboten in die Essäergemeinden hineingeschickt hat; sie lebte sich damals aus in dem Missionar, der in den Essäergemeinden das bewirkte, was wir in dem nächsten Vortrag kennenlernen werden.

So haben wir den Namen Jesus zu suchen bei der Individualität, von der uns das Matthäus- und das Lukas-Evangelium berichten; wir müssen den Namen Jesus aber auch ein Jahrhundert vor dem Beginn unserer Zeitrechnung in der Essäergemeinde suchen bei jener edlen Persönlichkeit, gegenüber der alles, was üble talmudische Literatur gefunden hat, Verleumdung ist, die angeklagt worden ist wegen Gotteslästerung und Häresie, die erst gesteinigt und nachher an einen Baum gehängt worden ist.

FÜNFTER VORTRAG

Bern, 5. September 1910

Daß jener Jesus, Sohn des Pandira, Jeshu ben Pandira, in bezug auf Verwandtschaft oder sonstwie, nichts zu tun hat mit derjenigen Persönlichkeit oder Individualität, von welcher wir sprechen als dem Jesus des Matthäus-Evangeliums oder dem Jesus des Lukas- oder irgendeines anderen Evangeliums, daß dieser ein Jahrhundert vor unserer Zeitrechnung, also vor dem Stattfinden des Christus-Ereignisses gesteinigte und nachher an einen Baum gehängte Jeshu ben Pandira nicht verwechselt werden darf mit alledem, wovon wir sprechen, wenn wir von den Evangelien sprechen, das muß streng festgehalten werden. Nur bemerken will ich ausdrücklich: Um auf die Persönlichkeit des Jeshu ben Pandira hinzuweisen, um darüber etwas zu sagen, daß er existiert hat, dazu ist zunächst nicht notwendig irgendeine okkulte Erkenntnis, nicht irgendein hellseherisches Vermögen, sondern das kann man sich zusammenlesen, wenn man will, aus den hebräischen, den talmudischen Urkunden. Die Verwechslung mit dem eigentlichen Jesus hat ja zu verschiedenen Zeiten immer stattgefunden, und sie hat zuerst bereits stattgefunden im 2. Jahrhundert nach dem Beginne unserer Zeitrechnung. Wenn wir also ausdrücklich betont haben, daß dieser Jesus, Sohn des Pandira, in dieser Beziehung nichts zu tun hat mit dem Jesus der Evangelien, so müssen wir auf der anderen Seite aber doch wieder einen geschichtlichen, allerdings jetzt nur durch geisteswissenschaftliche Forschung feststellbaren Zusammenhang dieser beiden Persönlichkeiten festhalten. Diesen Zusammenhang werden wir aber nur dann in seiner Tiefe begreifen, wenn wir auf die Menschheitsevolution und ihre Führer noch einmal mit ein paar Worten eingehen.

Wenn wir zu denjenigen Wesenheiten, denjenigen Individualitäten hinaufschauen, welche die großen Führer der Menschheitsevolution sind, so kommen wir zuletzt zu einer Reihe hoher Individualitäten, die man gern bezeichnet – weil sozusagen die Theorie von diesen Individualitäten am besten im Orient festgestellt worden ist – als die Bodhisattvas. Solcher Bodhisattvas gibt es eine ganze Anzahl. Ihre Aufgabe ist es, große Lehrer der Menschheit zu sein, von Epoche zu Epoche dasjenige von den geistigen Welten durch die Mysterienschulen in die Menschheit einfließen zu lassen, was nach der menschlichen Reife für irgendeine Epoche einfließen soll. Und man kann sagen: Diese Bodhisattvas wechseln sich ab in den aufeinanderfolgenden Zeiten; es wirkt immer einer der Bodhisattvas als Nachfolger des anderen. Für unsere Zeiten interessieren uns zunächst jene beiden Bodhisattvas, die wir schon öfter haben anführen müssen, wenn wir von unserer Menschheitsentwickelung sprechen: jener Bodhisattva, der als der Sohn des Königs Suddhodana Buddha geworden ist, und jener, welcher in der Würde des Bodhisattva sein Nachfolger wurde, und der, da das Amt des Bodhisattva so lange dauert, es auch heute noch ist und – im Einklange der orientalischen Weisheit mit der hellseherischen Forschung darf es gesagt werden – es auch noch durch die nächsten zweitausendfünfhundert Jahre sein wird. Dann wird dieser Bodhisattva denselben Aufstieg durchmachen, den sein Vorgänger durchmachte, als er zum Buddha erhoben worden ist. Es wird der gegenwärtig amtierende Bodhisattva dann erhoben werden zur Würde des Maitreya Buddha.

In der Leitung der Menschheitsevolution, von der wir sprechen als von einer Leitung durch Lehrer, haben wir die sich abwechselnd folgenden Bodhisattvas. Und wir müssen die Reihe dieser Bodhisattvas auffassen als die großen Lehrer der Menschheitsevolution und dürfen sie nicht verwechseln mit dem, was Quell dieser Lehre ist, und wovon wieder die Bodhisattvas dasjenige erhalten, was sie der Menschheitsevolution als aufeinanderfolgende Lehren zu geben haben. Wir haben uns gleichsam vorzustellen ein Kollegium von Bodhisattvas, und inmitten dieses Kollegiums haben wir uns zu denken den lebendigen Quell für die Lehren der Bodhisattvas. Und dieser lebendige Quell ist kein anderer als derjenige, den wir nach unserem Sprachgebrauch mit dem Ausdrucke «Christus» bezeichnen. So daß von dem Christus alle Bodhisattvas dasjenige empfangen, was sie im Laufe der Zeitentwickelung den Menschen zu geben haben.

Nun hat ein Bodhisattva sich vorzugsweise der Lehre zu widmen, solange er eben Bodhisattva ist; denn wir haben gesehen, daß der Bodhisattva, wenn er zur Buddhawürde erhoben wird, nicht wieder heruntersteigt, um in einem physischen Leibe inkarniert zu werden. Wiederum kann es im Einklange mit aller orientalischen Philosophie gesagt werden, daß der Gautama Buddha, der damals als Sohn des Königs Suddhodana seine letzte Inkarnation in einem physischen Leibe durchmachte, seit jener Zeit nur noch Verkörperungen erlebt, die hinuntergehen bis zum Ätherleib. Und wir haben bei den Vorträgen über das Lukas-Evangelium hervorgehoben, welches die nächste Aufgabe dieses zum Buddha gewordenen Bodhisattva war. Wir haben gesehen: Als der Jesus des Lukas-Evangeliums geboren worden ist, der sogenannte nathanische Jesus, der ein anderer ist als der Jesus des Matthäus-Evangeliums, da drang die Wesenheit des Buddha, die damals verkörpert war bis zum Ätherleibe, gleichsam ein in den astralischen Leib dieses nathanischen Jesus, den uns zunächst das Lukas-Evangelium schildert. Daher kann man sagen: Seit seiner Inkarnation als Gautama Buddha war dieses Wesen nicht mehr zum Lehren da, sondern es war fortan dieser Buddha da zur lebendigen Wirksamkeit. Zu einer realen Kraft war er geworden, die von der geistigen Welt hereinwirkt in unsere physische Welt. Es ist etwas durchaus anderes, zu wirken durch Lehre und zu wirken durch lebendige Kraft, durch Wachstumskraft. Bis zu dem Moment, wo ein Bodhisattva Buddha wird, ist er Lehrer; von diesem Moment ab ist er eine lebendige Kraft, die organisierend, lebengebend eingreift in irgendeiner Beziehung. So griff der Buddha ein in die Organisation des nathanischen Jesus, wie es Lukas schildert, und so verhielt er sich gemäß seiner neuen Würde.

Vom 6. Jahrhundert der vorchristlichen Zeit bis in unsere Zeit hinein ist nun an die Stelle jenes Bodhisattva, der damals Buddha wurde, sein Nachfolger in die Reihe der großen Lehrer getreten, jener, der später zum Maitreya Buddha werden wird. Daher haben wir die Lehre, welche die Menschheit notwendig hatte seit jener Zeit, da Gautama Buddha, der Sohn des Königs Suddhodana wirkte, dort zu suchen, wo jener Bodhisattva, der sein Nachfolger ist, die Inspiration ausübt, wo er sozusagen einfließen läßt in seine Schüler, in seine Zöglinge dasjenige, was sie der Welt mitteilen sollen. – Ich habe gestern schon darauf aufmerksam gemacht, wie ausersehen war zu einem Instrument für diesen Bodhisattva alles, was zum Beispiel vereinigt war in den Therapeuten- und Essäergemeinden, und daß zu den bedeutendsten, zu den erhabensten und reinsten Persönlichkeiten innerhalb der Essäergemeinden Jesus, Sohn des Pandira, gehörte. So müssen wir gleichsam hereinscheinen sehen den Lehrgehalt jenes Bodhisattva in die Erdenmenschheit durch die Essäer.

Die eigentlichen Essäergemeinden waren dem tieferen Lehrgehalt nach – davon können Sie sich auch durch die äußere Geschichte überzeugen – verhältnismäßig bald verschwunden, nachdem das Christus-Ereignis sich auf der Erde abgespielt hatte. Daher wird es nicht gar so unglaublich erscheinen, wenn ich sage, daß im Grunde die Therapeuten- und Essäergemeinden wesentlich dazu eingerichtet waren, um aus den geistigen Regionen, aus den Sphären der Bodhisattvas dasjenige heruntergelangen zu lassen, was man brauchte, um das große, bedeutsame Ereignis der Christus-Erscheinung zu begreifen. Die wichtigsten Lehren, die der Menschheit zugekommen sind, um das Christus-Ereignis zu begreifen, stammten aus den Therapeuten- und Essäergemeinden. So war gewissermaßen Jesus, der Sohn des Pandira, dazu ausersehen, sich von dem Bodhisattva, der der Maitreya Buddha werden wird und der hineinwirkte in die Essäergemeinden, inspirieren zu lassen zu solchen Lehren, welche das Mysterium von Palästina, das Mysterium des Christus verständlich machen konnten. Das Genauere über die Therapeuten und Essäer ist allerdings nur zu erkunden auf dem Wege der geisteswissenschaftlichen Forschung. Die äußere Geschichte weiß sehr wenig davon. Und wir wollen sozusagen ohne Scheu – da wir in einem anthroposophischen Kreise sind, der solche Dinge hinzunehmen versteht – aus den Geheimnissen der Therapeuten und Essäer herausholen, was notwendig ist, um zu einem tieferen Verständnis des Matthäus-Evangeliums und auch der anderen Evangelien zu kommen. Und wir wollen diese Geheimnisse so schildern, wie der Geisteswissenschafter über die Therapeuten und Essäer denken muß.

Das Wesentliche, worauf es bei diesen Gemeinden ankam, die also ein Jahrhundert vor dem Christus-Ereignis blühten, um es durch Lehre vorzubereiten, war die Art, wie bei denen, die Mitglieder der Therapeuten und Essäer waren, die Einweihung bewirkt wurde. Sie machten eine Einweihung durch, die ganz besonders geeignet sein sollte, ein Verständnis, ein Verständnis durch hellseherische Anschauung hervorzurufen von der Bedeutung des Hebräismus, des Abrahamismus für das Christus-Ereignis. Das war geradezu ein Mysterium der Therapeuten- und Essäergemeinden. Ihre Bekenner wurden dazu eingeweiht, gerade den hiermit bezeichneten Zusammenhang hellseherisch genauer einzusehen. Ein solcher Essäer sollte also zunächst einsehen lernen die ganze Bedeutung dessen, was durch Abraham für das hebräische Volk geschehen war, damit er das würdigen konnte, daß in Abraham wirklich eine Art Stammvater des hebräischen Volkes zu sehen ist. Daß in ihn jene Anlage gelegt worden ist, von der ich Ihnen in den letzten Stunden gesprochen habe, jene Anlage, welche sich dann durch viele Generationen hindurch gleichsam filtrieren mußte und hinunterrinnen durch das Blut, das sollte ein Essäer durch eigene Anschauung einsehen.

Um so etwas zu verstehen, wie durch eine Persönlichkeit wie Abraham etwas Wichtiges für die ganze Menschheitsevolution geschehen kann, müssen Sie einen Satz, eine wichtige Wahrheit ganz genau ins Auge fassen: daß immer, wo eine Persönlichkeit zu einem besonderen Instrument für die Menschheitsevolution ausersehen wird, bei einer solchen Persönlichkeit ein unmittelbares Eingreifen einer göttlich-geistigen Wesenheit notwendig ist.

Diejenigen von Ihnen, welche an der Münchener Aufführung des «Rosenkreuzermysteriums» teilgenommen haben, oder es gelesen haben, werden wissen, daß eine der wichtigsten dramatischen Verwicklungen darauf beruht: Der Hierophant macht die Maria darauf aufmerksam, wie sie ihre Mission nur dadurch erfüllen kann, daß in der Tat ein solcher Einfluß einer höheren Wesenheit stattgefunden hat; und bei ihr wird dadurch wirklich so etwas hervorgerufen, was man nennen kann eine Trennung der höheren Glieder von den niederen, so daß die letzteren dann besessen werden können von einem untergeordneten Geist. – Alles, was in dem «Rosenkreuzermysterium» zu finden ist, kann Sie, wenn Sie es auf Ihre Seele wirken lassen und nicht leicht hinnehmen, auf große Geheimnisse der Menschheitsevolution aufmerksam machen.

Da nun Abraham ausersehen war, eine solche wichtige Rolle in der Menschheitsevolution zu spielen, war es bei ihm notwendig, daß hineindrang in das Innere seiner Organisation, was die Menschheit früher in den atlantischen Zeiten wahrgenommen hatte als denjenigen Geist, der durchwebt und durchlebt die Außenwelt. Das geschah zum ersten Male bei Abraham, und damit war es zum ersten Male möglich, daß eine Veränderung des geistigen Anschauens stattfinden konnte. Allerdings, damit das geschehen konnte, war notwendig der Einfluß einer göttlich-geistigen Wesenheit. Es legte gleichsam eine göttlich-geistige Wesenheit in die Organisation des Abraham hinein den Keim für alle die Organisationen, die von ihm in der Generationenfolge abstammen sollten.

Also sagte sich ein Essäer der damaligen Zeit: Was eigentlich das hebräische Volk bilden konnte, wodurch es der Träger der Christus-Mission werden konnte, das wurde zuerst in der Anlage bewirkt durch jenes geheimnisvolle Wesen, das man nur finden kann, wenn man durch die ganze Generationenfolge hinaufsteigt bis zu Abraham, wo es gleichsam hineingeschlüpft ist in die innere Organisation des Abraham, um dann durch das Blut hindurch als eine Art von Volksgeist im hebräischen Volke zu wirken. Will man also dieses sozusagen letzte Geheimnis der Menschheitsevolution verstehen, so muß man zu diesem Geiste hinaufsteigen, der jene Anlage verpflanzt hat, und ihn dort aufsuchen, wo er noch nicht in die Organisation des Abraham hineingeschlüpft war. Deshalb sagte der Essäer: Wenn der Mensch zu diesem eigentlich inspirierenden oder inaugurierenden Geist des hebräischen Volkes hinaufsteigen will und ihn in seiner Reinheit erkennen will, so muß er als Essäer oder Therapeut eine gewisse Entwickelung durchmachen, wodurch er sich von alledem reinigt, was seit dem Abraham-Ereignis aus der physischen Welt an die menschliche Seele herangekommen ist. Denn der Essäer sagte sich: Das geistige Wesen, das der Mensch in sich trägt, und alle die geistigen Wesenheiten, die mitwirken an dem Menschheitswerden, sind in ihrer Reinheit nur in der geistigen Welt zu schauen; wie sie in uns selbst wohnen, sind sie verunreinigt durch die Kräfte der physisch-sinnlichen Welt.

Nun hatte nach Anschauung der Essäer – und das ist natürlich auf einem gewissen Gebiet der Erkenntnis absolut richtig – ein jeder Mensch, der damals lebte, alles das in sich, was in vorausgegangenen Zeiten in die menschliche Seele hineingekommen war an Verunreinigungen, was den freien Blick auf das geistige Wesen trübte, das jene charakterisierte Anlage in Abraham gelegt hatte. Es mußte demnach eine jede Essäerseele sich reinigen von dem, was in die Anlage hineingekommen war und was sozusagen den Blick auf jenes Wesen trübte, das im Blute dieser Generationen wohnte; erst dann konnte es richtig geschaut werden. Alle Reinigungen seelischer Art, alle Exerzitien des Essäers waren darauf berechnet, die Seele frei zu bekommen von den durch die Generationen herunter vererbten Einflüssen und vererbten Merkmalen, welche den Blick auf das den Abraham inspirierende geistige Wesen trüben konnten; denn der Mensch hat ja nicht bloß sein innerstes geistig-seelisches Wesen in sich, sondern er hat es getrübt und verunreinigt in sich durch die vererbten Merkmale.

Nun ist es ein geisteswissenschaftliches Gesetz, das die Essäer vorzugsweise durch ihre Forschung und ihr hellseherisches Anschauen erfüllen konnten: daß der Einfluß der Vererbung erst wirklich aufhört, wenn man durch zweiundvierzig Stufen hindurch in der Ahnenreihe aufsteigt. Dann erst hat man alles aus seiner Seele herausgeworfen, wenn man diese zweiundvierzig Stufen hinaufsteigt. Das heißt, man ererbt etwas vom Vater und von der Mutter, etwas von Großvater und Großmutter und so weiter. Immer weniger aber hat man von dem in sich, was durch Vererbung an Verunreinigungen des inneren Wesens entstanden ist, je weiter man in der Ahnenreihe hinaufsteigt, und nichts mehr hat man, wenn man durch zweiundvierzig Generationen hindurch aufsteigt. Da verliert sich der Einfluß der Vererbung. Daher waren die Reinigungen der Essäer darauf berechnet, alles aus dem Inneren durch innere Exerzitien, durch sorgfältige Schulung herauszuarbeiten, was durch zweiundvierzig Generationen hindurch an Verunreinigungen in die Seele hineingekommen war. Deshalb mußte jeder Essäer schwere innere Exerzitien, schwere mystische Wege durchmachen; die führten ihn durch zweiundvierzig Stufen dazu, seine Seele zu reinigen. In der Tat waren es zweiundvierzig genau definierbare Stufen, die er in sich durchmachen mußte; dann wußte er sich frei von allen Einflüssen der

Sinnenwelt, von allem, was durch Vererbung an Verunreinigung seines inneren Wesens entstanden war.

So stieg der Essäer hinauf durch zweiundvierzig Stufen so weit, daß er seine innerste Wesenheit, den Zentralkern seines Wesens verwandt fühlte mit dem Göttlich-Geistigen. Deshalb sagte er sich: Ich steige bis zu dem Gotte hinauf, auf den es mir ankommt, indem ich diese zweiundvierzig Stufen durchmache. Es hatte der Essäer eine gute Anschauung davon, wie man zu einem noch nicht in die Materie untergetauchten Gotteswesen aufsteigt. Er kannte den Weg hinauf. Das wußte er aus eigener Erfahrung. Unter all denen, die damals auf der Erde lebten, waren die Therapeuten und Essäer die einzigen, die mit Bezug auf ein solches Ereignis, wie es das Abraham-Ereignis war, das Richtige wußten. Sie wußten es, insofern es auf die Vererbung durch die Generationen ankommt. Sie wußten: Will man hinaufsteigen zu einem Wesen, das in die Vererbungslinie hineingekommen ist, und will man an dem Ort ankommen, wo es noch nicht in die Materie untergetaucht ist, dann muß man durch zweiundvierzig Stufen, die den zweiundvierzig Generationen entsprechen, hinaufsteigen, dann findet man es. Aber die Essäer kannten noch etwas anderes. Sie wußten: Ebenso wie der Mensch durch zweiundvierzig Stufen, welche die Entsprechungen sind der zweiundvierzig Generationen, hinaufsteigen muß, um zu diesem göttlichen Wesen zu kommen, so muß dieses göttliche Wesen, wenn es bis in das menschliche Blut hinunterdringen will, durch zweiundvierzig Stufen hinuntersteigen, muß also den umgekehrten Weg machen. Braucht der Mensch zweiundvierzig Stufen, um zu dem Gotte hinaufzusteigen, so braucht der Gott zweiundvierzig Stufen, um herunterzusteigen, um Mensch unter Menschen zu werden.

So lehrten die Essäer. Und so lehrte vor allen Dingen unter den Essäern Jeshu ben Pandira unter dem Einfluß des ihn inspirierenden Bodhisattva. Daher war es eine Essäerlehre, daß jenes Wesen, welches den Abraham dazu inspiriert hatte, daß er den Gotteskeim in die eigene Organisation aufnahm, zweiundvierzig Generationen brauchte, um bis zur vollen Menschlichkeit herunterzusteigen.

Wenn wir das wissen, kennen wir jetzt auch die Quelle, aus der die

Erkenntnis geflossen ist für den Schreiber des Matthäus-Evangeliums, daß er gerade diese zweiundvierzig Generationen aufgesucht hat. Und Jesus, der Sohn des Pandira, war es, der die Essäer vor allem auf eines aufmerksam machte. Er lebte in einem Jahrhundert, bevor es möglich war, daß die zweiundvierzig Generationen da waren; denn sie waren erst nach einem Jahrhundert möglich. Er machte die Essäer darauf aufmerksam, daß sie den Weg durch die zweiundvierzig Stufen nur bis zu einem gewissen Grade erst durchmachen konnten, wo sie an Historisches anknüpfen können, und ihn von da ab nur durch die Gnade von oben weiter durchmachen konnten, daß aber die Zeit eintreten würde, wo dies ein natürliches Ereignis sein wird, wo ein Mensch geboren werden wird, der in sich die Möglichkeit haben wird, mit seinem eigenen Blut so weit hinaufzusteigen, daß jene göttliche Kraft zu ihm heruntersteigen kann, die er braucht, um den ganzen Geist des hebräischen Volkes, den Jahvegeist, in dem Blut des hebräischen Volkes zur Manifestation zu bringen. Daher lehrte Jeshu ben Pandira: Soll Zarathustra, der Bringer des Ahura Mazdao, sich in einem Menschenleib inkarnieren, so ist das nur möglich, wenn dieser Menschenleib so zubereitet ist, daß das ihn erfüllende göttlich-geistige Wesen durch zweiundvierzig Generationen heruntergestiegen ist.

Damit haben wir darauf hingewiesen, wie aus den Essäergemeinden herausgeflossen ist der Quell zu jener Generationenlehre, mit der gleich das Matthäus-Evangelium beginnt. Wenn wir diese Tatsachen vollständig verstehen wollen, müssen wir allerdings noch auf etwas Tieferes der ganzen Angelegenheit hinweisen.

Alles, was mit der menschlichen Evolution, mit der menschlichen Entwickelung zusammenhängt, tritt uns sozusagen von zwei Seiten entgegen – einfach dadurch, daß der Mensch ein zweigespaltenes Wesen ist. Wenn uns der Mensch während seines Tagesbewußtseins entgegentritt, sind die vier Glieder seines Wesens miteinander verbunden, und wir können nicht gleich unterscheiden, wie er ein zweigespaltenes Wesen ist. Aber in der Nacht, wo wir ja auch die ganze menschliche Wesenheit vor uns haben, haben wir deutlich diese menschliche Wesenheit in zwei Teile gespalten: in das, was in der physischen Welt zurückbleibt als physischer Leib und Ätherleib, und in das, was herausdringt aus physischem Leib und Ätherleib als astralischer Leib und Ich. Aus diesen zwei Teilen ist der Mensch gleichsam zusammengefügt. Solange wir reden von dem, wodurch der Mensch in die physische Welt hineingehört, können wir eigentlich nur sprechen von physischem Leib und Ätherleib. Alles, was menschliche Verrichtungen, was Angelegenheiten in der physischen Welt sind, geht nur den physischen und den Ätherleib an, obwohl während des Tagwachens die übrigen Glieder daran beteiligt sind. Während des Tagwachens wirkt der Mensch vom Ich und astralischen Leib aus in die beiden anderen Glieder hinein; während des Schlafes überläßt er sie sich selbst. In Wahrheit aber beginnen im Augenblick, wo der Mensch einschläft, aus dem Weltenraum, aus dem Kosmos heraus die Kräfte und Wesenheiten zu wirken und das zu durchdringen, was der Mensch verlassen hat, so daß wir es in der Tat zu tun haben mit einem fortgehenden Einfluß vom Kosmos auf den physischen Leib und Ätherleib des Menschen. Aber was von uns im Bette liegen bleibt, und was die Außenseite unseres Wesens ist, nämlich physischer Leib und Ätherleib, das ist eigentlich beschlossen innerhalb zweiundvierzig Generationen; da vererbt es sich. Wenn wir also bei der ersten Generation beginnen und alles nehmen, was da dem physischen Wesen angehört, und durch zweiundvierzig Generationen weitergehen, so finden wir nach zweiundvierzig Generationen nichts mehr von dem, was die wesentlichsten Anlagen waren beim ersten Gliede. Also in sechs mal sieben Generationen liegt das beschlossen, was eigentlich weset und kraftet in einem uns vorliegenden physischen Leibe und Ätherleibe eines Menschen. Alles, was wir in diesen zwei Leibern an vererbten Merkmalen finden können, müssen wir suchen bei den Vorfahren, aber nur im Verlaufe von zweiundvierzig Generationen. Kommen wir weiter hinauf, so finden wir nichts mehr davon; alles, was einer früheren Generation angehört, ist verschwunden. Wenn wir also die äußere Seite einer menschlichen Wesenheit betrachten, finden wir die sie durchsetzende Kraft gebunden an zweiundvierzig Generationen.

Die menschliche Entwickelung in der Zeit gründet sich so auf ein Zahlenverhältnis. Betrachten wir dieses Zahlenverhältnis einmal genauer; es ist wichtig, daß wir es ins Auge fassen. Betrachten wir es, wie es eigentlich betrachtet sein will, wenn wir gerade die Geschlechterfolge im Matthäus-Evangelium verstehen wollen.

Alles, was den physischen Leib betrifft, ist an zweiundvierzig Generationen gebunden, aus dem Grunde, weil alles, was an Zeitentwickelung gebunden ist, was die Zeit betrifft, an die Siebenzahl gebunden ist. Daher ist auch die Entwickelung hinauf über die physisch vererbten Merkmale bei den Essäern an die Siebenzahl gebunden gewesen. Ein Essäer sagte sich: Du hast durchzumachen sechs mal sieben, das sind zweiundvierzig Stufen; dann kommst du hinauf zu den nächsten sieben Stufen, die also die Vollendung der Siebenzahl, die sieben mal sieben = neunundvierzig Stufen ergeben. Was jedoch über den zweiundvierzig Stufen liegt, ist nicht mehr zu rechnen zu den Kräften und Wesenheiten, welche im physischen und im Ätherleibe wirksam sind. Es wird zwar die ganze Evolution des physischen Leibes und des Ätherleibes erst vollendet wirklich nach dem Gesetz der Siebenzahl, nach sieben mal sieben Generationen; aber für die letzten sieben Generationen ist schon eine vollständige Umwandelung erreicht; da ist von den ersten Generationen nichts mehr vorhanden. Was also für uns in Betracht kommt, haben wir zu suchen innerhalb von sechs mal sieben. Wenn aber die Siebenzahl voll wird, haben wir etwas vor uns, was schon als etwas Neues anzuerkennen ist. Bei jenem Gebiet, in das man nach den zweiundvierzig Generationen hineinkommt, hat man es nicht mehr mit einem menschlichen, sondern mit einem übermenschlichen Dasein zu tun. Wir unterscheiden also sechs mal sieben Generationen, die durchaus an die Erde sich halten, und was darüber ist, die Siebenmalsieben, das führt schon über die Erde hinaus; das ist die Frucht für die geistige Welt. Nach der Sechsmalsieben geht die Frucht auf, die dann bei der Siebenmalsieben für die geistige Welt herauskommt.

Deshalb sagten sich gleichsam diejenigen, von denen das Matthäus-Evangelium ausgegangen ist: Es mußte die physische Leiblichkeit, deren sich Zarathustra bediente, so reif sein, daß sie nach den zweiundvierzig Generationen schon am Beginne der Vergeistigung, der Vergottung steht, schon am Beginne dessen steht, wo sie der Deificatio anheimfallen mußte. – Sie fällt also da schon in den Beginn der dreiundvierzigsten Generation hinein, tritt sie aber nicht an, sondern läßt sich jetzt von einer anderen Wesenheit durchsetzen, von jener Wesenheit, die als der Geist des Zarathustra sich auf der Erde verkörpert als Jesus von Nazareth. So war durch die Erfüllung des Zahlengeheimnisses alles geschehen, was der Zarathustra-Seele in dem Jesus von Nazareth den angemessensten Leib, das angemessenste Blut geben konnte. Alles, was sich bezieht auf physischen Leib und Ätherleib, ist dadurch für die Evolution der Menschheit zubereitet gewesen.

Nun aber sind in einem Menschen, also auch in demjenigen, der der Träger für die Christus-Wesenheit werden sollte, nicht bloß physischer Leib und Ätherleib vorhanden, sondern auch noch astralischer Leib und Ich. Es mußte also nicht bloß alles getan werden für die entsprechende Zubereitung des physischen Leibes und des Ätherleibes, sondern es mußte ebenso alles getan werden für die entsprechende Zubereitung des astralischen Leibes und des Ich. Dies konnte für ein so großes Ereignis zunächst nicht an *einer* Persönlichkeit bewirkt werden, sondern es mußte an *zwei* Persönlichkeiten geschehen. Der physische Leib und der Ätherleib wurden zubereitet bei der Persönlichkeit, von der das Matthäus-Evangelium zunächst erzählt. Und astralischer Leib und Ich wurden zubereitet bei der Persönlichkeit, die wir vom Lukas-Evangelium her kennen als den nathanischen Jesus. Das ist für die ersten Jahre eine andere Persönlichkeit. Während der Jesus des Matthäus-Evangeliums den entsprechenden physischen und Ätherleib bekam, sollte der Jesus des Lukas-Evangeliums bekommen den entsprechenden astralischen Leib und den entsprechenden Ich-Träger. Wie konnte das letztere geschehen?

Wir sahen, daß die Kräfte der zweiundvierzig Generationen in einer ganz bestimmten Weise zubereitet werden mußten, damit die Glieder zustande kamen, die notwendig waren für den Jesus des Matthäus-Evangeliums. Es mußten aber auch astralischer Leib und Ich zubereitet werden, damit sie dann später in entsprechender Weise zusammenkommen konnten. Wie sie zusammenkommen konnten, darüber werden wir noch sprechen. – Bei dem Jesus des Lukas-Evangeliums mußten also auch entsprechende Vorbereitungen getroffen werden. Betrachten wir dazu das Wesen des Schlafzustandes.

Es ist eine Fabel, sagte ich, die aus den Angaben des niederen Hellsehens herrührt, daß in der Nebelwolke, die in der Nähe des physischen Leibes und des Ätherleibes des schlafenden Menschen schwebt, die ganze astralische und Ich-Wesenheit des Menschen enthalten ist. Denn es ist in der Tat so, daß der Mensch, wenn er im Schlafzustande herausgeht aus physischem Leib und Ätherleib, in Wahrheit ergossen ist, ausgedehnt ist in den ganzen Kosmos, in das, was zu unserem Kosmos gehört. Das ist ja auch das Geheimnis unseres Schlafes, daß wir uns aus der Sternenwelt – daher reden wir von dem astralischen Leib, der über die Welt der Sterne ausgegossen ist – herausholen die reinsten Kräfte aus dem ganzen Kosmos, die wir dann beim Aufwachen, wenn wir wieder untertauchen müssen in den physischen Leib und Ätherleib, uns mitbringen. Da dringen wir aus dem Schlaf heraus, gestärkt und gekräftigt durch alles, was wir einsaugen können aus dem ganzen Kosmos.

Wenn der Mensch nun heute – und ähnlich war es auch zur Zeit des Christus Jesus – im höheren Sinne hellsichtig wird, was muß dann mit ihm geschehen? Im heutigen normalen Zustande wird der Mensch unbewußt, wenn er mit seinem astralischen Leibe und seinem Ich herausdringt aus physischem Leib und Ätherleib. Das hellseherische Bewußtsein muß aber in die Lage gebracht werden, mit Außergebrauchsetzung von physischem Leib und Ätherleib, bloß mit den Instrumenten des astralischen Leibes und des Ich zu schauen. Dann wird das hellseherische Bewußtsein teilhaftig der Welt der Sterne und nimmt wahr, was darinnen ist; es sieht nicht nur hinein, sondern es steigt hinein in die Welt der Sterne. Ganz ähnlich, wie das Essäerbewußtsein hinaufsteigt durch die Zeitenfolge, der die Siebenzahl zugrunde liegt, so muß der Mensch die Stufen durchmachen, die es ihm ermöglichen, den Weltenraum hellseherisch wahrzunehmen.

Nun habe ich schon öfter angedeutet, worinnen die Gefahren liegen sowohl für die Entwickelung nach der einen Seite, wie auch für die Entwickelung nach der anderen Seite. Im Grunde ist es bei den Essäern ein Hineinsteigen in den physischen Leib und Ätherleib gewesen, um in dem Durchgange durch die zweiundvierzig Generationen den Gott zu finden. Es ist bei ihnen so gewesen, wie wenn ein Mensch, der aufwacht, die Welt nicht um sich herum sähe, sondern hineintauchte in den physischen Leib und Ätherleib, um deren Kräfte zu schauen, also sein Äußeres von innen wahrzunehmen. Der Mensch steigt beim Aufwachen nicht bewußt in den physischen und Ätherleib hinunter. Davor ist er dadurch bewahrt, daß ihm im Moment des Aufwachens sein Bewußtsein abgelenkt wird auf die Umgebung und nicht sich richtet auf die Kräfte des physischen und des Ätherleibes. Das war nun das Wesentliche bei den Essäern, daß sie alle Kräfte, die aus den zweiundvierzig Generationen herrührten, wahrnehmen lernten; daß sie absehen lernten von dem, was der Blick in der Außenwelt findet, und untertauchen lernten in den eigenen physischen Leib und Ätherleib und dort sahen, was lebte im Sinne des Geheimnisses von Sechsmalsieben, von zweiundvierzig Generationen.

In ähnlicher Weise muß der Mensch sich hinaufleben, wenn er in den Kosmos hinaufsteigen will, wenn er kennenlernen will, was dem ganzen Kosmos als Geheimnisse zugrunde liegt. Das ist mächtiger. Wenn der Mensch hinuntersteigt in das eigene Innere, ist er nur der Gefahr ausgesetzt, daß er ergriffen wird von all den Kräften des eigenen Inneren, von den Begierden, Leidenschaften und allem, was auf dem Grund der Seele ist, worauf ja der Mensch gewöhnlich nicht achtet, wovon er gar nichts ahnt, denn für gewöhnlich wird er durch die äußere Erziehung abgehalten, diese Kräfte kennenzulernen. Er hat gar nicht die Möglichkeit, sich von ihnen ergreifen zu lassen, denn es wird ja der Blick gleich abgelenkt durch das Auftauchen der Außenwelt beim Aufwachen. Während also beim Hinuntersteigen in das eigene Innere die Gefahr vorhanden ist, daß man sozusagen ergriffen wird von den niedersten Trieben und egoistischsten Kräften seiner eigenen Natur, so ist eine andere Gefahr dann vorhanden, wenn man erlebt das Sich-Ausbreiten über den ganzen Kosmos. Und diese Gefahr kann man nicht genauer charakterisieren, als daß man sagt: Wer diesen Moment erlebt, wo er nicht in die Unbewußtheit hineinschläft, sondern so bewußt einschläft, daß er in seinem astralischen Leib und seinem Ich ein Instrument hat, um die geistige Welt wahrzunehmen, für den ist die Gefahr, welche ihn da überkommt, etwas wie eine gewaltige Blendung, wie wenn der Mensch den Sonnenstrahlen gegenüberträte.

Geblendet ist er von der gewaltigen Größe und vor allem von dem ungeheuer Verwirrenden der Eindrücke.

Wie man nun die Stufen, die der Mensch in Essäerweise durchzumachen hatte, um erkennen zu lernen alles, was von vererbten Merkmalen im physischen Leibe und Ätherleibe war, zu bezeichnen hat durch das Zahlengeheimnis von Sechsmalsieben, so gibt es auch ein Zahlengeheimnis, welches darstellt, wie der Mensch zur Erkenntnis der kosmischen Geheimnisse kommt, der Geheimnisse der großen Welt. Am besten kann man diesem Geheimnis wieder dadurch nahekommen, daß man sich dessen bedient, was draußen im Kosmos an Bewegungen und Konstellationen, an Ausdrucksformen in den Sternen von selber vorhanden ist, was gleichsam in die Sterne eingeschrieben ist. – Wie man durch sechs mal sieben Stufen zu den Geheimnissen des menschlichen Inneren vordringt, so gelangt man durch zwölf mal sieben, also vierundachtzig Stufen hinauf zu den geistigen Geheimnissen des Weltenraumes. Wenn man solche zwölf mal sieben = vierundachtzig Stufen durchgemacht hat, kommt man an den Punkt, wo das Labyrinth dieser geistigen Weltenkräfte nicht mehr blendend ist, wo der Mensch wirklich die Ruhe gewonnen hat, sich auszukennen in diesem gewaltigen Labyrinth, wo dieses Labyrinth durchschaut wird. Das lehrten wieder in einem gewissen Sinne die Essäer.

Wenn der Mensch in diesem geschilderten Sinne hellseherisch wird, dann gießt er sich aus beim Einschlafen in etwas, was sich ausdrückt in dem Zahlengeheimnis von Zwölfmalsieben. Aber bei dem, was das Zwölftemalsieben ist, ist er schon im Geistigen drinnen: denn wenn er die Elfmalsieben vollendet hat, ist er schon an die Grenze der Geheimnisse gelangt. Wie die Siebenmalsieben schon im Geistigen darinnen ist, so ist auch die Zwölfmalsieben schon im Geistigen darinnen. Will der Mensch diesen Weg durchmachen, so braucht er, um anzukommen im Geistigen, elf mal sieben Stufen, das heißt, es muß der Mensch im astralischen Leibe und Ich elf mal sieben Stufen durchmachen. Das wird ausgedrückt in der Sternenschrift, indem man die Siebenzahl hernimmt von der Siebenzahl der Planeten, und das, was man durchzumachen hat im Weltenraum, hernimmt von der Zwölfzahl der Sternbilder des Tierkreises. Wie sich innerhalb der zwölf Sternbilder konstellieren die sieben Planeten und die Sternbilder bedecken, so hat der Mensch durchzumachen, wenn er sich hineinlebt in den Weltenraum, sieben mal zwölf beziehungsweise sieben mal elf Stufen, bis er ankommt im Geistigen.

So können Sie, wenn Sie sich ein Bild machen wollen, den Umkreis des Geistigen in den zwölf Sternbildern des Tierkreises sich denken und den Menschen selber in der Mitte darinnen. Nun ist das Geistige so ausgebreitet, daß er, wenn er es erreichen will, nicht etwa vom Mittelpunkt aus anfangen kann sich auszugießen, sondern er muß sich spiralförmig ausbreiten, indem er sich gleichsam in sieben Spiralwindungen dreht, und jedesmal, wenn er eine Spiralwindung durchmacht, alle zwölf Sternbilder passiert, so daß er sieben mal zwölf Punkte zu passieren hat. Der Mensch breitet sich allmählich spiralförmig in den Kosmos aus – das alles ist natürlich nur ein Sinnbild für das, was der Mensch erlebt –, und wenn er, so herumkreisend, das siebente Mal die zwölf Sternbilder durchmachen würde, wäre er beim Göttlich-Geistigen angelangt. Es ist dann so, daß der Mensch, anstatt von seinem Zentrum aus in den Kosmos hinauszublicken, dann von dem geistigen Umkreise, von den zwölf Punkten hereinblickt und das, was in der äußeren Welt ist, anschauen kann. Das muß man durchmachen, wenn man das sehen will, was in der Welt ist. Es genügt nicht, daß man sich auf *einen* Gesichtspunkt stellt, sondern man muß sich auf zwölf Gesichtspunkte stellen. Wer heraufdringen wollte zum Göttlich-Geistigen, mußte durch elf mal sieben Stufen durchgehen, mußte den astralischen Leib und das Ich durch elf mal sieben Stufen heraufführen. Wenn er an der Zwölfmalsieben ankam, war er im Geistigen darinnen.

In dieser Weise mußten astralischer Leib und Ich durch zwölf mal sieben beziehungsweise elf mal sieben Stufen durchgehen, wenn sie zum Göttlichen kommen wollten. Will das Göttliche herunterkommen und ein menschliches Ich geeignet machen, so muß es ebenso durch elf mal sieben Stufen heruntersteigen.

Wenn also das Lukas-Evangelium jene geistigen Kräfte schildern will, die den astralischen Leib und das Ich geeignet machten zum Träger des Christus, dann mußte es schildern, wie die göttlich-geistige Kraft durch elf mal sieben Stufen heruntersteigt. Das schildert uns wirklich das Lukas-Evangelium. Weil uns das Lukas-Evangelium jene andere Persönlichkeit schildert, für welche der astralische Leib und das Ich zubereitet wurden, schildert es uns nicht wie das Matthäus-Evangelium sechs mal sieben Generationen, sondern elf mal sieben Stufenfolgen, durch welche von Gott selber – das wird ausdrücklich im Lukas-Evangelium gesagt – heruntergeleitet wird, was in der Individualität des Jesus des Lukas-Evangeliums wohnte. Zählen Sie die Menschenstufen, die im Lukas-Evangelium angekündigt werden, durch welche die göttliche Kraft heruntergeleitet wird, so bekommen Sie siebenundsiebzig Stufen (Luk. 3, 23–38).

Weil uns das Matthäus-Evangelium schildert das Geheimnis der Wirksamkeit in dem Herabsteigen jener göttlichen Kraft, welche physischen Leib und Ätherleib durchbildet, muß darin herrschen die Zahl Sechsmalsieben. Und es muß im Lukas-Evangelium, weil es uns schildert das Herabsteigen der göttlichen Kraft, die astralischen Leib und Ich umgestaltet, erscheinen die Zahl Elfmalsieben. Daran können wir sehen, aus welchen Tiefen diese Dinge hergenommen sind, wie in der Tat die Geheimnisse der Initiation, der Stufenfolge beim Hinunterdringen des Göttlich-Geistigen in eine menschliche Individualität und beim Hinausdringen in den Kosmos im Matthäus-Evangelium und im Lukas-Evangelium angegeben sind.

Warum auch beim Lukas-Evangelium eine Generationenfolge zustande gekommen ist, und warum in der Zeit, als nur wenigen Menschen das Geheimnis von dem Christus Jesus gelehrt worden ist, mitgeteilt wurde, daß von Gott und von Adam bis herunter zu dem Jesus des Lukas-Evangeliums siebenundsiebzig Generationen vorhanden sind, davon wollen wir morgen weiter sprechen.

SECHSTER VORTRAG

Bern, 6. September 1910

Jedem, der das Lukas-Evangelium in die Hand nimmt und jenes Kapitel betrachtet, in dem die Abstammung des dort behandelten Jesus zurückgeführt wird auf frühere Generationen, wird es ohne weiteres einleuchten können, daß die Absicht des Schreibers des Lukas-Evangeliums übereinstimmt mit dem, was gestern hier gesagt worden ist. Es handelte sich gestern darum, daß sozusagen in demselben Sinne, wie eine göttliche Kraftwesenheit durchdringen sollte den physischen Leib und Ätherleib des salomonischen Jesus, ebenfalls eine göttliche Kraftwesenheit durchdringen sollte den astralischen Leib und das Ich bei jener Persönlichkeit, die wir als den nathanischen Jesus, den Jesus des Lukas-Evangeliums kennen. Und deutlich wird es ja im Lukas-Evangelium gesagt: diese göttliche Kraftwesenheit soll das, was sie ist, dadurch sein, daß durch alle Generationen herunter die Erbfolge in einer geraden Linie von jener Stufe der Menschlichkeit strömt, da der Mensch noch nicht innerhalb des Erdendaseins zum ersten Male in eine irdische, physisch-sinnliche Inkarnation eingetreten ist. Wir sehen ja, wie das Lukas-Evangelium durch, sagen wir, Generationen die Abstammung seines Jesus zurückführt bis auf Adam, bis auf Gott. Das aber will nichts anderes heißen, als daß wir, wenn wir jenes Prinzip im astralischen Leibe und im Ich des nathanischen Jesus finden wollen, hinaufzugehen haben bis zu einem solchen Zustande des Menschen, da dieser Mensch noch nicht aufgenommen war von einer physisch-sinnlichen Erdeninkarnation, da er noch nicht herabgestiegen war aus dem göttlich-geistigen Dasein, sondern noch im Schoße jener geistigen Sphären war, innerhalb welcher wir den Menschen als ein gottangehöriges, als ein göttliches Wesen bezeichnen können. Wir müssen ja im Sinne der ganzen anthroposophischen Auseinandersetzungen auf diesen Zeitpunkt der alten lemurischen Zeit hinweisen und ihn festsetzen als denjenigen, wo der Mensch noch nicht inkarniert war in den Elementen des Erdendaseins, sondern wo er noch in einer göttlich-geistigen Sphäre war. Bis hinauf in jene Zeiten, da der Mensch noch göttlicher Natur war und auch noch nicht das auf den Menschen gewirkt hatte, was wir den luziferischen Einfluß nennen, verfolgt tatsächlich das Lukas-Evangelium seinen Jesus.

In der Tat wollten diejenigen Mysterien, die ihre Schüler bis zu jener Einweihung führten, die wir gestern charakterisiert haben als die Erkenntnis der großen Geheimnisse des kosmischen Raumes, den Menschen hinausführen über alles Irdische, oder besser gesagt, über das, was der Mensch durch das Irdische geworden ist. Sie wollten lehren, wie man die Welt anschauen kann, wenn man sie nicht durch die Werkzeuge anschaut, die der Mensch seit der Zeit erhalten hat, da der luziferische Einfluß wirken konnte. Wie nimmt sich das Weltall aus für das hellseherische Anschauen, wenn der Mensch sich frei macht von der Wahrnehmung durch physischen Leib und Ätherleib, sich frei macht von allem, was aus dem Irdischen an ihn herankommen kann, das war zunächst die große Frage für die Mysterienschüler. In einem solchen Zustande war der Mensch auf natürliche Weise vor dem Eintreten in eine irdische Inkarnation und bevor er zu dem «irdischen Adam» geworden ist, um im Sinne der Bibel und des Lukas-Evangeliums besonders zu sprechen. Also nur ein Zweifaches gibt es, wodurch der Mensch das sein kann, was ihn zu einem göttlich-geistigen Menschen macht: Das eine ist die hohe Initiation der großen Mysterien; das andere ist nicht zu verwirklichen in einer beliebigen Erdenzeit, sondern war vorhanden auf einer elementaren Stufe des Menschenseins, vor dem Herabsteigen des göttlichen Menschen in der lemurischen Zeit zu dem, was die Bibel den «irdischen Menschen» nennt; denn «Adam» heißt «Erdenmensch», der nicht mehr göttlich-geistiger Art ist, sondern sich bekleidet hat mit den irdischen Elementen.

Nun könnte aber eines auffallen, wenn wir so etwas zum Ausdruck bringen. Das ist, daß ja immerhin nur siebenundsiebzig, sagen wir, Generationen oder Stufen des Daseins, Vererbungsstufen genannt werden. Schon beim Matthäus-Evangelium könnte es jemand auffällig finden, daß nur zweiundvierzig Generationen von Abraham bis auf Christus genannt werden, und er könnte nachrechnen, daß die Zahl der Jahre, die man gewöhnlich für eine Generation annimmt, nicht ausreichen würde bis zu Abraham hinauf. Wer das sagen würde, müßte aber berücksichtigen, daß früher mit Recht für die alten Zeiten, für die Patriarchenzeiten von Salomo und David aufwärts, längere Zeiten angenommen wurden für die Dauer einer Generation als später. Wenn wir nur einigermaßen selbst mit den historischen Daten fertig werden wollen, dürfen wir nicht bei drei Generationen – zum Beispiel Abraham, Isaak und Jakob – das rechnen, was jetzt der Durchschnitt für drei Generationen ergeben würde, sondern wir müssen für diese drei Generationen etwa zweihundertfünfzehn Jahre festsetzen. Das ergibt auch die okkulte Forschung. Die Tatsache, daß für jene alten Zeiten die Dauer einer Generation länger anzusetzen ist als heute, ergibt sich noch deutlicher für die Generationen von Adam bis auf Abraham herunter. Bei der Generationenfolge von Abraham abwärts kann schon jeder sich klarmachen, daß die einzelne Generation länger angesetzt worden ist; denn es wird immer schon ein hohes Alter den Patriarchen Abraham, Isaak und Jakob zugeschrieben, wenn sie einen Sohn bekommen, der ein Erbsohn ist. Und rechnet man gewöhnlich heute dreiunddreißig Jahre für eine Generation, so rechneten mit Recht diejenigen, die das Matthäus-Evangelium schrieben, in den alten Zeiten fünfundsiebzig bis achtzig und eine noch längere Anzahl von Jahren auf eine Generation. Aber wir haben zu betonen, daß im Matthäus-Evangelium bis zu Abraham gemeint sind einzelne Menschen. Nicht mehr aber sind einzelne Menschen gemeint, wenn wir von Abraham heraufgehen und diejenigen Namen in Betracht ziehen, die das Lukas-Evangelium anführt. Da müssen wir durchaus an etwas erinnern, was richtig ist, wenn es vielleicht auch für die heutigen materialistischen Vorstellungen der Menschen unglaublich erscheint.

Was wir heute unser Gedächtnis, unser zusammenhaltendes Bewußtsein nennen können, die Erinnerung an das Gleichbleibende unserer inneren Wesenheit, das reicht ja heute für den normalen Menschen nur bis in die ersten Kindheitsjahre. Der moderne Mensch wird, wenn er sein Leben zurückverfolgt, finden, daß irgendwo die Erinnerung abreißt. Der eine wird sich mehr, der andere weniger an die Kindheit erinnern. Aber unser heutiges Gedächtnis ist durchaus im einzelnen persönlichen Leben beschlossen, ja, umfaßt nicht einmal das ganze persönliche Leben bis zum Tage der Geburt. Wenn wir uns zum Bewußtsein bringen, wie die Seelenfähigkeiten, die Bewußtseinseigentümlichkeiten der Menschen überhaupt in alten Zeiten waren, wenn wir uns erinnern, wie wir in der Menschheitsevolution beim Zurückgehen auf Zeiten stoßen, wo ein gewisser hellseherischer Zustand normales menschliches Bewußtsein war, dann werden wir es auch nicht mehr verwunderlich finden, daß wir uns für diese verhältnismäßig naheliegenden Zeiten sagen können – was uns die Geistesforschung bestätigt –, daß die Bewußtseinsverhältnisse in bezug auf das Gedächtnis in alten Zeiten durchaus andere waren, als sie später geworden sind.

Wenn wir also hinter die Zeiten zurückgehen, die in der Bibel als die Zeiten des Abraham bezeichnet werden, wird die ganze Seelenverfassung doch etwas anders, als sie später war, und namentlich wird das Gedächtnis anders. Und wenn wir von Abraham an noch weiter zurückgehen bis in die atlantische Zeit, durch die atlantische Zeit hindurch, so müssen wir sagen: Es war damals das Gedächtnis etwas ganz anderes. Es war vor allen Dingen so, daß man sich nicht nur, wie heute, zurückerinnerte an persönliche Erlebnisse des einzelnen Lebens, sondern man erinnerte sich durch die Geburt hindurch an das, was der Vater, was der Großvater und so weiter erlebt hatten. Gedächtnis war etwas, was durch das Blut durch eine Reihe von Generationen hindurchrann, und erst später wurde es für einzelne Zeiten und auf das einzelne Leben zusammengezogen.

Und wenn für die früheren Zeiten Namen gebraucht werden – die Namengebung der alten Zeiten würde heute ein besonderes Studium erfordern –, so ist unter einem solchen Namen etwas ganz anderes zu begreifen, als was wir heute mit einem Namen verbinden. Und was die äußere Philologie heute darüber zu sagen weiß, ist wirklich ein ganz dilettantenhaftes Zeug. Der Gebrauch der Namen war früher ein ganz anderer. Man hätte sich überhaupt nicht eine solche Vorstellung machen können, daß Namen mit Dingen oder Wesenheiten so in äußerlicher Weise verknüpft werden könnten, wie es heute geschieht. Der Name war in alten Zeiten etwas, was wesenhaft war, was wesenhaft mit dem Wesen oder Ding zusammenhing und ausdrücken sollte den inneren Charakter des Wesens im Ton. Ein Nachklang des Wesens im Ton sollte der Name damals sein. Davon hat unsere heutige Zeit gar keinen Begriff mehr, denn sonst könnten solche Bücher heute nicht entstehen wie die «Kritik der Sprache» von *Fritz Mauthner,* die alles neuere Forschen, alle gelehrte Kritik der letzten Jahre über die Sprache in großartiger Weise berücksichtigt, aber nur nicht das, was für alte Zeiten das Wesenhafte der Sprache war. Der Name war durchaus in alten Zeiten nicht angewendet auf den einzelnen Menschen in seinem persönlichen Leben, sondern auf das, was durch das Gedächtnis zusammengehalten wurde, so daß sein Name so lange gebraucht wurde, als die Erinnerung dauerte. So ist Noah zum Beispiel nicht ein einzelner Mensch, sondern der Name Noah bedeutet, daß sich zunächst irgendein einzelner Mensch erinnert an sein eigenes Leben und dann durch die Geburt hindurch an das Leben seines Vaters, seines Großvaters und so weiter, so lange, als das Gedächtnis anhielt. So weit als der Gedächtnisfaden reichte, wurde für eine solche Folge von Menschen derselbe Name gebraucht. Ebenso sind Namen wie Adam, Seth oder Enoch derartige Namen, mit denen man an Personen so viel zusammenfaßte, als es möglich war, mit dem Gedächtnis in der Rückerinnerung zusammenzuhalten. Wenn also für die alten Zeiten gesagt wird, irgend jemand heißt Enoch, so will das sagen: Es entstand in einer Persönlichkeit, die der Sohn einer anders vorausbenannten Persönlichkeit war, ein neuer Gedächtnisfaden; da erinnerte er sich nicht mehr an die früheren Persönlichkeiten. Aber dieser neue Gedächtnisfaden hörte nun nicht auf mit dem Tode dieser zuerst Enoch benannten Persönlichkeit, sondern er pflanzte sich fort vom Vater auf den Sohn, auf den Enkel und so weiter, bis wieder ein neuer Gedächtnisfaden entstand. Und so lange dieser Gedächtnisfaden sich erhielt, gebrauchte man denselben Namen. Also es sind in der Generationenfolge verschiedene Persönlichkeiten zusammen damit bezeichnet, wenn zum Beispiel von Adam die Rede ist.

In diesem Sinne gebraucht das Lukas-Evangelium selbstverständlich die Namen; denn es will sagen: Diejenige Kraftwesenheit des göttlich-geistigen Daseins, die in das Ich und in den astralischen Leib des nathanischen Jesus hineingetaucht worden ist, müssen wir verfolgen bis da hinauf, wo der Mensch zum ersten Male in eine irdische Inkarnation gestiegen ist. Wir haben also im Lukas-Evangelium zunächst

Namen für die einzelnen Persönlichkeiten. Gehen wir aber hinauf über Abraham hinaus, dann kommen wir in die Zeit, wo das Gedächtnis länger dauert, und nehmen das, was durch mehrere Persönlichkeiten gleichsam als ein Ich durch das Gedächtnis zusammengehalten wird, auch wirklich unter einem Namen zusammen.

So wird es Ihnen leichter werden, die siebenundsiebzig Namen, die das Lukas-Evangelium aufzählt, wirklich als ausgedehnt über sehr lange Zeiträume anzusehen, wirklich bis da hinauf, wo die Wesenheit, die wir als die göttlich-geistige Wesenheit des Menschen bezeichnen können, sich zum ersten Male inkarnierte in einem physisch-sinnlichen Menschenleib. Das andere, was darin gesucht werden muß, ist dies: Wer in den großen Mysterien durch die siebenundsiebzig Stufen das erreichte, daß er seine Seele reinigte von allem, was die Menschheit in dem Erdendasein aufgenommen hatte, der erreichte damit jenen Zustand, der heute nur möglich ist, wenn der Mensch leibfrei wird und in dem astralischen Leib und Ich leben kann. Da kann er sich ausgießen über das, aus dem die Erde selbst heraus entstanden ist, über den umliegenden Kosmos, über unser ganzes kosmisches System. Und das sollte sein. Dann hat er erreicht jene göttlich-geistige Kraftwesenheit, welche in den astralischen Leib und das Ich des nathanischen Jesus einzog.

In dem nathanischen Jesus sollte dargestellt werden, was der Mensch nicht aus irdischen, sondern aus himmlischen Verhältnissen hat. So schildert uns das Lukas-Evangelium die göttlich-geistige Wesenheit, die durchdrungen, imprägniert hat astralischen Leib und Ich des Lukas-Jesus. Und das Matthäus-Evangelium schildert diejenige göttlich-geistige Kraftwesenheit, die auf der einen Seite in Abraham gewirkt hat, damit das innerliche Organ zum Jahve-Bewußtsein entstand. Und auf der anderen Seite ist es dieselbe Kraftwesenheit, die durch zweiundvierzig Generationen hindurch wirkte im physischen Leib und Ätherleib und die dort eine Vererbungslinie durch die zweiundvierzig Generationen zusammenfaßt.

Schon gestern habe ich erwähnt, daß diese Lehren, namentlich die Lehren des Matthäus-Evangeliums in bezug auf diese Herkunft des Blutes des Jesus von Nazareth, gepflegt wurden, zum Verständnis gebracht wurden in jenen Gemeinden, die wir die Therapeuten- und Essäergemeinden nennen können, und daß als großer Lehrer innerhalb der Therapeuten und Essäer Jeshu ben Pandira wirkte, der vorzubereiten hatte das Zeitalter des Christus Jesus. Er hatte wenigstens einige wenige darauf vorzubereiten, daß mit dem Ablauf eines bestimmten Zeitpunktes, nämlich zweiundvierzig Generationen nach Abraham, das hebräische Volk sozusagen so weit sein würde, daß die Zarathustra-Individualität sich werde inkarnieren können in einem Sproß der Abraham-Linie, in einem Sproß der salomonischen Linie des Hauses David. Das ist vorausgelehrt worden. Dazu gehörte natürlich in der damaligen Zeit Mysterienerfahrung. In der damaligen Zeit wurde dies nicht nur in den Essäerschulen gelehrt, sondern es gab in den Essäerschulen auch solche Zöglinge, welche die zweiundvierzig Stufen auch wirklich durchmachten, so daß sie hellseherisch schauen konnten, wie jene Wesenheit war, die durch die zweiundvierzig Stufen heruntergestiegen ist. Es sollte die Welt darüber aufgeklärt werden durch entsprechende Lehren. Dafür hatten die Essäer zu sorgen, daß wenigstens bei einigen Menschen Verständnis vorhanden wäre für das, was der Christus sein werde.

Nun haben wir schon erwähnt, welchen eigentümlichen Gang jene Menschenindividualität zunächst genommen hat, die sich in jenem Blute inkarniert hat, von dessen Zusammensetzung das Matthäus-Evangelium spricht. Wir wissen, daß dieser ursprüngliche große Lehrer, der unter dem Namen Zarathustra oder Zoroaster bekannt ist, im Morgenlande das lehrte, was wir hinlänglich betrachtet haben, was ihn geradezu geeignet gemacht hat für diese Inkarnation. Wir wissen, daß er eingeleitet hat die ägyptische Hermes-Kultur, indem er zu diesem Zwecke hingeopfert hat seinen astralischen Leib, der dann dem Hermes eingeprägt wurde. Wir wissen ferner, daß er hingeopfert hat seinen damaligen Ätherleib, der aufbewahrt wurde für Moses, und daß Moses für seine Kulturschöpfung in sich hatte den Ätherleib des Zarathustra. Zarathustra selber hat sich später weiter inkarnieren können in anderen astralischen und Ätherleibern. Besonders interessiert uns dann die Inkarnation des Zarathustra im 6. Jahrhundert vor unserer Zeitrechnung als Zarathas oder Nazarathos im alten Chaldäa, wo er als Schüler hatte die chaldäischen Weisen und Magier, und wo insbesondere die weisesten der hebräischen Geheimschüler zur Zeit der babylonischen Gefangenschaft mit ihm in Berührung kamen. Und die ganzen folgenden sechs Jahrhunderte waren für die chaldäischen Geheimschulen erfüllt von den Traditionen, Zeremonien und Kulten, die herrührten von Zarathustra in der Persönlichkeit des Zarathas oder Nazarathos. Und alle die Generationen von chaldäischen, babylonischen, assyrischen und so weiter Geheimschülern, die in jenen Gegenden Asiens lebten, verehrten aufs höchste den Namen dieses ihres großen Meisters, des Zarathustra, unter der Veränderung als Zarathas oder Nazarathos. Und sie warteten sehnsüchtig auf die nächste Inkarnation ihres großen Lehrers und Führers, denn sie wußten, daß er wiedererscheinen werde nach sechshundert Jahren. Das Geheimnis von diesem Wiedererscheinen war ihnen bekannt; das lebte sozusagen wie etwas, was ihnen von der Zukunft hereinschien.

Und als die Zeit heranrückte, da das Blut für die neue Inkarnation des Zarathustra bereitet war, da machten sich die drei Abgesandten, die drei weisen Magier aus dem Morgenlande, auf. Sie wußten, daß der verehrte Name des Zarathustra selber wie ihr Stern sie führen würde nach jenem Orte, wo die Wiederinkarnation des Zarathustra stattfinden sollte. Es war die Wesenheit des großen Lehrers selber, die als der «Stern» die drei Magier hinführte zur Geburtsstätte des Jesus des Matthäus-Evangeliums. – Auch das ist ja selbst äußerlich philologisch zu belegen, daß in der Tat das Wort «Stern» als Name für menschliche Individualitäten in alten Zeiten gebraucht worden ist. Nicht nur durch die Geistesforschung, die es uns aus ihren Quellen klarer als etwas anderes sagt, daß damals die drei Magier folgten dem Stern Zoroaster, dem «Goldstern» Zoroaster, daß er sie dahin führte, wo er sich wieder inkarnieren wollte, sondern auch aus dem Gebrauch des Wortes «Stern» für hohe menschliche Individualitäten – wie gesagt, eine Tatsache, die auch philologisch belegt werden kann – könnte sich schon manchem ergeben, daß unter dem Stern, der die Weisen führte, Zarathustra selbst zu verstehen ist.

Sechs Jahrhunderte vor unserer Zeitrechnung sind also die Magier des Morgenlandes zusammengewesen mit jener Individualität, die sich inkarnierte als der Jesus des Matthäus-Evangeliums. Und Zarathustra selber führte die Magier dahin; sie folgten seiner Spur. Denn es war sozusagen der Zug des Zarathustra, des die Magier führenden, nach Palästina ziehenden Sternes, der die Magier leitete auf ihren Wegen von den morgenländischen, chaldäischen Mysterien nach Palästina, wo sich Zarathustra zu seiner nächsten Inkarnation anschickte.

Dieses Geheimnis von der künftigen Inkarnation des Zarathustra, des Zarathas oder Nazarathos, kannte man auch in den chaldäischen Mysterien. Das Geheimnis aber von dem Blut des hebräischen Volkes, welches geeignet sein sollte, wenn der entsprechende Zeitpunkt herangekommen wäre, für die neue Leiblichkeit des Zarathustra, das lehrten jene, die in den Essäermysterien sozusagen hinaufgehoben wurden durch die zweiundvierzig Stufen.

Es waren also im Grunde zweierlei Menschen, die zunächst um das Geheimnis des Jesus des Matthäus-Evangeliums etwas wußten. Von der Zarathustra-Seite her, wo auf die Individualität, die sich im jüdischen Blute inkarnieren sollte, hingewiesen wurde, kannten es die chaldäischen Eingeweihten; von der Blutseite, von der äußeren Seite, von der Seite des Leibes her kannten es die Essäer. Es war also schon eine Lehre, die ungefähr durch hundert und mehr Jahre in den Essäerschulen gelehrt worden war, die Lehre von dieser Ankunft des Jesus des Matthäus-Evangeliums, jenes Jesus, der in seiner Gesamtheit erfüllen sollte einmal alle Bedingungen, von denen ich gesprochen habe, dann aber auch noch andere, die wir etwa in der folgenden Weise charakterisieren können.

Ein solcher Essäerschüler wurde nach langer Zeit nach vielen Reinigungen und Übungen seiner Seele durch die zweiundvierzig Stufen hinaufgeführt, um sozusagen zu sehen die Geheimnisse des physischen Leibes und Ätherleibes. Derjenige, der da geboren werden sollte, der sich in dieses Blut hineininkarnieren sollte, stieg von oben herunter; er hatte die Fähigkeiten, welche der Essäerschüler nur nach langen schweren Prüfungen durch die zweiundvierzig Stufen hindurch erreichen konnte. Von dem, der da herunterstieg, mußte man sagen: Er hat von vornherein die Fähigkeiten, um solche Anlagen zur Entwickelung zu bringen. – Sie waren mit ihm geboren, sagte man in den Essäergemeinden. Im Grunde aber war das, was in den Essäergemeinden gepflegt worden ist an Übungen und Reinigungen der Seele, die Fortsetzung einer Art Geheimschulung, die auch sonst seit uralten Zeiten innerhalb des Judentums bestanden hat.

Es gab im Judentum immer das, was man bezeichnete als Nasireat oder Nasiräertum. Dieses bestand darin, daß einzelne Menschen – auch schon vor der Entstehung der Therapeuten- und Essäersekten – auf sich ganz bestimmte Methoden der Seelen- und Körperentwickelung anwandten. Namentlich wandten die Nasiräer eine Methode an, die in einer gewissen Diät bestand und die auch heute noch in gewisser Beziehung nützlich ist, wenn der Mensch in seiner Seelenentwickelung rascher vorschreiten will, als es sonst möglich ist. Besonders enthielten sie sich vollständig der Fleischkost und des Weingenusses. Damit verschafften sie sich die Möglichkeit einer gewissen Erleichterung, weil in der Tat die Fleischkost den geistig strebenden Menschen in der Entwickelung aufzuhalten vermag. Es ist tatsächlich so – was keine Propaganda für den Vegetarismus sein soll –, daß durch die Enthaltung von der Fleischkost alles erleichtert wird. Der Mensch kann in der Seele widerstandskräftiger werden und sich stärker erweisen im Überwinden jener Widerstände und Hemmnisse, die aus dem physischen Leibe und Ätherleibe kommen, wenn die Fleischkost fortfällt. Ertragsamer, ertragfähiger wird dann der Mensch. Aber natürlich wird er es nicht dadurch, daß er sich bloß der Fleischkost enthält, sondern vor allem dadurch, daß er sich in seiner Seele stärker macht. Wenn er sich bloß vom Fleisch enthält, macht er damit nur seinen physischen Körper anders; und wenn dann das nicht vorhanden ist, was von der Seelenseite da sein soll und den Körper durchdringen soll, dann hat das Enthalten von Fleisch gar keinen besonderen Zweck.

Es bestand also dieses Nasiräertum. Unter einer viel strengeren Gestalt der Vorschriften aber setzten es die Essäer fort; sie nahmen noch ganz andere Dinge dazu. Alles, was ich Ihnen gestern und vorgestern erzählt habe, nahmen sie hinzu. Besonders aber pflegten sie strengste Enthaltung von der Fleischkost. Dadurch wurde verhältnismäßig rasch erreicht, daß solche Menschen lernten, ihre Erinnerung zu erweitern und hinaufzusehen über zweiundvierzig Generationen hinauf, daß sie lernten hineinschauen in die Geheimnisse der Akasha-Chronik. Sie wurden das, was man nennen kann eine Stammknospe an einem Zweig, eine Knospe an einem Baum, an einer Pflanze, die sich durch viele Generationen hindurchschlingt. Sie waren nicht bloß etwas Losgelöstes vom Baum der Menschheit; sie fühlten die Fäden, die sie banden an den Baum der übrigen Menschheit. Sie waren etwas anderes als die, welche sich vom Stamme loslösten und deren Gedächtnis sich einschränkte auf die einzelne Persönlichkeit. Solche Menschen benannte man nun auch innerhalb der Essäergemeinden mit einem Wort, das ausdrücken sollte «ein lebendiger Zweig», nicht ein abgeschnittener Zweig. Das waren solche Menschen, die sich darinnen fühlten in der Generationenfolge, sich nicht abgeschnitten fühlten vom Baum der Menschheit. Die Schüler, die im Essäertum namentlich diese Richtung pflegten, die die zweiundvierzig Stufen durchgemacht hatten, bezeichnete man als Nezer.

Auch aus dieser Klasse der Nezer hatte einen treuen, einen besonderen Schüler derjenige, den ich gestern als Lehrer innerhalb der Essäergemeinden genannt habe: Jesus, Sohn des Pandira. Denn dieser Jeshu ben Pandira, der den Okkultisten ziemlich genau bekannt ist, hatte fünf Schüler, von denen jeder einen besonderen Zweig der gemeinsamen großen Lehre des Jeshu ben Pandira übernahm und für sich dann fortsetzte. Diese fünf Schüler des Jeshu ben Pandira trugen folgende Namen: Mathai, Nakai, der dritte Schüler hatte, weil er besonders aus der Klasse der Nezer war, geradezu den Namen Nezer, dann Boni und Thona. Diese fünf Schüler oder Jünger des Jeshu ben Pandira, der ein Jahrhundert vor unserer Zeitrechnung in der schon erzählten Weise den Märtyrertod wegen Gotteslästerung und Häresie erlitten hat, pflanzten sozusagen in fünf verschiedenen Zweigen fort die große, umfassende Lehre des Jeshu ben Pandira. Insbesondere wurde – so lehrt die geisteswissenschaftliche Forschung – nach dem Tode des Jeshu ben Pandira die Lehre von der Zubereitung des Blutes für den zu erscheinenden Jesus des Matthäus-Evangeliums fortgepflanzt durch den Schüler Mathai. Und jene Lehre von der inneren Seelenverfassung, welche mit dem alten Nasireat, aber auch mit dem neueren Nezertum zusammenhing, wurde fortgesetzt von dem anderen großen Schüler des Jeshu ben Pandira, von Nezer. Und Nezer war insbesondere dazu ausersehen, eine kleine Kolonie zu gründen. Solcher Kolonien der Essäer gab es in Palästina eine ganze Anzahl, und in einer jeden wurde ein besonderer Zweig des Essäertums gepflegt. Das Nezertum, das besonders der Schüler Nezer weiter zu pflegen hatte, sollte vor allem in jener Kolonie gepflegt werden, die ein geheimnisvolles Dasein führte und im Grunde einen kleinen Ort nur bildete in der damaligen Zeit, in der Kolonie, die dann in der Bibel den Namen Nazareth empfing. Dort in Nazareth – Nezereth – war eine Essäerkolonie angelegt von Nezer, dem Schüler des Jeshu ben Pandira. Da waren Leute – in ziemlich strengem Geheimnis lebten sie –, die das alte Nasireat pflegten. Daher gab es, nachdem jene anderen Vorgänge sich vollzogen hatten, über die ich noch zu sprechen habe, nach der Übersiedelung nach Ägypten und der Rückkehr von dort für den Jesus des Matthäus-Evangeliums nichts Näherliegendes, als daß er in die Atmosphäre dieses Nezertums gebracht wurde. Das wird auch angedeutet mit dem entsprechenden Wort des Matthäus-Evangeliums nach der Rückkehr aus Ägypten: Er wurde in das Fleckchen Nazareth gebracht, «auf daß erfüllet würde, das da gesagt ist durch die Propheten: Er soll ein Nazaräer werden» (Matth. 2, 23). – Das ist in der verschiedensten Weise dann übersetzt worden, weil die Übersetzer den Sinn nicht recht kannten und keiner so recht wußte, was damit gemeint war. Darum handelte es sich: daß hier eine Essäerkolonie war, wo der Jesus zunächst heranwachsen sollte.

Jetzt aber wollen wir, bevor wir auf die anderen Details und namentlich auf die Beziehungen zu dem Jesus des Lukas-Evangeliums eingehen, nur noch in großen Zügen auf einiges bei dem Jesus des Matthäus-Evangeliums hinweisen. Alles, was zunächst im Matthäus-Evangelium geschildert wird, führt zurück auf die Geheimnisse, die Jeshu ben Pandira im Essäertum gelehrt hat, und die dann als Lehrgut fortgepflanzt hat sein Schüler Mathai, und schon die ersten Geheimnisse des Matthäus-Evangeliums weisen uns hin auf diesen Schüler Mathai. Durch alles, was sozusagen von dieser Seite herkam, welche das Matthäus-Evangelium charakterisiert, konnten zubereitet werden der physische Leib und der Ätherleib des Jesus des Matthäus-Evangeliums, wenn es sich selbstverständlich innerhalb der zweiundvierzig Generationen auch um Einflüsse auf den astralischen Leib handelte. Aber wenn wir auch gesagt haben, daß während der ersten vierzehn Generationen der physische Leib, während der zweiten vierzehn Generationen der Ätherleib, und daß für die dritten vierzehn Generationen – seit der babylonischen Gefangenschaft – der astralische Leib in Betracht kommt, so müssen wir doch festhalten, daß das, was auf diese Weise richtig zubereitet worden ist für den Zarathustra, nur brauchbar war für diese mächtige Individualität, insofern es physischer Leib und Ätherleib war.

Nun erinnern Sie sich, wie ich Ihnen immer gesagt habe, daß der Mensch in seiner einzelnen persönlichen Entwickelung von der Geburt bis zum siebenten Jahre vorzugsweise den physischen Leib entwickelt, daß er während der nächsten sieben Jahre, vom Zahnwechsel bis zur Geschlechtsreife, besonders den Ätherleib entwickelt; dann erst kommt die freie Entwickelung des astralischen Leibes. Was Entwickelung des physischen Leibes und Ätherleibes ist, sollte in dem besonderen physischen und Ätherleibe, die durch die mit Abraham beginnenden Generationen zubereitet worden sind, zum Abschluß kommen und von Zarathustra in der neuen Inkarnation durchlebt werden. Dann aber, wenn er bis zum Ende der Entwickelung des Ätherleibes gekommen war, war das, was ihm zubereitet worden war, nicht mehr genügend, und er mußte nun heranschreiten an die Entwickelung des astralischen Leibes.

Dazu geschieht nun das Gewaltige und Wunderbare, ohne dessen Verständnis wir das ganze große Mysterium von dem Christus Jesus nicht begreifen können. Die Zarathustra-Individualität entwickelte sich während der Knabenzeit im physischen Leibe und Ätherleibe des Jesus des Matthäus-Evangeliums bis zum zwölften Jahre; denn bei dieser Individualität und vermöge des Klimas trat der Zeitpunkt, den wir für unsere Gegenden als den des vierzehnten, fünfzehnten Jahres bezeichnen, etwas früher ein. Da war bis zum zwölften Jahre alles erreicht, was in dem entsprechend zubereiteten physischen und Ätherleibe der salomonischen Linie erreicht werden konnte. Und da verließ in der Tat die Zarathustra-Individualität diesen physischen Leib und

Ätherleib, von denen im Matthäus-Evangelium zunächst die Rede ist, und ging über in den Jesus des Lukas-Evangeliums. Denn aus den Vorträgen über das Lukas-Evangelium wissen wir schon, daß in der Tat mit der Erzählung vom zwölfjährigen Jesus im Tempel, wie sie Lukas erzählt (Luk. 2, 42–50), folgendes gemeint ist: Da, wo plötzlich der Jesusknabe des Lukas-Evangeliums seinen Eltern so entgegentritt, daß sie ihn gar nicht verstehen können, wo er ein ganz anderer ist, da hat sich vollzogen, daß in sein Inneres eingezogen ist die Zarathustra-Individualität, die bis dahin ihre Entwickelung in dem physischen Leib und Ätherleib des salomonischen Jesus durchgemacht hat. – Solche Dinge gibt es im Leben, so schwer sie auch heute bei der Natur der laienhaften materialistischen Weltanschauung geglaubt werden. Der Übergang einer Individualität aus einem Leib in einen anderen Leib kommt vor. Und damals fand so etwas statt, als die Zarathustra-Individualität den ursprünglichen Leib verließ und hinüberdrang in den Jesus des Lukas-Evangeliums, in dem nun besonders zubereitet war der astralische Leib und der Ich-Träger.

So konnte Zarathustra in dem besonders zubereiteten astralischen Leibe und Ich des nathanischen Jesus vom zwölften Jahre ab die Weiterentwickelung fortführen. Das wird uns im Lukas-Evangelium in einer so großartigen Weise dargestellt, wo auf das Ungeheuerliche hingewiesen wird, daß der zwölfjährige Jesus im Tempel unter den Schriftgelehrten sitzt und Dinge sagt, die ganz merkwürdig klingen. Wodurch konnte das der Jesus der nathanischen Linie? Er konnte es, weil in diesem Moment die Zarathustra-Individualität in ihn «hineingefahren» war. Zarathustra hat aus diesem Knaben, der damals nach Jerusalem gebracht worden war, bis zum zwölften Jahre nicht gesprochen; daher war die Charakterveränderung so stark, daß die Eltern ihn nicht wiedererkannten, als sie ihn zwischen den Schriftgelehrten sitzend wiederfanden.

So haben wir es also mit zwei Elternpaaren zu tun, die beide Joseph und Maria heißen – so haben damals viele geheißen; aber aus den Namen Joseph und Maria etwas abzuleiten bei der Art, wie man heute Namen versteht, das ist etwas, was jeder wahrhaften Forschung widerspricht –, und mit zwei Jesusknaben. Von dem einen, dem Jesus der salomonischen Linie des Hauses David, kündet uns die Geschlechterfolge des Matthäus-Evangeliums. Der andere Knabe, der Jesus der nathanischen Linie, ist der Sohn eines ganz anderen Elternpaares, und von ihm berichtet das Lukas-Evangelium. Die beiden Knaben wachsen nebeneinander auf und werden nebeneinander bis zu ihrem zwölften Jahre entwickelt. Das können Sie in den Evangelien finden. Das Evangelium spricht überall richtig. Und so lange man nicht wollte, daß die Leute die Wahrheit erführen, oder die Leute die Wahrheit nicht hören wollten, hat man ihnen auch die Evangelien vorenthalten. Man muß die Evangelien nur verstehen; sie sprechen richtig.

Der Jesus aus der nathanischen Linie wächst heran mit einer ungeheuren Innerlichkeit. Wenig geschickt ist er, äußere Weisheit und äußere Kenntnisse sich anzueignen. Er ist aber von einer schier unbegrenzten Innigkeit des Gemüts, von einer schier unbegrenzten Liebefähigkeit, weil in seinem Ätherleibe jene Kraft lebte, die herunterströmte aus der Zeit, da der Mensch noch nicht in eine irdische Inkarnation hinuntergestiegen war, wo er noch ein göttliches Dasein führte. Das göttliche Dasein lebte in ihm in einer unbegrenzten Liebefähigkeit. So war dieser Knabe wenig geeignet für das, was die Menschen durch die Inkarnationen hindurch sich angeeignet haben durch die Werkzeuge des physischen Körpers; dagegen groß und ungeheuer durchdrungen von Liebeswärme war er in bezug auf seine Seele, in bezug auf sein Inneres. So sehr war er innerlich, daß sich etwas abspielte, was diejenigen, die davon wußten, hinwies auf die ganze große Innerlichkeit dieses Knaben. Was der Mensch sonst nur an der Außenwelt entzündet, das konnte der Jesus des Lukas-Evangeliums in gewisser Weise von Anfang an: er sprach gewisse Worte gleich nach seiner Geburt, die seiner Umgebung verständlich waren. So war er groß in bezug auf alles Innerliche, ungeschickt in bezug auf alles, was durch die Generationen der Menschheit auf der Erde selbst zu erringen war. Und sollten nicht die Eltern aufs höchste überrascht gewesen sein, als sich ihnen jetzt innerhalb dieser so herangewachsenen Leiblichkeit plötzlich ein Knabe zeigte, der von allem durchdrungen war, was äußere Weisheit ist, was man sich mit äußeren Werkzeugen aneignen muß? Diese so plötzliche, so gewaltige Umänderung war deshalb möglich, weil in jenem Moment die Zarathustra-Individualität von dem salomonischen Jesusknaben auf diesen Jesus der nathanischen Linie übergegangen war. Zarathustra, Zarathas sprach aus diesem Knaben in dem Moment, der uns geschildert wird, als ihn die Eltern im Tempel suchten.

Zarathustra hatte sich natürlich alle jene Fähigkeiten angeeignet, die man sich aneignen kann durch den Gebrauch der Instrumente des physischen Leibes und des Ätherleibes. Er hatte sich aussuchen müssen die Blutlinie der salomonischen Richtung und die dadurch zubereitete Leiblichkeit, weil dort die starken Kräfte vorhanden und aufs höchste ausgebildet waren. Aus dieser Leiblichkeit nahm er, was er sich aneignen konnte, und das verband er nun mit dem, was aus jener Innerlichkeit stammte, die aus der Jesusgestalt des Lukas-Evangeliums herkam, die herabzog von einer Zeit, da der Mensch noch nicht in einer irdischen Inkarnation war. Diese beiden Dinge verbanden sich jetzt zu einem. *Eine* Wesenheit haben wir jetzt vor uns. Und zum Überflusse, möchte ich sagen, werden wir jetzt noch auf etwas Besonderes aufmerksam gemacht: Nicht nur die Eltern des Lukas-Jesus nahmen eine besondere Veränderung wahr, fanden etwas, was sie nicht voraussetzen konnten, sondern diese Veränderung zeigt sich auch äußerlich. Warum wird da, als der Jesusknabe von seinen Eltern unter den Schriftgelehrten im Tempel gefunden wird, ganz besonders angeführt: «Und er ging mit ihnen hinab und kam gen Nazareth ... Und Jesus nahm zu an äußerer physischer Wohlgestalt, nahm zu an edelsten Gewohnheiten und nahm zu an Weisheit»? (Luk. 2, 51–52.) Warum werden diese drei Eigenschaften genannt? Weil es drei Eigenschaften waren, die ihm besonders jetzt eignen konnten, wo die Zarathustra-Individualität in ihm war.

Ich bemerke ausdrücklich, daß diese drei Worte gewöhnlich in den gebräuchlichen Bibeln übersetzt werden: «Und Jesus nahm zu an Weisheit, Alter und Gnade bei Gott und den Menschen.» Ich möchte wissen, ob man wirklich ein Evangelium braucht, um zu sagen: ein zwölfjähriger Knabe nimmt zu an Alter? Sie finden sogar in der Übersetzung von *Weizsäcker:* «Und Jesus nahm zu an Weisheit und Gestalt und Gnade bei Gott und Menschen.» Das ist aber alles nicht gemeint; sondern gemeint ist, daß jetzt eine Individualität in dem nathanischen Jesusknaben war, die nicht, wie früher, bloß innerlich war, die sich äußerlich nicht ankündigte, sondern die jetzt, weil sie sich herangebildet hatte in einem vollendeten physischen Leib, auch überging in die äußere physische Wohlgestalt. Aber auch, was in dem Ätherleibe besonders gepflegt wird, was man sich im Ätherleibe aus dem Leben an Gewohnheiten aneignet und ausbildet, das war früher bei dem nathanischen Jesus nicht vorhanden. Bei diesem trat auf eine gewaltige Anlage zur Liebefähigkeit, und darauf konnte jetzt weiter gebaut werden. Aber diese Anlage war mit einem Schlage da, die konnte sich nicht in die Gewohnheiten hineinpressen. Jetzt aber war die andere Individualität da, die in sich die Kräfte hatte aus einem Heranwachsen des physischen Leibes und des Ätherleibes, und jetzt konnten sich auch äußerlich Gewohnheiten zeigen und in den Ätherleib hineingießen. Das ist das zweite, an dem der Jesusknabe zunahm. Das dritte, «an Weisheit», ist schon etwas selbstverständlicher. Der Jesus des Lukas-Evangeliums war nicht weise; er war ein im höchsten Grade liebefähiges Wesen. Aber das Zunehmen an Weisheit war dadurch gegeben, daß die Zarathustra-Individualität in ihn einzog.

Ich habe schon bei Besprechung des Lukas-Evangeliums gesagt, daß es sehr leicht sein kann, daß eine Persönlichkeit, die von der Individualität verlassen wird und nur die drei Leiber, physischen Leib, Ätherleib, astralischen Leib noch hat – denn die bleiben dabei zurück –, eine Zeitlang noch leben kann. Was aber von dem salomonischen Jesus zurückgeblieben war, das siechte hin und starb in der Tat bald darnach. Das heißt: Der eigentliche Jesusknabe der ersten Kapitel des Matthäus-Evangeliums starb verhältnismäßig bald nach seinem zwölften Jahre. So haben wir also zunächst nicht *einen* Jesusknaben, sondern wir haben *zwei;* dann aber werden diese zwei *einer*.

Manchmal sprechen die Urkunden aus alten Zeiten sehr merkwürdige Dinge aus, die man allerdings dann verstehen muß, und man kann sie nur verstehen, wenn man die entsprechenden Tatsachen kennt. Auf die nähere Art, wie die beiden Knaben zusammenkommen, werden wir noch eingehen; jetzt soll nur eines erwähnt werden.

In dem sogenannten «Ägypter-Evangelium» findet sich eine merkwürdige Stelle, die schon in den ersten Jahrhunderten als sehr ketzerisch angesehen wurde, weil man darüber in christlichen Kreisen nicht die Wahrheit hören wollte, oder sie nicht aufkommen lassen wollte. Aber es gibt etwas, was sich erhalten hat als ein apokryphes Evangelium und darinnen wird gesagt, «daß das Heil erscheinen wird in der Welt, wenn die Zwei Eines und das Äußere wie das Innere werden wird». Dieser Satz ist ein genauer Ausdruck des Tatbestandes, den ich Ihnen eben aus den okkulten Tatsachen heraus geschildert habe. Davon hängt das Heil ab, daß die zwei einer werden. Und sie wurden einer, als im zwölften Jahr die Zarathustra-Individualität überging in den nathanischen Jesus, und das Innere wurde äußerlich. Die Seelenkraft des Jesus des Lukas-Evangeliums war etwas gewaltiges Innerliches. Aber dieses Innerliche wurde ein Äußerliches, indem die Zarathustra-Individualität, die an dem Äußeren, an dem physischen Leib und Ätherleib des salomonischen Jesus sich herangebildet hatte, diese Innerlichkeit durchdrang und sie gleichsam mit den Kräften durchsetzte, die am physischen und Ätherleibe herangebildet waren. Da durchdrang diesen physischen Leib und Ätherleib des nathanischen Jesus ein Kräftiges von innen heraus, so daß das Äußere jetzt ein Ausdruck des Inneren werden konnte, jenes Inneren, das früher ein Inneres geblieben war, bevor der Lukas-Jesusknabe von der Zarathustra-Individualität durchdrungen worden war. – So waren die zwei eins geworden.

Wir haben jetzt verfolgt den Zarathustra von seiner Geburt als der Jesusknabe des Matthäus-Evangeliums bis zu seinem zwölften Jahre, wo er seinen ursprünglichen Leib zurückließ und einnahm die Leiblichkeit des nathanischen Jesus, die er jetzt weiter ausbildete, so weit ausbildete, daß er sie wirklich später auf einer gewissen Höhe hinopfern konnte als seine drei Leiber zur Aufnahme jener Wesenheit, die wir dann als den Christus bezeichnen.

SIEBENTER VORTRAG

Bern, 7. September 1910

Wenn wir die ganze Bedeutung des Christus-Ereignisses für die Evolution der Menschheit verstehen wollen, müssen wir zunächst einer Tatsache noch einmal Erwähnung tun, welche diejenigen von Ihnen bereits kennen, die im vorigen Jahr in Basel die Vorträge über das Lukas-Evangelium angehört haben. Wir müssen diese Tatsache um so mehr erwähnen, weil wir in dieser Stunde die Hauptpunkte der Christus-Tatsache einmal vor unsere Seele hinstellen wollen, um dann in den nächsten Stunden sozusagen mehr die Details in das Bild hineinzumalen, das wir mit einigen großen Strichen heute zeichnen wollen. Um aber diese großen Striche zu bekommen, ist es notwendig, daß wir uns eines Grundgesetzes der Menschheitsevolution erinnern, nämlich des Gesetzes, daß im Laufe der Entwickelung die Menschen immer neue und neue Fähigkeiten aufnehmen, zu immer größeren und größeren Vervollkommnungsstufen – wenn wir sie so nennen wollen – aufsteigen. Äußerlich trivial ist Ihnen ja diese Tatsache gegeben, wenn Sie auch nur geschichtlich zurückblicken in den kurzen Zeitraum, der eben durch eine äußere Geschichte umfaßt werden kann, wo gewisse Fähigkeiten im Menschen noch nicht entwickelt waren, und dann verfolgen durch die Zeitenwende hindurch, wie sich im Laufe der Zeit neue Fähigkeiten in den Menschen hineinergossen haben und endlich unsere heutige Kultur herbeigeführt haben. Damit aber eine ganz bestimmte Fähigkeit in der menschlichen Natur erwachen und dann nach und nach eine allgemeine Fähigkeit der Menschen werden kann, eine Fähigkeit, die sich sozusagen ein jeder in gehöriger Zeit erwerben kann, dazu ist notwendig, daß diese Fähigkeit in einem ganz besonders bedeutsamen Sinne zuerst irgendwo auftritt.

Bei der Besprechung des Lukas-Evangeliums im vorigen Jahre habe ich auf den «achtgliedrigen Pfad» aufmerksam gemacht, den die Menschheit verfolgen kann, wenn sie sich an das hält, was durch Gautama Buddha in die Menschheitsentwickelung eingeflossen ist. Sie können diesen achtteiligen Pfad in der Art, wie es gewöhnlich geschieht, bezeichnen als: richtige Meinung, richtiges Urteilen, richtiges Wort, richtige Handlungsweise, richtiger Standort, richtige Gewohnheiten, richtiges Gedächtnis und richtige Beschaulichkeit. Das sind gewisse Eigenschaften der menschlichen Seele. Wir können sagen: Seit den Zeiten, da Gautama Buddha gelebt hat, ist die Menschennatur bis zu einer solchen Stufe eben emporgestiegen, daß es möglich geworden ist, daß der Mensch in sich selber, wie eine innere Fähigkeit der Menschennatur, nach und nach die Eigenschaften dieses achtgliedrigen Pfades entwickeln kann. Vorher aber, bevor Gautama Buddha in der Buddha-Inkarnation auf der Erde gelebt hat, war es noch nicht zur Menschennatur gehörig, daß man sich diese Eigenschaften erwerbe. Also halten wir fest: Damit sich diese Eigenschaften nach und nach in der Menschennatur entwickeln können, war die Tatsache notwendig, daß einmal durch das Anwesendsein einer so hohen Wesenheit wie die des Gautama Buddha, in der physischen Menschennatur der Anstoß dazu gegeben wurde, daß nun durch Jahrhunderte, durch Jahrtausende hindurch diese Fähigkeiten sich als selbständige im Menschen entwickeln können. Ich habe damals erwähnt, daß sich nun diese Fähigkeiten bei einer größeren Anzahl von Menschen als selbständige entwickeln werden; und wenn eine genügend große Anzahl von Menschen diese Fähigkeiten erlangt haben wird, dann wird die Erde reif sein, den nächsten Buddha, den Maitreya Buddha, der jetzt ein Bodhisattva ist, zu empfangen.

So haben wir zwischen diesen zwei Ereignissen jene Entwickelung eingeschlossen, in der sich die Menschen in einer genügend großen Anzahl die höheren intellektuellen, moralischen und Gemütseigenschaften aneignen sollen, die mit dem achtteiligen Pfad bezeichnet werden. Aber damit ein solcher Fortschritt zustande kommen kann, dazu gehört, daß einmal durch eine besonders hohe Individualität in einem besonderen Ereignis der Anstoß zur Fortentwickelung gegeben wird. Einmal also ist es geschehen, daß in einem einzigen Menschen, nämlich in der Persönlichkeit des Gautama Buddha, alle diese Eigenschaften des achtteiligen Pfades umfassend vorhanden waren. Und damit gab diese Persönlichkeit den Impuls, daß nun alle Menschen diese Eigenschaften sich aneignen können.

So ist das Gesetz der Menschheitsevolution: Einmal muß so etwas in ganz umfassendem Sinne in einer Persönlichkeit dastehen, dann fließt es nach und nach, wenn auch erst durch Jahrtausende, in die Menschheit ein, so daß alle Menschen diesen Impuls aufnehmen und jene Fähigkeiten entwickeln können.

Was durch das Christus-Ereignis in die Menschheit einfließen soll, das ist nun etwas, was dazu nicht etwa fünf Jahrtausende brauchen wird wie dasjenige, was durch Gautama Buddha in die Menschheit kommen sollte. Was durch die Christus-Wesenheit in die Menschheit eingeflossen ist, das wird für den ganzen übrigen Rest der Erdenevolution in der Menschheit als besondere Fähigkeit sich ausleben und auswirken. Aber was ist es denn eigentlich, was in einer ähnlichen Weise – nur als ein unendlich viel großartigerer Impuls als der des Buddha – durch das Christus-Ereignis gekommen ist?

Wenn wir uns vor die Seele stellen wollen, was durch das Christus-Ereignis in die Menschheit gekommen ist, so können wir es folgendermaßen charakterisieren: Was in allen alten, vorchristlichen Zeiten lediglich innerhalb der Mysterien hat an den Menschen herankommen können, das ist, seit dem Christus-Ereignis, in einer gewissen Weise möglich geworden – und wird immer mehr und mehr möglich werden – als eine allgemeine Eigenschaft der Menschennatur. Wie das? Da müssen wir uns vor allen Dingen einmal das Wesen der alten Mysterien und das Wesen der Einweihung in den vorchristlichen Zeiten klarmachen.

Diese Einweihung war ja bei den verschiedenen Völkern des Erdkreises verschieden und war auch in der nachatlantischen Zeit verschieden. Es war der ganze Umfang der Einweihung so verteilt, daß einen besonderen Teil der Einweihung diese oder jene Völker durchmachten, während ein anderer Teil der Einweihung oder Initiation bei anderen Völkern durchgemacht wurde. Wer auf dem Boden der Wiederverkörperung steht, wird sich die Antwort selbst geben können, die etwa durch die Frage herausgefordert sein könnte: Warum konnte nicht jedes Volk in den alten Zeiten den ganzen Umfang der Initiation haben? Das war aus dem Grunde nicht notwendig, weil eine Seele, die in einem Volke geboren wurde und dort einen Teil der Initiation durchmachte, nicht auf diese eine Inkarnation in diesem Volke beschränkt war, sondern abwechselnd in anderen Völkern wiederinkarniert wurde und dort den entsprechend anderen Teil der Initiation durchmachen konnte.

Wenn wir uns das Wesen der Initiation klarmachen wollen, müssen wir sagen: Initiation, Einweihung, ist das Hineinschauen des Menschen in die geistige Welt, die seinem sinnlichen Anschauen und äußeren Verstande, der an die Werkzeuge des physischen Leibes gebunden ist, nicht gegeben werden kann. Der Mensch hat sozusagen im normalen Leben zweimal innerhalb vierundzwanzig Stunden Gelegenheit, dort zu sein, wo der Initiierte auch ist. Nur ist der Initiierte in einer anderen Weise dort als der Mensch im normalen Erdenleben. Also eigentlich ist der Mensch immer dort, nur weiß er nichts davon. Der Initiierte aber weiß es. Der Mensch weilt bekanntlich innerhalb vierundzwanzig Stunden seines Lebens in einem Wach- und einem Schlafzustande. Wir haben es hinlänglich charakterisiert, so daß es jedem geläufig ist, wie der Mensch beim Einschlafen heraustritt mit seinem Ich und astralischen Leib aus seinem physischen Leib und Ätherleib. Da ergießt er sich mit seinem Ich und astralischen Leib in unseren ganzen, uns zunächst angehenden Kosmos und zieht aus dem Kosmos die Strömungen heran, die er braucht während des wachen Tageslebens. Der Mensch ist also in der Tat vom Einschlafen bis zum Aufwachen über die ganze ihn angehende Welt ausgegossen. Aber er weiß nichts davon. Sein Bewußtsein erlischt im Augenblick des Einschlafens, wo astralischer Leib und Ich heraustreten aus dem physischen und Ätherleib, so daß der Mensch zwar in der großen Welt, im Makrokosmos lebt während des Schlafzustandes, aber er weiß nichts davon im normalen Erdendasein. – Darin besteht nun gerade die Initiation, daß der Mensch lernt, nicht nur unbewußt dort zu leben, wo er ausgegossen ist über den ganzen Kosmos, sondern daß er lernt, bewußt alles mitzumachen, bewußt hineinzukriechen in das Dasein der mit unserer Erde verbundenen anderen Weltenkörper. Das ist das Wesen der Initiation in die große Welt hinein.

Wenn der Mensch unvorbereitet einschlafen würde und wahrnehmen könnte, was in derjenigen Welt ist, in der er im Schlafzustande lebt, dann würde er durch den mächtigen, den grandiosen Eindruck, der sich ihm bietet, etwas erleben, was man nur vergleichen kann mit dem Geblendetwerden des nicht dazu vorbereiteten Auges durch die Sonnenstrahlen und Lichtstrahlen. Eine kosmische Blendung würde der Mensch erleben und getötet werden in seiner Seele durch diese Blendung. Und alle Initiation beruht darauf, daß der Mensch nicht unvorbereitet, sondern vorbereitet und mit gestärkten Organen, so daß er den Anprall aushalten kann, in die große Welt, in den Makrokosmos eintritt. Das ist das eine, was wir als das Wesen der Initiation zu schildern haben: das Einleben in die Welt, das Durchleuchtetwerden, das Wahrnehmbarwerden der Welt, in welcher der Mensch in der Nacht ist und wovon er im Schlafzustande nichts weiß.

Dieses Verweilen in der großen Welt ist besonders deshalb blendend und verwirrend, weil der Mensch in der Sinnenwelt an ganz andere Verhältnisse gewöhnt ist, als diejenigen sind, die er dann in der großen Welt antrifft. In der Sinnenwelt ist der Mensch daran gewöhnt, sozusagen alle Dinge von einem einzigen Gesichtspunkte aus zu betrachten; und wenn er irgend etwas an sich herankommen lassen soll, was nicht genau übereinstimmt mit den Meinungen, die er sich von dem einen Gesichtspunkt aus gebildet hat, dann ist das für ihn falsch, dann stimmt das nicht für ihn. Wenn man mit dieser Ansicht, daß alle Dinge in dieser Weise konform sein sollen – eine Ansicht, die ja für das Leben auf dem physischen Plan ganz nützlich und bequem ist –, durch die Initiation hinausgehen wollte in den Makrokosmos, so würde man nie zurechtkommen. Denn so, wie der Mensch in der Sinnenwelt lebt, konzentriert er sich auf eine Art Punkt, und von diesem Punkt, von seinem Schneckenhaus aus, beurteilt er alle Verhältnisse. Was dann stimmt mit dem, was er sich als Meinung gebildet hat, das ist wahr; was nicht dazu stimmt, ist falsch. Wenn er nun aber die Initiation durchmacht, muß er hinausgehen in die große Welt. Nehmen wir einmal an, es ginge der Mensch in einer bestimmten Richtung hinaus, so würde er nur erleben, was gerade in dieser Richtung liegt, und alles andere unbeachtet lassen, das bliebe ihm dann unbekannt. Aber der Mensch kann gar nicht nur nach einer Richtung in den Makrokosmos hinausgehen, sondern er muß nach allen möglichen Richtungen gehen. Das

Hinausgehen ist ein Ausdehnen, ein Sich-Ausweiten in den Makrokosmos. Da hört ganz und gar die Möglichkeit auf, einen einzigen Standpunkt zu haben. Da muß man die Welt betrachten können von dem einen Punkt gleichsam auf sich hin – weil man auch zurückschaut –, aber man muß auch in die Lage kommen können, die Welt von einem zweiten und einem dritten Gesichtspunkt aus anzusehen. Das heißt, man muß vor allen Dingen entwickeln eine gewisse Labilität des Anschauens; man muß eine Möglichkeit der Allseitigkeit gewinnen.

Natürlich ist es ja auch dabei so, daß wir nicht mit unendlichen Verhältnissen rechnen können, sondern nur mit Durchschnittsverhältnissen. Und in der Tat brauchen Sie nicht gleich zu fürchten, daß unendlich viele Gesichtspunkte erreicht werden müssen, wie es in der Theorie möglich ist, sondern es genügen für alle Verhältnisse, die überhaupt an den Menschen herantreten können, zwölf Gesichtspunkte, die wieder symbolisiert werden in der Sternensprache der Mysterienschulen durch die zwölf Bilder des Tierkreises. Der Mensch muß zum Beispiel nicht nur in der Richtung des Krebses hinausrücken in den Kosmos, sondern so, daß er sich wirklich von zwölf verschiedenen Gesichtspunkten aus die Welt anschaut. Da hilft es nichts, wenn man in einer abstrakten, verstandesmäßigen Sprache Einklänge sucht. Den Einklang kann man hinterher suchen in den verschiedenen sich ergebenden Anschauungsweisen. Zuerst ist es notwendig, daß man von verschiedenen Seiten aus die Welt betrachtet.

Ich möchte dabei wie in Parenthese darauf aufmerksam machen, daß es in allen denjenigen Weltbewegungen, die auf okkulten Wahrheiten beruhen, sozusagen eine Crux, ein Kreuz ist, daß man die Gewohnheiten des Lebens, die sonst gelten, so leicht hineinträgt in diese Bewegungen. Wenn man nun genötigt ist, die auf dem Wege der übersinnlichen Forschung erreichten Wahrheiten mitzuteilen, so ist es notwendig, auch wenn man nur exoterisch schildert, daß das befolgt wird, daß man von verschiedenen Gesichtspunkten aus schildert. Und diejenigen, die schon seit Jahren unsere Bewegung recht aufmerksam verfolgen, werden wohl bemerkt haben, daß es im Grunde immer unser Bestreben gewesen ist, nicht einseitig zu schildern, sondern von den verschiedensten Gesichtspunkten aus. Das ist natürlich auch der Grund, warum solche Menschen, die alles nur beurteilen wollen nach den gewöhnlichen Usancen des physischen Planes, da und dort Widersprüche finden; denn eine Sache schaut allerdings anders aus, wenn man sie von der einen oder von der anderen Seite aus ansieht. Da kann man leicht Widersprüche finden. Es sollte allerdings in einer geisteswissenschaftlichen Bewegung ihr erster Grundsatz auch dahin ein wenig ausgedeutet werden, daß man berücksichtigt, wenn irgend etwas gesagt wird, was scheinbar anders klingt als etwas, was einmal anderwärts gesagt wurde, daß dann unter Umständen da oder dort nur von einem gewissen Gesichtspunkt aus geschildert worden ist. Damit aber nicht unter uns selber ein solcher ungerechter Widerspruchsgeist herrsche, wird gerade das befolgt, daß von den verschiedenen Seiten aus geschildert wird. So konnten zum Beispiel die Teilnehmer des vorjährigen Münchener Zyklus «Die Kinder des Luzifer und die Brüder Christi» weite Weltengeheimnisse vom Standpunkte der orientalischen Philosophie aus geschildert finden. Aber notwendig ist es für den, der auf dem charakterisierten Wege hinauskommen will in den Kosmos, daß er sich Beweglichkeit, Labilität des Anschauens aneignet. Wenn er das nicht will, gerät er eben in ein Labyrinth hinein. Denn man muß bedenken, daß es wahr ist, daß der Mensch sich zwar nach der Welt richten kann, daß aber auch dieses wahr ist, daß sich die Welt nicht nach dem Menschen richtet. Wenn der Mensch mit Vorurteilen hinausgeht nur nach einer Richtung und auf diesem Standpunkte stehenbleiben will, so wird es geschehen, daß die Welt sich mittlerweile vorwärtsbewegt, er aber bleibt zurück in der Evolution. Wenn der Mensch zum Beispiel, um mit den Bildern der Sternenschrift zu sprechen, sozusagen nur hinausgehen will in die Richtung des Widders und zu stehen glaubt im Sternbild des Widders, und die Welt ihm nun infolge ihrer Weiterbewegung vor die Augen führt, was im Sternbild der Fische ist, dann schaut er das, was aus den Fischen kommt – symbolisch in der Sternensprache gesprochen – als ein Erlebnis des Widders an. So kommt dann die Verwirrung, und der Mensch befindet sich dann tatsächlich im Labyrinth darinnen. Darum handelt es sich, daß berücksichtigt werde, daß der Mensch in der Tat zwölf Standpunkte, zwölf Gesichtspunkte braucht, um sich im Labyrinth des Makrokosmos zurechtzufinden.

Das ist das eine, was wir zunächst als eine Charakteristik des Sich-Hinauslebens in den Makrokosmos hinnehmen wollen. Aber noch in einer anderen Weise ist der Mensch in der göttlich-geistigen Welt, ohne etwas davon zu wissen, nämlich während der anderen Zeit der vierundzwanzig Stunden des Tages. Beim Aufwachen taucht der Mensch zwar in den physischen Leib und Ätherleib hinein, aber er nimmt nichts davon wahr. Denn im Augenblick des Aufwachens, wo er hineintaucht, wird der Mensch sogleich mit seiner Wahrnehmung auf die Außenwelt abgelenkt. Er würde ganz etwas anderes wahrnehmen, wenn er bewußt hinuntertauchen würde in seinen physischen Leib und Ätherleib.

So wird der Mensch bewahrt vor dem bewußten Hineinleben in den Makrokosmos, für den er nicht vorbereitet ist, durch den Schlafzustand. Und er wird bewahrt vor dem bewußten Hinunterleben in den physischen Leib und Ätherleib dadurch, daß seine Wahrnehmungsfähigkeit auf die Außenwelt abgelenkt wird. Die Gefahr nun, die für den Menschen eintreten würde, wenn er unvorbereitet hinuntersteigen würde in seinen physischen Leib und Ätherleib, ist eine etwas andere als die kosmische Blendung und Verwirrung, die wir geschildert haben als die Gefahr beim unvorbereiteten Hinausdringen in den Makrokosmos.

Wenn der Mensch unvorbereitet die Natur seines physischen Leibes und Ätherleibes betritt und sich mit ihr identifiziert, dann geschieht es, daß sich dasjenige zu einer besonderen Stärke entwickelt, wozu er eigentlich den irdischen physischen Leib und Ätherleib erhalten hat. Wozu hat er diese beiden erhalten? Damit er in einer Ich-Natur leben kann, ein Ich-Bewußtsein entwickeln kann. Aber das Ich kommt unvorbereitet, ungereinigt und ungeläutert in die Welt des physischen Leibes und Ätherleibes. Wenn der Mensch unvorbereitet hinuntersteigt in den physischen Leib und Ätherleib, wird er so ergriffen, daß das mystische Wahrnehmen, das nun eintritt, ausschließt die innere Wahrheit, indem sich Trugbilder vor den Menschen hinstellen. Dafür, daß sich der Mensch den Blick eröffnet in die eigene innere Natur, wird er verbunden mit all dem, was an egoistischen Wünschen und Schlechtigkeiten, an egoistischen Trieben und so weiter in ihm ist. Damit verbindet er sich sonst nicht; denn während des Tages wird sein Blick auf die Erlebnisse der Außenwelt abgelenkt, und die sind gar nichts gegen das, was sich aus der eigenen Natur des Menschen heraus entwickeln kann.

Ich habe schon zu anderen Zeiten erwähnt, was die christlichen Märtyrer und Heiligen uns als ihre Erlebnisse beschreiben, wenn sie sich zunächst mit ihrer eigenen Natur verbanden und sich hineinversenkten in das, was in ihrem Inneren lebte. Es sei darauf aufmerksam gemacht, daß es dasselbe ist wie das, worauf wir hier hinweisen wollen, und daß diese christlichen Heiligen durch das Ausschließen der Wahrnehmung nach außen und das Hinabsteigen nach innen uns beschreiben, von welchen Versuchungen und Verführungen sie ergriffen worden sind. Die darin gegebenen Schilderungen entsprechen durchaus der Wahrheit. Daher ist es eigentlich im Grunde ungeheuer belehrend, die Biographien der Heiligen von diesem Gesichtspunkte aus zu studieren, zu sehen, wie die Leidenschaften, Emotionen, Triebe und alles, was in dem Menschen sitzt, arbeiten, und wovon der Mensch abgelenkt wird, wenn er im normalen Leben den Blick auf die Außenwelt richtet. – So können wir sagen: Es wird beim Hinuntersteigen in das eigene Innere der Mensch gleichsam auf seine Ichheit zusammenkomprimiert, ganz in seine Ichheit verstrickt, in jenen Punkt intensiv zusammengedrängt, wo er nichts anderes sein will als ein Ich, wo er gar nichts anderes mag, als seine eigenen Wünsche und Begierden zu befriedigen, wo gerade das Schlechte, das im Menschen ist, sein Ich ergreifen will. Das ist die Stimmung, die sich dabei geltend macht.

So sehen wir, wie einerseits die Gefahr der Blendung für den Menschen eintritt, wenn er sich unvorbereitet ausweiten will in den Kosmos, und anderseits, wie er zusammengezogen, zusammenkomprimiert wird, ganz in sein Ich hineingedrängt wird, wenn er sich unvorbereitet in den eigenen physischen Leib und Ätherleib hineinversenkt.

Es besteht aber auch noch eine andere Seite der Initiation, die wiederum bei gewissen anderen Völkern ausgebildet worden ist. Während die eine Seite, das Hinausgehen in den Makrokosmos, besonders bei den arischen und nördlichen Völkern ausgebildet worden ist, ist die andere Seite in hohem Grade bei den Ägyptern ausgebildet gewesen.

Es gibt auch diese Initiation, wo sich der Mensch dem Göttlichen dadurch nähert, daß er den Blick nach innen richtet und durch Verinnerlichung, durch Hinuntersteigen in die eigene Natur, die Wirksamkeit des Göttlichen in seiner eigenen Natur kennenlernt.

In den alten Mysterien war die gesamte Menschheitsentwickelung noch nicht so weit, daß sozusagen die Initiation – sei sie nun hinaus in den Makrokosmos, sei sie hinein in den Menschen selbst, in den Mikrokosmos gerichtet – so ausgeführt werden konnte, daß man den Menschen ganz sich selbst überließ. Wenn zum Beispiel eine ägyptische Initiation ausgeführt wurde und der Mensch hineingeleitet wurde in die Kräfte seines physischen Leibes und Ätherleibes, so daß er vollbewußt die Ereignisse seines physischen Leibes und Ätherleibes erlebte, dann sprühten gleichsam von allen Seiten heraus aus seiner astralischen Natur die furchtbarsten Leidenschaften und Emotionen; dämonische, diabolische Welten kamen aus ihm heraus. Deshalb brauchte in den ägyptischen Mysterien derjenige, der als Hierophant arbeitete, Gehilfen, die in Empfang nahmen, was da herauskam, und es durch ihre eigene Natur hindurch ableiteten. Daher die zwölf Gehilfen des Initiators, welche die herauskommenden Dämonen in Empfang nehmen mußten. Auf diese Weise war der Mensch in der alten Einweihung im Grunde niemals völlig frei. Denn, was sich beim Hinuntertauchen in den physischen Leib und Ätherleib notwendigerweise entwickeln mußte, das konnte und durfte sich nur entwickeln, wenn und weil der Mensch um sich die zwölf Gehilfen hatte, welche die Dämonen in Empfang nahmen und zähmten.

In ähnlicher Weise war es in den nordischen Mysterien, wo die Wirkung beim Hinausrücken in den Makrokosmos dadurch geschehen konnte, daß wiederum zwölf Diener des Initiators da waren, die ihre Kräfte an den zu Initiierenden abgaben, damit er die Fähigkeit hatte, wirklich jene Denk- und Empfindungsweise zu entwickeln, die notwendig war, um durch das Labyrinth des Makrokosmos hindurchzukommen.

Eine solche Initiation, wo der Mensch ganz unfrei ist, ganz angewiesen ist auf die Ableitung der Dämonen durch die Gehilfen des Initiators, sollte allmählich weichen einer anderen Initiation, wo der

Mensch mit sich selbst fertig werden kann, und wo derjenige, der die Initiation bewirkt und ihm die Mittel gibt, nur sagt: Dies und das ist zu tun –, und wo der Mensch dann nach und nach sich selbst weiter zurechtfinden kann. Auf dieser Bahn ist der Mensch heute noch nicht sehr weit. Aber es wird sich nach und nach als eine selbständige Fähigkeit in der Menschheit ausbilden, daß der Mensch ohne Hilfe sowohl hinaufsteigen kann in den Makrokosmos, wie auch hinuntersteigen in den Mikrokosmos und durchmachen kann als freies Wesen die beiden Seiten der Initiation. Damit dies geschehen kann, dazu war das Christus-Ereignis da. Das Christus-Ereignis bedeutet für den Menschen den Ausgangspunkt, in freier Weise hinunterzusteigen in den physischen Leib und Ätherleib, ebenso wie hinauszudringen in den Makrokosmos, in die große Welt. Einmal mußte in umfassender Weise durch ein Wesen höchster Art, wie es der Christus Jesus ist, das Hinuntersteigen in den physischen Leib und Ätherleib ebenso wie das Hinausgehen in den Makrokosmos geschehen. Und das ist eigentlich im Grunde das Christus-Ereignis, daß dieses umfassende Wesen des Christus es gleichsam der Menschheit «vormachte», was nun im Verlaufe der Reife der Erdenentwickelung wenigstens eine genügend große Anzahl von Menschen erreichen kann. Dazu war notwendig, daß einmal dieses Ereignis eintrat. – Was ist also geschehen durch das Christus-Ereignis?

Auf der einen Seite mußte geschehen, daß einmal die Christus-Wesenheit selbst hinunterstieg in den physischen Leib und Ätherleib. Und dadurch, daß der physische Leib und Ätherleib einer menschlichen Wesenheit so geheiligt werden konnte, daß die Christus-Wesenheit hinunterdrang – was nur einmal geschehen ist –, ist in der Menschheitsentwickelung der Impuls gegeben, daß jeder Mensch, der es sucht, in freier Art das Heruntersteigen in den physischen Leib und Ätherleib erleben kann. Dazu mußte die Christus-Wesenheit auf die Erde heruntersteigen und dasjenige vollziehen, was noch nie vollzogen war, was noch nie geschehen war. Denn in den alten Mysterien war durch die Tätigkeit der Gehilfen etwas ganz anderes bewirkt worden. Der Mensch konnte in den alten Mysterien hinuntersteigen in die Geheimnisse des physischen Leibes und Ätherleibes und hinaufsteigen in die

Geheimnisse des Makrokosmos, aber nur so, daß er nicht dabei wirklich in seinem physischen Leib lebte. Er konnte zwar in die Geheimnisse des physischen Leibes eindringen, aber nicht innerhalb des physischen Leibes; er mußte sozusagen ganz leibfrei sein. Und wenn er zurückkehrte, konnte er sich zwar erinnern an die Erlebnisse in den geistigen Sphären, aber er konnte diese Erlebnisse nicht in den physischen Leib übertragen. Es war ein Erinnern, aber nicht ein Mitbringen in den physischen Leib hinein.

Das sollte radikal durch das Christus-Ereignis geändert werden, und das wurde es auch. Es gab also einfach einen solchen physischen Leib und Ätherleib vor dem Christus-Ereignis nicht, der es je erlebt hätte, daß das Ich die ganze volle menschliche Innerlichkeit durchdrungen hätte bis in den physischen Leib und Ätherleib. Vorher war es so, daß wirklich niemand mit seinem Ich bis in den physischen Leib und Ätherleib eindringen konnte. Das geschah zum ersten Male bei dem Christus-Ereignis. Und von dort ging auch der andere Einfluß aus, daß eine Wesenheit, die, wenn auch unendlich erhaben über den Menschen stehend, so doch mit der Menschennatur vereinigt war, sich hinausergossen hat in den Makrokosmos ohne fremde Hilfe durch die eigene Ichheit. Das war aber nur durch den Christus möglich gewesen. Nur dadurch ist es für den Menschen möglich, sich die Fähigkeit zu erwerben, in Freiheit nach und nach hinauszudringen in den Makrokosmos. Das sind die beiden Grundsäulen, die uns in dieser Art gleicherweise in den beiden Evangelien – im Lukas-Evangelium und auch im Matthäus-Evangelium – entgegentreten. Wie das?

Wir haben gesehen, daß Zarathustra mit derjenigen Individualität, die in uralten nachatlantischen Zeiten der große Lehrer Asiens war, sich später inkarniert hat als Zarathas oder Nazarathos, daß er mit derselben Individualität sich inkarniert hat in dem Jesusknaben, den wir als den Jesusknaben des Matthäus-Evangeliums geschildert haben, der abstammt aus der salomonischen Linie des Hauses David. Wir haben gesehen, daß die Zarathustra-Individualität durch zwölf Jahre hindurch in diesem Jesusknaben, das heißt in sich selber, alle die Eigenschaften entwickelte, die man in dem Werkzeug des physischen Leibes und des Ätherleibes aus einem Sprossen des Hauses Salomo entwickeln konnte. Die hatte er nur dadurch, daß er zwölf Jahre in diesem physischen Leib und Ätherleib gelebt hat. Man eignet sich menschliche Fähigkeiten dadurch an, daß man sie ausarbeitet in Werkzeugen. Dann verließ die Zarathustra-Individualität diesen Jesusknaben und ging hinüber in jenen Jesusknaben, den das Lukas-Evangelium schildert, der aus der nathanischen Linie des Hauses David stammt, der als zweiter Jesusknabe geboren wurde und in Nazareth auferzogen wurde in der Nachbarschaft des anderen. In diesen ging hinüber die Zarathustra-Individualität in jenem Moment, den das Lukas-Evangelium schildert als das Wiederfinden im Tempel zu Jerusalem, nachdem er verlorengegangen war während des Festes. Während nun der salomonische Jesusknabe bald starb, lebte Zarathustra heran in dem Jesus des Lukas-Evangeliums bis zu seinem dreißigsten Jahre und eignete sich alle Fähigkeiten an, die man sich aneignen kann mit den Werkzeugen, die man hat, wenn man auf der einen Seite das schon mitgebracht hat, was man sich aneignen konnte in einem so zubereiteten physischen Leib und Ätherleib, wie wir es beschrieben haben, und wenn man ferner dem hinzufügen kann, was man in einem solchen astralischen Leib und Ich-Träger erringen kann, wie sie der Jesus des Lukas-Evangeliums hatte.

So ist Zarathustra in diesem Leibe des Lukas-Jesus herangewachsen bis zum dreißigsten Jahre, war mit all diesen Eigenschaften, die er entwickeln konnte, so weit in dem Leib, den wir geschildert haben, daß er jetzt sein drittes großes Opfer bringen konnte: die Hinopferung des physischen Leibes, der jetzt während dreier Jahre der physische Leib der Christus-Wesenheit wird. So opfert die Zarathustra-Individualität, nachdem sie in früheren Zeiten astralischen Leib und Ätherleib hingeopfert hatte für Hermes und Moses, jetzt den physischen Leib, das heißt, sie verläßt diese Hülle, die da ist mit allem, was sonst noch darinnen ist als Ätherleib und astralischer Leib. Und was bis dahin erfüllt war von der Zarathustra-Individualität, das wird jetzt eingenommen von einem Wesen, das ganz einzigartiger Natur ist, das der Quell ist aller bedeutenden Weisheit für alle großen Weisheitslehrer: von dem Christus. Das ist das Ereignis, das uns angedeutet wird – wir werden es noch genauer schildern – in der Johannes-Taufe im Jordan, jenes

Ereignis, dessen Umfassendes und dessen ganze Größe uns in dem einen Evangelium angedeutet wird mit den Worten: «Du bist mein vielgeliebter Sohn, in dem ich mich selber sehe, in dem mir mein eigenes Selbst entgegentritt!» und was nicht mit den trivialen Worten zu übersetzen ist: «... an dem ich Wohlgefallen habe» (Matth. 3, 17). In anderen Evangelien ist sogar gesagt: «Du bist mein vielgeliebter Sohn; heute habe ich dich gezeuget». Da wird uns klar angedeutet, daß es sich um eine Geburt handelt, nämlich um die Geburt des Christus in der Hülle, welche Zarathustra zuerst zubereitet und dann hingeopfert hat. Im Moment der Johannes-Taufe fährt die Christus-Wesenheit in die von Zarathustra zubereitete menschliche Hülle. Da haben wir es zu tun mit einer Wiedergeburt dieser drei Hüllen, indem sie durchdrungen werden von der Substantialität des Christus. Die Johannes-Taufe ist eine Wiedergeburt der von Zarathustra heranerzogenen Hüllen und die Geburt des Christus auf der Erde. Jetzt ist der Christus in einem menschlichen Leibe, zwar in menschlichen Leibern, wie sie besonders zubereitet sind, aber doch in menschlichen Leibern, wie sie die anderen Menschen auch haben, wenn auch unvollkommener.

Der Christus, die höchste Individualität, die mit der Erde verbunden sein kann, ist jetzt in Menschenleibern. Soll er das größte Ereignis, soll er die volle Initiation vorleben, so muß er die zwei Seiten vorleben: das Hinuntersteigen in den physischen Leib und Ätherleib und das Hinaufsteigen in den Makrokosmos. Beide Ereignisse lebt der Christus den Menschen vor. Nur müssen uns, wie das in der ganzen Natur der Christus-Tatsachen liegen muß, diese Ereignisse so entgegentreten, daß beim Heruntersteigen in den physischen Leib und Ätherleib der Christus gefeit ist gegen alle die Anfechtungen, die ihm zwar entgegentreten, die aber abprallen an ihm. Ebenso muß es klar sein, daß ihm diejenigen Gefahren nichts anhaben können, die beim Hinausdringen in den Makrokosmos an den Menschen herankommen.

Nun wird im Matthäus-Evangelium geschildert, wie die Christus-Wesenheit wirklich nach der Johannes-Taufe hinuntersteigt in den physischen Leib und Ätherleib. Und die Darstellung dieses Ereignisses ist die Geschichte von der Versuchung (Matth. 4, 1–11). Wir werden sehen, wie diese Versuchungsszene in allen Einzelheiten die Erlebnisse wiedergibt, die der Mensch überhaupt hat, wenn er in den physischen Leib und Ätherleib hinuntersteigt. Da also ist das Hineinfahren des Christus in einen menschlichen physischen Leib und Ätherleib, das Zusammengedrängtsein auf die menschliche Ichheit, vorgelebt im Menschen, so daß es möglich ist zu sagen: So kann es sein, das alles kann euch begegnen! Wenn ihr euch an den Christus erinnert, wenn ihr Christus-ähnlich werdet, so habt ihr die Kraft, all diesem zu begegnen, selbst zu überwinden alles, was da aus dem physischen Leib und Ätherleib heraufströmt!

Das ist das erste Markante im Matthäus-Evangelium: die Versuchungsszene. Sie gibt wieder die eine Seite der Initiation, das Hinuntersteigen in den physischen Leib und Ätherleib. Die andere Seite der Initiation, das Sich-Ausbreiten in den Makrokosmos, wird auch geschildert, und zwar so, daß zunächst gezeigt wird, wie der Christus mit der menschlichen Natur, ganz im Sinne der sinnlichen, menschlichen Natur, dieses Sich-Ausbreiten in den Makrokosmos unternimmt.

Ich möchte gerade hier einen naheliegenden Einwand wenigstens erwähnen. Vollständig begegnen werden wir ihm in den nächsten Tagen, heute aber wollen wir wenigstens die Hauptpunkte abstecken, den Einwand nämlich: Wenn der Christus wirklich eine solche hohe Wesenheit war, warum mußte er das alles durchmachen, warum hineinsteigen in den physischen Leib und Ätherleib, warum gleich dem Menschen hinaustreten und sich ausweiten in den Makrokosmos? Nicht für sich brauchte er es, für die Menschen mußte er es tun! In den höheren Sphären, mit den Substantialitäten der höheren Sphären, konnten es diejenigen Wesenheiten, die dem Christus gleichartig waren. In einem menschlichen physischen Leibe und Ätherleibe war es noch nicht geschehen. Ein menschlicher Leib war noch nicht durchdrungen von der Christus-Wesenheit. Göttliche Substantialität ist hinausgetreten in den Raum. Aber das, was im Menschen lebt, ist noch nicht hinausgetragen worden in den Raum. Das konnte nur ein Christus mitnehmen und hinaus in den Raum ergießen. Das mußte zum ersten Male ein Gott in der Menschennatur machen!

Und dieses zweite Ereignis wird geschildert, indem sozusagen der zweite Pfeiler hingesetzt wurde im Matthäus-Evangelium, da, wo gezeigt wird, daß die zweite Seite der Initiation, das Hinausleben in die große Welt, das Aufgehen in Sonne und Sterne, sich wirklich durch den Christus mit der Menschennatur vollzogen hat. Da wurde er zuerst gesalbt, gesalbt wie ein anderer Mensch, damit er rein wurde, damit er gefeit wurde gegen das, was zunächst aus der physischen Welt an ihn herantreten könnte. Da sehen wir, wie die Salbung, die in den alten Mysterien eine Rolle spielt, uns wiederum entgegentritt auf höherer Stufe, auf historischem Boden, während sie sonst eine Tempelsalbung war (Matth. 26, 6–13). Und wir sehen, wie der Christus jetzt ausdrückt das Aufgehen in die ganze Welt – nicht nur das In-sich-selber-Sein, sondern das Ergossensein in die ganze übrige Welt – beim Passahmahle, wo er denen, die um ihn stehen, erklärt, daß er sich fühlt in alledem, was innerhalb der Erde als Festes ausgeprägt ist – was in dem Wort «Ich bin das Brot» angedeutet ist – und ebenso in allem Flüssigen (Matth. 26, 17–30). Es wird im Passahmahl angedeutet dieses bewußte Heraustreten in die große Welt, so wie der Mensch im Schlafe unbewußt heraustritt. Und das Fühlen alles dessen, was der Mensch fühlen muß als herannahende Blendung, sehen wir ausgedrückt in dem monumentalen Wort: «Meine Seele ist betrübt bis in den Tod!» (Matth. 26, 38). Der Christus Jesus erlebt tatsächlich, was die Menschen sonst erleben wie ein Getötetwerden, ein Gelähmtwerden, wie eine Blendung. Er erlebt in der Szene von Gethsemane das, was man nennen kann: der von der Seele verlassene physische Leib zeigt seine eigenen Angstzustände. Was in dieser Szene erlebt wird, das soll schildern, wie die Seele sich weitet in der Welt und wie der Leib verlassen wird (Matth. 26, 36–46).

Und alles, was dann folgt, soll in der Tat schildern das Hinausdringen in den Makrokosmos: die Kreuzigung, und was mit der Grablegung dargestellt ist, und alles, was sich sonst in den Mysterien vollzogen hat. Das ist der andere Pfeiler des Matthäus-Evangeliums: das Hinausleben in den Makrokosmos. Und deutlich drückt es das Matthäus-Evangelium aus, indem wir darauf hingewiesen werden, daß der Christus Jesus bisher gelebt hat in dem physischen Leib, der dann am Kreuze hing. In diesem Punkt des Raumes war er konzentriert, aber jetzt weitet er sich aus in den ganzen Kosmos. Und wer ihn jetzt hätte suchen sollen, würde ihn nicht gesehen haben in diesem physischen

Leib, sondern hätte ihn jetzt hellseherisch suchen müssen in dem Geiste, der die Räume durchdringt.

Nachdem der Christus tatsächlich das vollzogen hat, was früher, aber mit fremder Hilfe, in den dreieinhalb Tagen in den Mysterien vollzogen wurde, nachdem er vollzogen hatte, was ihm gerade zum Vorwurf gemacht wurde, weil er gesagt hatte, man möge diesen Tempel niederreißen, und in drei Tagen würde er ihn wieder aufbauen (Matth. 26, 61) – womit deutlich hingewiesen wird auf die sonst in den dreieinhalb Tagen vollzogene Initiation in den Makrokosmos –, da deutet er aber auch darauf hin, daß er nach dieser Szene nicht mehr dort zu suchen ist, wo innerhalb des Physischen die Wesenheit des Christus Jesus eingeschlossen war, sondern draußen in dem Geist, der die Weltenräume durchzieht. Das wird gewöhnlich so übersetzt, und selbst noch in diesen schwachen Übersetzungen der neueren Zeit tritt es uns mit aller Majestät entgegen: «Demnächst werdet ihr zu suchen haben das Wesen, das da aus der Menschheitsevolution geboren wird, zur Rechten der Macht, und es wird euch erscheinen aus den Wolken heraus» (Matth. 26, 64). Dort habt ihr den Christus zu suchen, ausgegossen in die Welt, als Vorbild der großen Initiation, die der Mensch erlebt, wenn er den Leib verläßt und sich hinauslebt, sich hinausweitet in den Makrokosmos.

Damit haben wir Anfang und Ende des eigentlichen Christus-Lebens, das beginnt bei der Geburt des Christus in jenem Leibe, von dem wir gesprochen haben bei der Johannes-Taufe. Da beginnt es mit der einen Seite der Initiation: mit dem Hinuntersteigen in den physischen Leib und Ätherleib in der Versuchungsgeschichte. Und es schließt bei der anderen Seite der Initiation: der Ausbreitung in den Makrokosmos, die mit der Szene des Abendmahles beginnt und weiter dargestellt wird in dem Vorgang der Geißelung, Dornenkrönung, Kreuzigung und Auferstehung. Das sind die zwei Punkte, innerhalb derer die Ereignisse des Matthäus-Evangeliums liegen. Und die wollen wir jetzt hineinsetzen in das, was wir zunächst wie mit Kohle skizzenhaft gezeichnet haben.

ACHTER VORTRAG

Bern, 8. September 1910

In dem, was wir gestern angeführt haben über das Heraufheben der beiden Seiten der Initiation auf die Höhe welthistorischer Vorgänge in dem Christus-Ereignis, liegt zugleich angegeben, wenn man es ganz durchschaut, das uns Wesentliche dieses Christus-Ereignisses.

Eine Initiation oder Einweihung, die darin bestand, daß der Mensch gleichsam das tägliche Erlebnis des Aufwachens so durchmachte, daß beim Hinuntersteigen in den physischen Leib und Ätherleib nicht das Wahrnehmungsvermögen abgelenkt wird auf die äußere physische Umgebung, sondern erregt wird für die Vorgänge des Ätherleibes und physischen Leibes, eine solche Art der Einweihung hatten wir ja besonders in all den Mysterien und Einweihungsstätten gegeben, die sich auf die ägyptische heilige Kultur begründeten. Diejenigen, die eine solche Einweihung im alten Sinne suchten, das heißt in dem Sinne, daß sie dabei gelenkt und geleitet wurden, damit die bei einer solchen Einweihung auftretenden Gefahren vorübergehen konnten, sie wurden dadurch in gewisser Beziehung zu anderen Menschen, zu solchen Menschen, die während des Einweihungsaktes hineinschauen konnten in die geistige Welt, zunächst in jene geistigen Kräfte und Wesenheiten, die beteiligt sind an unserem physischen Leib und Ätherleib.

Wenn wir jetzt die Essäereinweihung von diesem Gesichtspunkte aus charakterisieren wollen, so können wir sagen: Wenn ein Essäer die charakterisierten zweiundvierzig Stufen durchmachte und dadurch zu einer genaueren Kenntnis seines wahren Inneren kam, seiner wahren Ich-Natur und alles dessen, was den Menschen befähigt, durch die äußeren durch die Vererbung dazu bestimmten Organe zu sehen, so wurde ein solcher Essäer über die zweiundvierzig Stufen hinausgeführt bis zu derjenigen geistig-göttlichen Wesenheit, welche als Jahve oder Jehova jenes Organ bewirkte, das ich Ihnen bei Abraham charakterisiert habe; das sah er dann im Geiste als dieses Organ, das wesentlich war für die damalige Zeit. Der Essäer sah also zurück auf das innere wesenhafte Gefüge der menschlichen Innenwesenheit, die ja ein Ergebnis war dieser göttlich-geistigen Wesenheit. Auf die Erkenntnis des menschlichen Inneren war es also bei einer solchen Einweihung abgesehen.

Was nun dem Menschen bevorsteht, wenn er unvorbereitet in sein Inneres hineindringen kann, das habe ich Ihnen im allgemeinen gestern charakterisiert. Ich habe gesagt, da erwachen in dem Menschen zunächst alle Egoismen, alles, was den Menschen dazu bringt, daß er sich sagt: Alle die Kräfte, die in mir sind, alle Leidenschaften und Emotionen, die mit meinem Ich zusammenhängen und die nichts wissen wollen von der geistigen Welt, ich will sie so in mir haben, daß ich mich mit ihnen verbinden kann und nur aus meinem eigenen egoistischen Inneren heraus handle, empfinde und fühle! – Also das ist die Gefahr, daß der Mensch bis zum höchsten Maße des Egoismus hinaufwächst durch solches Hineinsteigen in sein Inneres. Das ist es ja auch, was als eine bestimmte Art von Illusion immer wieder über diejenigen kommt, die auch heute durch eine esoterische Entwickelung dieses Hineinsteigen in das eigene Innere anstreben wollen. Bei solcher Gelegenheit machen sich mancherlei Egoismen beim Menschen geltend; und wenn sie dann da sind, glaubt der Mensch in der Regel gar nicht, daß es diese Egoismen sind. Er glaubt eigentlich alles eher, als daß es diese Egoismen sind. Der Weg in die höheren Welten wird ja genugsam als ein solcher geschildert, zu dem, selbst wenn er in unserer Zeit gesucht wird, Überwindungen notwendig sind. Und manche von denjenigen Menschen, die, auch in unserer Zeit, gern den Weg in die höheren Welten hinauf gehen wollen, aber keine solche Überwindungen haben wollen, die zwar gern schauen möchten in höheren Welten, aber nicht erleben wollen, was eigentlich dazu führen kann, solche Menschen finden es dann immer wieder unbequem, allerlei in sich auftauchen zu sehen, was nun einmal in der menschlichen Natur liegt. Sie möchten ohne dieses Auftauchen von allerlei Egoismen und dergleichen in die höheren Welten hinaufkommen. Sie merken nicht, daß oft gerade darin der herbste, der bedeutsamste Egoismus sich zeigt, daß sich die Unzufriedenheit geltend macht mit dem, was eigentlich als etwas ganz Reguläres eintritt, und von dem sie sich fragen sollten: Muß ich denn nicht, da ich ein Mensch bin, auch allerlei solche Gewalten aufrufen? Sie finden es merkwürdig, daß solche Dinge da sind, trotzdem es hundert- und hundertmal erklärt wird, daß sich so etwas in einer bestimmten Zeit einstellt. Ich will damit nur hinweisen auf die Illusionen und Täuschungen, denen sich gewisse Menschen hingeben. In unserer Zeit ist es ja noch zu berücksichtigen, daß die Menschheit in einer gewissen Weise bequem geworden ist und am liebsten mit der Bequemlichkeit, die man sonst im gewöhnlichen Leben liebt, den Weg in die höheren Welten hinauf gehen möchte. Aber solche Bequemlichkeiten, wie man sie auf den gewöhnlichen Gebieten des Daseins gern schafft, können nicht geschaffen werden auf dem Wege, der in die geistigen Welten führen soll.

Derjenige nun, der diesen Weg in die geistige Welt in den alten Zeiten dadurch gefunden hatte, daß er durch die Einweihung gegangen war, die in das menschliche Innere führt, der wurde, weil das menschliche Innere von göttlich-geistigen Mächten geschaffen ist, damit hineingeführt in die göttlich-geistigen Kräfte. Man sieht dann am physischen Leibe und Ätherleibe die göttlich-geistigen Kräfte arbeiten. Ein solcher Mensch wurde geeignet, ein Zeuge, ein Künder zu sein von den Geheimnissen der geistigen Welt. Er konnte seinen Mitmenschen erzählen, was er durchgemacht hatte, während er in den Mysterien hineingeführt wurde in sein eigenes Inneres und dadurch in die geistige Welt. Was aber war damit verbunden? Wenn ein solcher Eingeweihter herauskam aus den geistigen Welten, konnte er sagen: Da habe ich hineingeblickt in das geistige Dasein; aber mir wurde geholfen! Die Gehilfen des Initiators haben es mir möglich gemacht, daß ich überdauert habe die Zeit, in der sonst die Dämonen aus meiner eigenen Natur mich niedergedrückt haben würden. – Dadurch aber, daß er in dieser Art den äußeren Hilfen sein Hineinschauen in die geistige Welt verdankte, blieb er auch zeitlebens von diesem Einweihungskollegium abhängig, von denjenigen, die ihm geholfen hatten. Die Kräfte, die ihm geholfen hatten, gingen mit ihm hinaus in die Welt.

Das sollte anders werden. Das sollte überwunden werden. Diejenigen, die initiiert werden sollten, sollten immer weniger abhängig bleiben von denen, die ihre Lehrer und Initiatoren sind. Denn mit dieser Hilfe war ein Anderes, Wesentliches verbunden. Wir haben in unserem alltäglichen Bewußtsein ein ganz deutliches Ich-Gefühl, das in einer bestimmten Stunde unseres Daseins erwacht. Darüber wurde schon öfter gesprochen, und Sie finden auch in meiner «Theosophie» den Zeitpunkt charakterisiert, wo der Mensch dazu kommt, sich als ein Ich anzusprechen. Das ist etwas, was das Tier nicht kann. Wenn das Tier in sein Inneres schauen würde wie der Mensch, so würde es nicht ein individuelles Ich, sondern ein Gattungs-Ich, ein Gruppen-Ich finden: es würde sich zugehörig fühlen zu einer ganzen Gruppe. Dieses Ich-Gefühl erlosch in einer gewissen Weise bei den alten Einweihungen. Während der Mensch also in die geistigen Welten hineinstieg, trübte sich sein Ich-Gefühl, und wenn Sie alles zusammennehmen, was ich gesagt habe, werden Sie es begreiflich finden, daß es gut war. Denn das Ich-Gefühl ist es ja, mit dem sich alle die Egoismen, Leidenschaften und so weiter verbinden, die den Menschen absondern wollen von der äußeren Welt. Wollte man nicht die Leidenschaften, die Emotionen bis zu einer gewissen Stärke treiben, so mußte das Ich-Gefühl unterdrückt werden. Es war daher zwar nicht ein Traumbewußtsein, aber doch ein Zustand herabgedrückten Ich-Gefühls bei den Einweihungen in den alten Mysterien vorhanden. Immer mehr und mehr sollte aber darnach gestrebt werden, daß der Mensch fähig werde, die Initiation durchzumachen unter völliger Aufrechterhaltung seines Ich, desjenigen Ich, das der Mensch im Wachbewußtsein vom Aufwachen bis zum Einschlafen mit sich trägt. Jene Trübung des Ich, wie sie in den alten Mysterien immer mit der Initiation verbunden war, sollte aufhören. Das ist etwas, was ja überhaupt im Laufe der Zeit nur langsam und allmählich erreicht werden kann, was aber heute schon in einem wesentlich höheren Grade in allen zu Recht bestehenden Initiationen erreicht wird: daß das Ich-Gefühl bis zu einem hohen Grade nicht erlischt, wenn der Mensch sich hinauflebt in die höheren Welten.

Nun belauschen wir einmal noch genauer eine solche alte Initiation, zum Beispiel eine Essäerinitiation der vorchristlichen Zeit. Verbunden war auch diese Essäerinitiation in einer gewissen Weise damit, daß das Ich-Gefühl herabgestimmt war. Dasjenige also, was dem Menschen in unserem Erdensein sein Ich-Gefühl gibt, was herausblickt auf die äußeren Wahrnehmungen, das mußte damals auch unterdrückt werden. Sie brauchen ja nur auf das Trivialste im Alltagsleben zu sehen, so werden Sie sich sagen: In jenem andersgearteten Zustand, wo der Mensch während des Schlafbewußtseins in der geistigen Welt ist, hat er sein Ich-Gefühl nicht; er hat es nur im Tagesbewußtsein, wenn er abgelenkt wird von der geistigen Welt und sein Blick hinausgeht in die physisch-sinnliche Welt. So ist es beim jetzigen Erdenmenschen, und auch bei dem Erdenmenschen, für den der Christus auf der Erde gewirkt hat. Für die andere Welt ist beim Menschen der gegenwärtigen Erdenzeit überhaupt das Ich für die normalen Zustände nicht geweckt. Nun soll eine Christus-Initiation eben darinnen bestehen, daß das Ich in den höheren Welten so erwacht bleibt, wie es erwacht ist in der äußeren Welt.

Betrachten Sie nun einmal – nur damit wir etwas damit charakterisieren können – den Moment des Aufwachens ganz genau. Dieser Moment stellt sich uns so dar, daß also der Mensch aus einer höheren Welt herauskommt und untertaucht in seinen physischen Leib und Ätherleib. In diesem Moment des Untertauchens sieht er aber nicht die Innenvorgänge des physischen Leibes und Ätherleibes, sondern es wird gleichsam sein Wahrnehmungsvermögen abgelenkt auf die Umgebung. Alles nun, wohin der Blick des Menschen im Moment des Aufwachens fällt, was der Mensch überschaut, ob nun mit dem physischen Wahrnehmen der Augen oder mit dem physischen Wahrnehmen der Ohren, oder ob er es überdenkt mit dem an das physische Organ des Gehirns gebundenen Verstand, alles, was er in der physischen Umgebung wahrnimmt, das bezeichnete man in dem Sprachgebrauch der althebräischen Geheimlehre als «das Reich», Malchuth. So könnten wir fragen: Was war also im althebräischen Sprachgebrauch verbunden mit dem Ausdruck «das Reich»? Alles das war damit verbunden, in dem sich bewußt aufhalten konnte das menschliche Ich. Das ist auch die genaueste Definition für das, was man im hebräischen Altertum mit dem Ausdruck «das Reich» verband: das, wobei das menschliche Ich anwesend sein kann. Wenn wir einmal diesen Ausdruck festhalten, so müssen wir sagen: Es ist mit dem, was «das Reich» ist, im althebräischen Sprachgebrauch zunächst bezeichnet die Sinnenwelt, die Welt, in der der Mensch ist im Wachzustande bei völliger Aufrechterhaltung seines Ich.

Nehmen wir jetzt die Stufen der Initiation beim Hinuntergehen in das eigene Innere. Die erste Stufe, bevor der Mensch in seinen Ätherleib hineindringen und dessen Geheimnisse wahrnehmen kann, ist etwas, was man leicht erraten kann. Die äußere Hülle des Menschen besteht ja, wie wir wissen, aus dem Astralleib, Ätherleib und physischen Leib. Das ist nun auch noch etwas, wo der Mensch hindurchgehen muß: er muß seinen astralischen Leib sozusagen bewußt von innen durchschauen, wenn er diese Art von Initiation erleben will. Zunächst muß er das Innere seines astralischen Leibes erleben, wenn er in das Innere seines physischen Leibes und Ätherleibes hineinsteigen will. Das ist die Pforte, durch die er durchgehen muß. Das sind immer aber neue Erlebnisse, durch die er gehen muß. Der Mensch erlebt da auch etwas, was objektiv ist, wie die Gegenstände der äußeren Welt objektiv sind.

Wenn wir die Gegenstände der Sinnenwelt um uns herum, die wir vermöge der gegenwärtigen menschlichen Organisation erleben, als «das Reich» bezeichnen, so könnten wir nach unserem Sprachgebrauch – der althebräische Sprachgebrauch hat das noch nicht so genau unterschieden – dabei wieder unterscheiden drei Reiche, das Mineralreich, das Pflanzenreich und das Tierreich. Das alles ist im althebräischen Sprachgebrauch *ein* Reich und faßt sich zusammen unter dem einen Begriff des Reiches überhaupt als die Gesamtheit der drei Reiche.

Geradeso wie wir die Tiere, Pflanzen und Mineralien überblicken, wenn wir den Blick hinausrichten in die Sinnenwelt, wo unser Ich dabei sein kann, so fällt für denjenigen, der hinuntertaucht in sein eigenes Innere, der Blick auf alles, was er wahrnehmen kann im astralischen Leibe. Das sieht der Mensch jetzt nicht durch sein Ich, sondern das Ich bedient sich dabei der Werkzeuge des astralischen Leibes. Und was der Mensch sieht, wenn er also ein anderes Wahrnehmungsvermögen hat, wo er mit seinem Ich anwesend ist in derjenigen Welt, mit der er verbunden wird durch die astralischen Organe, das bezeichnet allerdings schon der althebräische Sprachgebrauch mit drei Ausdrükken. Wie wir ein tierisches, ein pflanzliches und ein mineralisches Reich haben, so bezeichnet der althebräische Sprachgebrauch die Dreiheit, die man überblickt durch das Anwesendsein in seinem astralischen Leibe, mit Nezach, Jesod und Hod.

Wenn man diese drei Ausdrücke einigermaßen konform in unsere Sprache übersetzen wollte, müßte man wieder tief hineingreifen in das althebräische Sprachgefühl; denn die gewöhnlichen lexikalen Übersetzungen mit dem Wörterbuche helfen da gar nicht. Wenn man verstehen wollte, worauf es jetzt ankommt, müßte man recht sehr zu Hilfe nehmen das Sprachgefühl der vorchristlichen Zeit. Da müßte man zum Beispiel vor allem in Betracht ziehen, daß dasjenige, was wir mit dem Lautgefüge Hod bezeichnen können, ausdrücken würde «Geistiges nach außen erscheinend». Also beachten Sie wohl: dieses Wort würde bedeuten ein Geistiges, das nach außen sich kundgibt, ein nach außen strebendes Geistiges, aber ein Geistiges, das als Astralisches aufzufassen ist. Dagegen würde das Wort Nezach um eine starke Nuance gröber dieses Nach-außen-sich-offenbaren-Wollen ausdrücken. Was sich da kundgibt, das ist etwas, auf das wir vielleicht das Wort anwenden können, daß es sich als «undurchdringlich» erweist.

Wenn Sie heute Lehrbücher der Physik in die Hand nehmen, werden Sie etwas finden, was als ein Urteil angegeben ist, was aber eigentlich eine Definition sein sollte – aber auf Logik kommt es ja dabei nicht an –, nämlich die Definition, daß man die physischen Körper als undurchdringlich bezeichnet. Es müßte eigentlich als Definition stehen: Man nennt einen physischen Körper einen solchen, von dem das gilt, daß an der Stelle, wo er ist, nicht zu gleicher Zeit ein anderer sein kann. Also als Definition müßte es gegeben werden. Statt dessen stellt man ein Dogma auf und sagt: Die Körper der physischen Welt haben die Eigentümlichkeit, daß sie undurchdringlich sind – während es heißen müßte, daß an einer Stelle nicht gleichzeitig zwei Körper sein können. Das ist aber etwas, was eigentlich in die Philosophie hineingehört. Das Sich-Kundgeben im Raume, so daß Ausschließungen eines anderen stattfinden – was die stark vergröberte Nuance des Hod sein würde –, das ist mit dem Worte Nezach gegeben. Und was dazwischen steht, ist im Jesod gegeben.

So haben Sie drei verschiedene Nuancen. Erst die Manifestation irgendeiner astralischen Tatsache, die sich nach außen hin kundgibt, im Hod. Wo die Sache dann schon so vergröbert ist, daß die Dinge in physischer Undurchdringlichkeit an uns herantreten, da würde nach dem althebräischen Sprachgebrauche Nezach stehen. Und für die Zwischennuance müßte Jesod genommen werden. So können wir sagen, daß die drei verschiedenen Eigentümlichkeiten, mit denen in der Tat die Wesenheiten der astralischen Welt behaftet sind, mit diesen drei Worten bezeichnet werden.

Nun können wir sozusagen etwas weiter hineinsteigen mit dem zu Initiierenden in das menschliche Innere. Wenn er überschritten hat, was zunächst in seinem Astralleib zu überschreiten ist, dann kommt er hinein in seinen ätherischen Leib. Da nimmt der Mensch schon Höheres wahr als das, was mit diesen drei Worten zu bezeichnen ist. Sie können fragen, warum denn Höheres? Das hängt mit etwas Besonderem zusammen, und darauf müssen Sie achten, wenn Sie das eigentliche innere Gefüge der Welt verstehen wollen. Sie müssen darauf achten, daß so, wie uns die äußere Welt entgegentritt, an demjenigen, was uns als die niedersten Offenbarungen der Außenwelt erscheint, die höchsten geistigen Kräfte gearbeitet haben. Ich habe Sie schon öfter auf das aufmerksam gemacht, was hier in Betracht kommt, und zwar bei Besprechung der menschlichen Natur selbst.

Der Mensch besteht, wenn wir ihn beschreiben, aus physischem Leib, Ätherleib, Astralleib und Ich. Gewiß ist das Ich des Menschen in gewisser Beziehung das höchste seiner Glieder; aber so wie es heute ist, ist es das Baby unter den vier Gliedern der menschlichen Natur. Es ist das, was die Anlage enthält im Menschen zum Höchsten, was er werden kann, aber es ist jetzt in seiner Art auf der niedersten Stufe. Dafür ist der physische Leib in seiner Art das vollkommenste Glied, allerdings nicht durch das Verdienst des Menschen selber, sondern dadurch, daß durch Saturn-, Sonnen- und Mondenzeit hindurch göttlich-geistige Wesenheiten am Menschen gearbeitet haben. Und auch der Astralleib ist bereits vollkommener geworden als das Ich des Menschen. Wenn wir also zunächst auf das menschliche Ich blicken, ist es dasjenige, was uns naheliegt, mit dem wir uns identifizieren. Und man darf sagen: Wer nicht gar zu trivial ist und sich nicht den Blick verschließen will, der braucht nur in sein Inneres zu schauen, und er findet dort sein Ich. Dagegen denken Sie daran: Wie weit ist der Mensch entfernt von den Geheimnissen des menschlichen physischen Leibes! Der physische Leib ist etwas, woran nicht nur durch Jahrmillionen, sondern Jahrmillionen mal Millionen göttlich-geistige Wesenheiten gearbeitet haben, um ihn zu seinem heutigen Gefüge zu bringen. Dazwischen liegen nun astralischer Leib und Ätherleib. Der astralische Leib ist auch gegenüber dem physischen Leibe ein unvollkommenes Glied der Menschennatur; in ihm sind Emotionen, Leidenschaften, Begierden und so weiter. Und der Mensch genießt durch die Emotionen des astralischen Leibes, trotzdem der Ätherleib als Hemmnis dazwischen steht, viele Dinge, die direkt der wunderbaren Organisation des menschlichen physischen Leibes entgegenarbeiten. Ich habe darauf aufmerksam gemacht, wie viele Herzgifte zum Beispiel der Mensch genießt, wie er, wenn es auf seinen astralischen Leib ankäme, sehr bald seine Gesundheit untergraben würde, und wie er seine Gesundheit nur dem Umstande verdankt, daß das menschliche Herz in seiner Organisation so wunderbar und vollkommen eingerichtet ist, daß es durch viele Jahrzehnte hindurch den Attacken des Astralleibes standhält. So ist es. Je tiefer wir hinuntersteigen, desto höhere geistige Kräfte finden wir, die an den einzelnen Gliedern mitgearbeitet haben. Man könnte sagen: Die jüngsten Götter, die jüngsten göttlich-geistigen Kräfte sind es, die uns unser Ich gegeben haben; und viel ältere Götter sind es, die an unseren niederen Gliedern jene Vollkommenheit bewirkt haben, die der Mensch heute kaum anfängt zu durchschauen, geschweige denn, daß er geeignet wäre, mit seinen Werkzeugen das nachzumachen, was in diesem Wunderbau die göttlich-geistigen Kräfte und Wesenheiten für den Menschen aufgeführt haben.

Diese Vollkommenheit sahen aber besonders diejenigen, welche zum Beispiel durch eine Essäereinweihung eintauchten in das menschliche Innere. Ein solcher Essäer sagte sich: Wenn ich die ersten vierzehn Stufen durchmache, komme ich zuerst in meinen astralischen Leib hinein. Da treten mir entgegen alle die Leidenschaften und Emotionen, die mit meinem astralischen Leibe zusammenhängen, alles, was ich selbst in meiner Inkarnation schlecht gemacht habe an meinem astralischen Leibe. Aber ich bin noch nicht imstande gewesen, an meinem

Ätherleibe so viel zu verderben wie an dem Astralleibe. Mein Ätherleib ist im Grunde genommen noch viel göttlicher, noch viel reiner; er zeigt sich mir, wenn ich die zweiten vierzehn Stufen durchmache. – Und er hatte das Gefühl: wenn er den Anfechtungen des astralischen Leibes standgehalten, hat er das Schwerste nach den ersten vierzehn Stufen überwunden und tritt jetzt ein in die lichten Sphären seines Ätherleibes, an dessen Kräften er noch nicht so viel verderben konnte.

Was der Mensch nun da sah, das bezeichnete man in der althebräischen Geheimlehre wieder mit drei Ausdrücken, die wieder außerordentlich schwer in unseren heutigen Sprachen wiedergegeben werden können; man bezeichnete sie mit Gedulah, Tiphereth und Geburah. Versuchen wir uns eine Vorstellung von den drei Gebieten zu machen, die mit diesen drei Ausdrücken bezeichnet wurden.

Wenn der Mensch das wahrnahm, womit er sich in seinem Ätherleibe verbindet, dann können wir etwa sagen: Das erste Wort, Gedulah, wirkte etwa so, daß man eine Vorstellung bekam von alledem, was im geistigen Reiche, in der geistigen Welt majestätisch, groß erscheint, was den Eindruck des Überwältigenden macht. Dagegen hatte das, was mit Geburah zu bezeichnen ist, obwohl es mit dem ersten Worte verwandt ist, eine ganz andere Nuance der Größe, es hatte die Nuance der durch die Wirkung wieder herabgeminderten Größe. Es ist Geburah die Nuance der Größe, der Kraft, die sich schon nach außen kundgibt, um sich zu wehren, um sich als selbständige Wesenheit nach außen kundzugeben. Während also mit dem Ausdruck Gedulah verbunden ist das Wirken durch die innere Gediegenheit, durch die innere Wesenheit, ist mit dem Ausdruck Geburah ein solches Wirken verbunden, von dem man sagen kann, daß es aggressiv ist, sich nach außen hin durch aggressives Vorgehen kundgibt. Das nun In-sich-Ruhen der Größe, der Innerlichkeit, die sich zwar nach außen kundgibt, aber nicht durch aggressives Wesen, sondern dadurch, daß es in sich zum Ausdruck bringt die geistige Größe, das wurde mit Tiphereth bezeichnet, das wir nur wiedergeben könnten, wenn wir kombinierten unsere beiden Begriffe von Güte und Schönheit. Ein Wesen, das seine Innerlichkeit so zum Ausdruck bringt, daß sich seine Innerlichkeit in der äußeren Form ausprägt, das erscheint uns als schön.

Und ein Wesen, das seine eigene innere Gediegenheit nach außen zum Ausdruck bringt, erscheint uns als gut. Aber diese beiden Begriffe gehören für die althebräische Geheimlehre zusammen in Tiphereth. – Also die Wesenheiten, die sich durch diese drei Eigenschaften kundgeben, waren es, zu denen man eine Beziehung erlangte beim Hinuntersteigen in den Ätherleib.

Dann kam das Hinabsteigen in den physischen Leib. In dem physischen Leibe wurde der Mensch sozusagen bekannt mit den ältesten göttlich-geistigen Wesenheiten, die an ihm gearbeitet haben. Erinnern Sie sich, wie in den Berichten «Aus der Akasha-Chronik» und in der «Geheimwissenschaft im Umriß» dargestellt ist, wie die erste Anlage zum physischen Leibe auf dem alten Saturn zustande gekommen ist. Hohe, erhabene geistige Wesenheiten sind es, die Throne, die ihre eigene Willenssubstanz hingeopfert haben, damit die erste Anlage zum menschlichen physischen Leibe zustande kommen konnte. Hohe geistige Wesenheiten sind es, die in der weiteren Entwickelung durch Saturn, Sonne und Mond hindurch an dieser ersten Anlage mitwirken. Und bei den Vorträgen in München über das «Sechstagewerk» habe ich erwähnt, wie diese erhabenen geistigen Wesenheiten verbunden blieben mit dem Menschen durch die Saturn-, Sonnen- und Mondenzeit hindurch, immer weiter und höher diese erste Anlage des physischen Menschenleibes organisierten, so daß der heutige Wunderbau des physischen Leibes zustande gekommen ist, den der Mensch heute mit den anderen drei Wesensgliedern, Ätherleib, Astralleib und Ich, bewohnen kann.

Wenn so der Mensch wirklich in sein Inneres hineinsteigen konnte, nahm er wahr, was in der althebräischen Geheimlehre so bezeichnet wurde, daß es Eigenschaften hat, die im Menschen nur vorgestellt werden können, wenn der Mensch an das denkt, was zum Beispiel das Höchste ist, das er in seiner Seele erreichen kann an Weisheit. Der Mensch blickt sozusagen zur Weisheit auf als zu einem Ideal. Er fühlt sein Wesen gehoben, wenn er es zum Teil erfüllen kann mit Weisheit. Da wußten diejenigen, die in den physischen Leib untertauchten, daß sie an Wesen herankamen, die in ihrer ganzen Substantialität das waren, wovon der Mensch sich nur ein Kleines, ein Geringes aneignen kann, wenn er nach der Weisheit strebt, nach der Weisheit, die man nicht in dem gewöhnlichen äußeren Wissen erlangt, sondern in demjenigen Wissen, das in schweren Erlebnissen der Seele erreicht ist, und das man nicht während einer Inkarnation, sondern durch viele Inkarnationen, und auch da nur zum Teil, sich aneignet. Denn nur ein Sich-Umtun in allen Weisheitsmöglichkeiten könnte einen Vollbesitz der Weisheit geben. Wesenheiten, welche sich als Weisheitswesen kundgaben, bei denen gewaltig hervortretende, lautere Weisheit die besonders sich kundgebende Eigenschaft war, sie nahm der Mensch wahr. Und die Eigenschaft solcher Weisheitswesenheiten bezeichnete man in der althebräischen Geheimlehre als Chochmah, was man heute nicht ganz unzutreffend mit Weisheit bezeichnet.

Eine besondere Nuance dieser Weisheitseigenschaft ist wieder eine gewisse Vergröberung. Das ist das, was auch im Menschen eine Vergröberung der Weisheit ist. Nur erlangt es der Mensch auch nur in einem gewissen geringen Grade in seiner Individualität. Hier aber, beim Hinuntersteigen in den physischen Leib, findet der Mensch wieder Wesenheiten, welche diese Eigenschaft, die gegenüber der Weisheit eine vergröberte Eigenschaft ist und in der althebräischen Geheimlehre mit Binah bezeichnet wurde, sogar in ganz hervortretendem Maße haben, so daß sie als Wesenheiten erscheinen, die ganz und gar leuchten durch diese Eigenschaft. Das ist das, was man beim Menschen hervorbringen kann, wenn man ihn an seinen Verstand erinnert. Verstand erringt ja der Mensch wirklich nur bis zu einem gewissen geringen Grade. Aber an Wesenheiten, die ganz durchdrungen sind von dem, was der Verstand erringt, daran müssen wir denken, wenn das in Betracht kommt, was mit Binah gemeint ist. Das ist aber eine vergröberte Nuance von Chochmah. Daher sagt die althebräische Geheimlehre, wenn sie von der eigentlichen, schöpferisch produktiven Weisheit sprach, die in sich selber hervorbringt die Geheimnisse der Welt, wenn sie Chochmah meint, daß sie zu vergleichen wäre mit einem Wasserstrahl, während Binah zu vergleichen sei mit einem Meer. Dadurch sollte die Vergröberung ausgedrückt werden.

Und das Höchste, zu dem man sich aufschwingen konnte, wenn man hinunterstieg in den physischen Leib, wurde als Kether bezeichnet. Man kann kaum einen Ausdruck finden, um dieses Wort wiederzugeben. Man kann nur symbolisch hinweisen auf jene Eigenschaft, die sich wie eine Ahnung an die Eigenschaften hoher, erhabener, geistig-göttlicher Wesenheiten kundgibt. Man bezeichnet daher diese Eigenschaft auch durch ein Symbol, durch das der Mensch über sich selbst erhöht wird und mehr bedeutet, als er eigentlich bedeuten kann, um die Höhe dieser Eigenschaft auszudrücken: mit Krone. Übersetzen wir es daher in dieser Weise.

Binah	Chochmah	Kether
Geburah	Tiphereth	Gedulah
Nezach	Jesod	Hod
	Malchuth, das Reich, Ich	

So hätten wir damit eine Staffel der Eigenschaften jener Wesenheiten aufgeführt, in deren Region der Mensch hinaufwächst, wenn er hinuntersteigt in sein eigenes Inneres. Es ist ein Hinaufwachsen. Und eine Essäereinweihung können Sie sich so vorstellen, daß der Mensch ganz neue Erfahrungen machte, ganz neue Erlebnisse hatte, daß er bekannt wurde mit dem, was real als solche Eigenschaften bezeichnet ist.

Was aber mußte man von einem Essäereingeweihten und von der Art der Essäereinweihung ganz besonders sagen im Gegensatz zu der Einweihung bei den umliegenden Völkerschaften? Was kam da besonders in Betracht?

Alle alten Einweihungen waren darauf berechnet, daß gerade das unterdrückt werden mußte, was der Mensch als sein Ich-Gefühl hat beim Überschauen von Malchuth, dem Reich. Das mußte ausgelöscht werden. Daher kann man sagen: So Mensch sein, wie man außen in der physischen Welt Mensch ist, konnte man nicht in der Initiation. Man wurde zwar in die geistige Welt hinaufgeführt, aber man konnte nicht so Mensch sein wie außen im Reiche. Es müßte also gerade für die alten Einweihungen ein dicker Strich gemacht werden zwischen dem, was der Initiierte erlebt, und der Art, wie er sich in seinem Ich fühlte.

Und wollte man in einen Satz kleiden, was für die alte Einweihung vertreten wurde in den alten Geheimschulen, wie es gegenüber der

Öffentlichkeit gelten konnte, so müßte man sagen: Es darf keiner glauben, daß er dasselbe Ich-Gefühl behalten darf, welches er im Reich, in Malchuth hat, wenn er ein Eingeweihter werden will. Er erlebt ungeheuer großartig, indem er hinaufwächst, die drei mal drei Eigenschaften in ihrer Wahrheit; aber er muß sich dessen entäußern, was sein Ich-Gefühl ist, was erlebt wird in der äußeren Welt. Was erlebt wird als Nezach, Jesod, Hod und so weiter, das kann nicht hinuntergetragen werden in das Reich, das kann nicht verbunden bleiben mit dem gewöhnlichen Ich-Gefühl des Menschen. – Das war allgemeine Gesinnung. Und man hätte den für einen Toren, für einen Irrsinnigen und Lügner ansehen müssen, der dieser Behauptung in den alten Zeiten widersprochen hätte.

Es waren aber die Essäer, welche zuerst lehrten: Es wird kommen die Zeit, wo alles, was da oben ist, herabgetragen werden kann, so daß es der Mensch erleben kann trotz der Aufrechterhaltung des Ich-Gefühles. Das ist das, was die Griechen dann genannt haben *βασιλεία τῶν οὐρανῶν*. Das war zuerst Lehre der Essäer, daß einer kommen werde, der dasjenige, was da oben, was in den «Reichen der Himmel» ist, heruntertragen werde für das Ich, das in Malchuth, im Reiche lebt. Und das war es auch, was zuerst mit gewaltigen Worten seinen Essäern und einigen seiner Umwelt gelehrt hat jener Jeshu ben Pandira. Wenn wir seine Lehre mit ein paar markanten Worten zusammenfassen wollten, wie sie durch seinen Schüler Mathai für die nächste Zeit weitergetragen worden ist, so könnte es etwa in folgender Weise geschehen.

Jeshu ben Pandira sagte zuerst aus seiner Inspiration heraus, die ihm herkam von dem Nachfolger des Gautama Buddha, von dem Bodhisattva, der einst der Maitreya Buddha werden wird: Bisher war es so, daß nicht hinuntergetragen werden konnten die Reiche der Himmel in das Reich Malchuth, dem das Ich angehört. Aber wenn erfüllt sein wird die Zeit, wo die drei mal vierzehn Generationen abgelaufen sein werden, dann wird herausgeboren werden aus dem Stamme Abrahams, aus dem Stamme Davids, den wir erleben wollen als den Stamm Jesse – Jessäer oder Essäer –, einer, der hinuntertragen wird die neun Eigenschaften der Reiche der Himmel in das Reich, in dem das Ich anwesend ist. – Und was so gelehrt worden ist, hat herbeigeführt, daß man den Jeshu ben Pandira als Gotteslästerer gesteinigt hat, weil eine solche Lehre als die ärgste Lästerung der Einweihung galt bei denen, die nicht aufkommen lassen wollten und nicht einsehen wollten, daß etwas, was einmal für eine Periode richtig ist, nicht mehr für eine andere richtig zu sein braucht, weil die Menschheit vorwärtsschreitet.

Dann kam die Zeit, wo erfüllt wurde, was vorher gesagt worden ist, wo wirklich die drei mal vierzehn Generationen voll waren, wo wirklich herausentstehen konnte aus dem Blut des Volkes jene Leiblichkeit, in die sich Zarathustra inkarnieren konnte, damit er sie, nachdem er sie noch ausgebildet hatte mit den Werkzeugen, die im Leibe des nathanischen Jesusknaben waren, hinopfern konnte dem Christus. Da war die Zeit gekommen, von welcher der Vorläufer des Christus sagen konnte, jetzt komme die Zeit, wo die «Reiche der Himmel» herankommen werden an das Ich, das im äußeren Reiche, in Malchuth lebt.

Und jetzt werden wir begreifen, was der Christus, nachdem er die Versuchung durchgemacht hatte, sich zunächst als Aufgabe zu stellen hatte. Er hatte die Versuchung durchgemacht durch die Kraft des eigenen Innenwesens, durch das, was wir heute beim Menschen sein Ich nennen. Er hatte erreicht, daß er alle Anfechtungen und Versuchungen überwunden hatte, die dem Menschen entgegenkommen, wenn er hinuntersteigt in den astralischen Leib, Ätherleib und physischen Leib. Das ist auch deutlich dargestellt. Alle Egoismen sind dargestellt, und zwar so, daß wir überall auf den höchsten Grad bei ihnen aufmerksam gemacht werden.

Was dem Menschen, der eine esoterische Entwickelung anstrebt, als ein schweres Hindernis entgegentritt, das ist, daß – wie es ganz natürlich ist beim Hinuntertauchen in das eigene Innere – in seiner Wesenheit die Unart auftaucht, sich nur immer so recht mit seiner eigenen lieben Persönlichkeit zu beschäftigen. In der Tat trifft man das niemals häufiger als gerade bei denen, die in die geistige Welt hineinsteigen wollen, daß sie am allerliebsten von ihrer eigenen lieben Persönlichkeit reden, die ihnen das Allerliebste ist, worauf sie fortwährend, in jeder Stunde und Minute achtgeben und alles minuziös beobachten. Während sonst die Menschen resolut darauflosleben, beginnen sie, wenn sie anfangen, nicht nur eine Entwickelung anzustreben, sondern wenn sie auch nur Anthroposophen werden, ungeheuer stark sich mit ihrem eigenen Ich zu beschäftigen; dann tauchen überall Illusionen auf, über welche die Resolutheit des Lebens die Menschen vorher leicht hinweggeführt hat.

Warum geschieht das? Weil der Mensch nicht so recht etwas mit sich anzufangen weiß, wenn alles, was da aus seinem eigenen Inneren aufsteigt, sich mit seinem Wesen verbindet. Er weiß damit nichts anzufangen, wird recht unerfahren über sich selbst. Früher war er aufmerksam und ließ sich leicht anziehen durch das Äußere. Jetzt wird er mehr abgelenkt, mehr in sein Inneres gelenkt, und jetzt steigt auf allerlei an Gefühlen, die in ihm selbst saßen. Warum taucht das auf? Was er jetzt möchte, das ist, so recht «Ich» sein, so recht unabhängig sein von der Außenwelt. Allerdings verfällt er dann oft in den Fehler, daß er im Anfang am liebsten oft wie ein Kind behandelt sein möchte, dem man alles klar sagt, was es tun soll. Er möchte alles sein – nur nicht ein Mensch, der sich selbst Richtung und Ziel gibt aus dem, was er aus dem esoterischen Leben bekommt. Das ist er noch nicht gewohnt zu bedenken. Aber er hat das Gefühl, daß ihn störe die Abhängigkeit von der Außenwelt. Und am höchsten treten die Störungen gerade auf, wenn man so recht unabhängig sein will, wenn man auf seine Egoität so recht achtgeben muß. Aber wenn man der Egoität so recht nachgehen will, dann ist es höchst trivial, daß man dann von der Umwelt leiblich durch eines nicht loskommen kann, nämlich durch den Umstand, daß die Menschen essen müssen! Das ist zwar höchst trivial, aber es ist doch für viele ein fataler Umstand. Man kann daran lernen, wie wenig wir sind ohne unsere Umwelt. Und es ist ein sehr berechtigtes Beispiel dafür, daß wir abhängig sind von unserer Umwelt, ohne die wir nicht leben können, und so recht sind wie der Finger an der Hand: wenn wir ihn abschneiden, da verdorrt er auch. Also eine ganz triviale Anschauung kann uns zeigen, wie wir abhängig sind von der Umwelt.

Wenn diese Egoität aufs höchste gespannt wird, kann sie sich umwandeln in den Wunsch: Wenn ich doch nur unabhängig werden könnte von der Umwelt und fähig würde, dasjenige, was mich so sehr meine Abhängigkeit von der Umwelt fühlen läßt, was ich als gewöhnlicher Mensch im physischen Leben nötig habe, mir selber herzuzaubern! Das ist tatsächlich ein Wunsch, der bei denen auftreten kann, welche die Einweihung suchen. Geradezu ein Haß kann auftreten, daß man abhängig ist von der Umgebung und sich nicht zaubern kann die Nahrungsmittel, daß man nicht einfach schaffen kann, daß sie da sind. Es sieht so sonderbar aus, wenn man es sagt, weil paradox gerade diejenigen Wünsche beim Menschen ausschauen, die im kleinen wirklich bald auftreten, wenn er eine Entwickelung sucht, die aber so absurd sind, wenn man sie im Extrem darstellt. Der Mensch weiß gar nicht, daß er sie im kleinen hat. So stark hat sie freilich kein Mensch – weil er zu sehr an äußeren Gewohnheiten hängt –, daß er sich der Illusion hingibt zu sagen, er könnte sich Lebensmittel durch Zauberei schaffen, er könnte leben durch etwas, was nicht aus dem äußeren Reiche, aus Malchuth genommen ist. Aber ins Extrem getrieben, würde es so sein, daß der Mensch glauben könnte: Wenn ich es nur einmal so weit gebracht hätte, in meinem astralischen Leibe und Ich so recht zu leben, daß ich auf meinen eigenen Wünschen stünde, dann brauchte ich die ganze Umwelt nicht mehr!

Diese Versuchung tritt auf. Und bei demjenigen, der sie am höchsten durchzumachen hatte, wird sie so charakterisiert, daß der Versucher, der dem Christus Jesus entgegentritt, ihm sagt, er solle die Steine zu Brot machen. Da haben Sie den höchsten Grad der Versuchung. Es ist in der Tat das Hinuntersteigen in das eigene Innere in der Versuchungsgeschichte in wunderbarer Weise im Matthäus-Evangelium geschildert (Matth. 4, 1–11).

Nun, der zweite Grad tritt auf, nachdem man in seinen astralischen Leib schon eingetaucht ist und sich wirklich gegenübergestellt sieht all diesen Emotionen und Leidenschaften, die einen so recht zu einem paradoxen Egoisten machen könnten. Wenn man sich dem gegenübergestellt fühlt, so möchte man doch – ohne daß man es überwindet, ohne daß man sich dagegen feit – sich hinunterstürzen in den Ätherleib und physischen Leib. Das ist in der Tat eine Situation, die als ein Hinunterstürzen in den Abgrund geschildert werden kann. So ist sie auch im Matthäus-Evangelium geschildert: wie ein Hinunterstürzen in das, woran man bis jetzt nicht viel hat verderben können, in den Ätherleib und physischen Leib. Aber man sollte es nicht vor dem Überwinden der Leidenschaften und Emotionen haben. Die Christus-Wesenheit weiß das, und sie entgegnet dem Versucher, indem sie das sich Entgegenstellende durch die eigene Kraft überwindet: «Du sollst die Wesenheit, der du dich übergeben sollst, nicht selbst versuchen!» (Matth. 4, 7).

Und die dritte Stufe beim Hinuntersteigen in den physischen Leib ist folgende. Wenn dieses Hinuntersteigen auftritt als Versuchung, dann charakterisiert es sich in besonderer Weise. Es ist ein Erlebnis, das in der Tat der Mensch haben kann bei der Einweihung, ein Erlebnis, das jeder haben muß, wenn er die Stufe erreicht beim Hinuntersteigen in den physischen Leib und Ätherleib, daß er sich sozusagen von innen sieht. Da sieht er alles, was in den drei höchsten Eigenschaften ist. Das ist ihm wie eine Welt. Aber zunächst ist es eine Welt, die nur in seiner eigenen Illusion ist, eine Welt, die er nicht als innere Wahrheit sehen kann, wenn er nicht die Hülle des physischen Leibes durchdringt und zu den geistigen Wesenheiten selber aufsteigt, die nicht mehr selbst im physischen Leibe sind, sondern die nur in ihm arbeiten. Wenn wir nicht loskommen von der Egoität, dann ist es noch immer der Versucher der physischen Welt, Luzifer oder Diabolus, der uns über uns selbst täuschen will. Dann verspricht er uns alles, was uns entgegentritt, was aber nichts anderes ist als das Geschöpf unserer eigenen Maja, unserer eigenen Illusion. Wenn uns dieser Geist der Egoität nicht entläßt, dann sehen wir eine ganze Welt, aber eine Welt der Täuschung und Lüge; und er verspricht uns diese Welt. Aber wir dürfen nicht glauben, daß es eine Welt der Wahrheit ist. Wir kommen zunächst in diese Welt; aber wir bleiben in Maja, wenn wir nicht wieder von dieser Welt loskommen.

Diese drei Stufen der Versuchung lebt wie in einem Modell, wie in einem Muster, die Christus-Wesenheit der Menschheit vor. Und indem es einmal erlebt wird außerhalb der alten Mysterienstätten, erlebt wird durch die Kraft einer Wesenheit, die in den drei menschlichen Leibern selber lebt, wird der Impuls gegeben, damit die Menschheit in der Zukunft selber im Fortlauf der Entwickelung so etwas erreichen kann: daß der Mensch mit dem Ich, mit dem er in Malchuth, in dem Reiche sein kann, auch in die geistige Welt hinaufsteigen kann. Das sollte erreicht werden, daß das, was die zwei Welten trennt, nicht mehr besteht, und daß der Mensch mit dem Ich, das in Malchuth lebt, in die geistigen Welten hinaufsteigen kann. Das war für die Menschheit erreicht durch die Überwindung der Versuchung, wie sie im Matthäus-Evangelium geschildert wird. Das war erreicht, daß nun in einer Wesenheit, die auf der Erde lebte, das Musterbild da war von dem Hinauftragen des Ich für das Reich in die höheren Reiche und höheren Welten.

Was mußte also die Errungenschaft dessen sein, was die Christus-Wesenheit sozusagen vorgelebt hat in einer äußeren historischen Form, was sich sonst nur hinter dem Schleier der Mysterien abgespielt hat? Das mußte sein die Predigt von dem Reiche. Und wenn das Matthäus-Evangelium sachgemäß zunächst die Versuchung schildert, wird es nach der Versuchung schildern die Phase von dem Hinauftragen des Ich, das in sich selbst die geistige Welt erleben kann und nicht erst dazu aus sich herauszuschreiten braucht. Das Geheimnis von diesem Ich, das nach dem Muster, wie man lebt im äußeren Reich, hinaufsteigt in die geistige Welt, dieses Geheimnis sollte nun in der äußeren Welt durch die Christus-Wesenheit in denjenigen Zeiten enthüllt werden, die uns charakterisiert werden, nachdem uns die Versuchungsgeschichte im Matthäus-Evangelium gezeigt worden ist. Da setzen jene Kapitel ein, die mit der Bergpredigt beginnen und damit die Darstellung dessen, was der Christus gab als die Anschauung von dem Reich, von Malchuth (Matth. 5–7).

So tief ist dasjenige, was Sie im Matthäus-Evangelium suchen müssen. Sie müssen tatsächlich die Quellen und Elemente für das Matthäus-Evangelium suchen in der Geheimlehre nicht nur der Essäer, sondern überhaupt in der ganzen althebräischen und griechischen Welt. Dann bekommen wir auch für eine solche Urkunde jene heilige Ehrfurcht, jenen heiligen Respekt, von dem schon in München gesprochen worden ist, daß man sie bekommt, wenn man, ausgerüstet mit den Forschungsergebnissen der Geisteswissenschaft, herantritt an diese Urkunden, welche die Seher uns gegeben haben. Wenn wir hören, daß so etwas gesagt wird von den alten Sehern, dann fühlen wir, wie sie herübersprechen zu uns aus den alten Zeiten. Und es ist wie ein Herüberdringen einer Geistessprache, welche die großen Individualitäten durch die Jahrhunderte miteinander führen, so daß die Menschen zuhören können, die zuhören wollen. Allerdings nur jene Menschen, welche das – auch evangelische – Wort verstehen: «Wer Ohren hat zu hören, der höre!» (Matth. 11, 15). Aber wie einst vieles dazu gehört hat, daß die physischen Ohren in uns entstanden sind, so gehört manches dazu, daß die geistigen Ohren entstehen, durch die wir verstehen, was in jenen großen, gewaltigen geistigen Urkunden gesagt wird.

Dazu soll ja unsere neuere Geisteswissenschaft da sein, daß wir wieder lesen lernen die geistigen Urkunden. Und erst wenn wir so ausgerüstet sind mit dem Verständnis für das Ich, für das Wesen des Ich im Reiche, dann werden wir verstehen können jenes Kapitel, das im Matthäus-Evangelium beginnt mit den Worten: «Selig sind die, die da Bettler sind um Geist; denn sie werden durch sich selbst, durch ihr eigenes Ich, finden die Reiche der Himmel!» (Matth. 5, 3). Ein alter Eingeweihter hätte gesagt: Vergeblich hättet ihr im eigenen Ich gesucht die Reiche der Himmel! – Der Christus Jesus aber sagte: Die Zeit ist gekommen, daß die Menschen im eigenen Ich den Geist finden werden, wenn sie suchen werden die Reiche der Himmel!

Die Herausführung tiefer Mysteriengeheimnisse in die äußere Welt, das ist das historische Christus-Ereignis. Und in diesem Sinne werden wir das historische Christus-Ereignis noch näher zu betrachten haben. Sie werden dann sehen, wie die Worte zu deuten sind, die in der Bergpredigt mit «Selig sind ...» beginnen.

NEUNTER VORTRAG

Bern, 9. September 1910

Aus alledem, was wir in den Vorträgen dieses Zyklus bereits gehört haben, hat sich uns herausgestellt, daß das Wesentliche des Christus-Ereignisses in folgendem besteht. Jene menschliche Entwickelung, welche wir bezeichnet haben als das Hinaufleben der Seele zu den Reichen des Geistes, die in vorchristlichen Zeiten nur innerhalb der Mysterien erreicht werden konnte, und zwar nur dadurch, daß das Ich in einer gewissen Weise, soweit es entwickelt war im normalen Menschenbewußtsein, herabgestimmt wurde, jene menschliche Entwickelung sollte einen solchen Impuls erhalten, daß sie – was ja allerdings noch der Zukunft der Menschen zum größten Teil angehört – für den Menschen so erreicht werden kann, daß er beim Eintritt in diese geistige Welt voll erhalten kann dasjenige Ich-Bewußtsein, welches ihm für unsere Zeiten normalerweise nur für den äußeren physisch-sinnlichen Plan zukommt. Dieser Fortschritt in der Menschheitsevolution, der so durch das Christus-Ereignis gegeben war, ist zugleich der größte Fortschritt, der in der Erdenentwickelung und Menschheitsevolution jemals hat gemacht werden können und jemals wird gemacht werden können. Das heißt, alles, was in bezug auf eine solche Tatsache noch kommen soll in der Erdenentwickelung, ist eine Ausgestaltung, eine Ausführung des großen Impulses, der mit dem Christus-Ereignis gegeben worden ist.

Nun fragen wir uns einmal: Was mußte denn eigentlich da eintreten? Es mußte in einer gewissen Weise das sich wiederholen, im einzelnen sich wiederholen, was zu den Geheimnissen der alten Mysterien gehörte. Zu den Geheimnissen der alten Mysterien hat es ja zum Beispiel gehört, wie es auch heute noch in einer gewissen Weise zu denselben gehört, daß der Mensch beim Hineinsteigen in den eigenen physischen Leib und Ätherleib im Astralleibe jene Versuchungen erlebt, von denen wir gestern gesprochen haben. Und in den griechischen Mysterien mußte der Mensch wieder erleben alle die Schwierigkeiten und Gefahren, die an uns herantreten, wenn wir uns ergießen, uns ausbreiten in den Makrokosmos. Auch das haben wir genauer beschrieben. Diese Ereignisse, die der Mensch da nach der einen oder der anderen Richtung der Einweihung erlebt, wurden mustergültig als einmaliger Impuls einer großen, überragenden Individualität von dem Christus Jesus erlebt, auf daß der Anstoß gegeben sei, daß nach und nach in der künftigen Evolution die Menschen eine solche Entwickelung, ausgehend von der Initiation, durchmachen können. Betrachten wir also zuerst einmal, was sich vollzogen hatte in den Mysterien.

Schildern wir es, so werden wir sagen: Zwar wurde alles, was von der menschlichen Seele vollzogen wurde, so vollzogen, daß das Ich abgedämpft, mehr in eine Art halb traumhaften Zustandes versetzt war, aber es machte das Innere, das Seelenhafte des Menschen gewisse Tatsachen durch, die in folgender Weise geschildert werden können. Es machte der Mensch das durch, daß der Egoismus erwacht; er will unabhängig sein von der Außenwelt. Aber – wie wir es gestern zeigten – weil jeder Mensch abhängig ist von der Außenwelt, da er sich nicht die Nahrungsmittel zaubern kann, und weil er abhängig ist von dem, was sich durch seine physische Körperlichkeit ergibt, so ist er der Illusion ausgesetzt, daß er das, was sich bloß aus der physischen Körperlichkeit ergibt, für die Welt und ihre innere Herrlichkeit hält. Das machte jeder Schüler, jeder zu Initiierende in den Mysterien durch, nur eben in einem anderen Zustande, als es der Christus Jesus durchmachte auf einer höchsten Stufe. Beschreibt also jemand, was da durchgemacht werden kann, einzig und allein den Tatsachen entsprechend für den Schüler der alten Mysterien, beschreibt er es bei dem Leben des Christus Jesus, so ist die Beschreibung der Tatsachen in einer gewissen Weise ähnlich. Denn das ist ja geschehen, daß das, was sich im Dunkel der Mysterien abgespielt hat, herausgetreten ist auf den Plan der Weltgeschichte und einmaliges historisches Ereignis geworden ist.

Nehmen wir nun einmal folgenden Fall an – was ja immer geschehen ist im Altertum, namentlich in den letzten Jahrhunderten vor dem Erscheinen des Christus –: Irgendein Maler oder Schriftsteller habe Kunde erhalten, diese oder jene Prozeduren werden vorgenommen, wenn jemand eingeweiht werden soll, und er habe das gemalt oder habe es beschrieben. So wird ein solches Gemälde, eine solche Beschreibung ähnlich sein können demjenigen, was uns die Evangelien schildern von dem Christus-Ereignis. So können wir uns vorstellen, wie in manchen alten Mysterien der Einzuweihende, nachdem er gewisse Vorbereitungen durchgemacht hatte, dann, um frei zu werden in seinem Seelischen, mit seinem Leiblichen an eine Art Kreuz gebunden worden ist mit ausgebreiteten Händen. In diesem Zustande blieb er eine Zeit, um das Seelische herauszuheben, damit er das durchmachen konnte, was wir dargestellt haben. Das alles also sei gemalt oder schriftstellerisch geschildert worden. Dann könnte das heute jemand finden und sagen: Es ist von diesem Schriftsteller aus einer alten Überlieferung hingeschrieben, beziehungsweise von einem Maler gemalt worden, was in den Mysterien durchgemacht wurde. Und er kann dann sagen, in den Evangelien finde sich nur wiederum aufgezeichnet, mitgeteilt, was schon früher vorhanden war!

Das kann man in zahlreichen Fällen finden. In welchem großen Umfange das gilt, habe ich umfassend gezeigt in meinem Buche «Das Christentum als mystische Tatsache», in dem ich geschildert habe, wie alles, was Geheimnis der alten Mysterien ist, wieder auflebt in den Evangelien, wie die Evangelien im Grunde nichts anderes sind als Wiederholungen der alten Beschreibungen der Einweihung in den Mysterien. Und warum konnte man denn einfach den alten Mysterienvorgang beschreiben, indem man mitteilte, was mit dem Christus Jesus vorging? Man konnte es, weil man eben alles, was in den alten Mysterien vorging, was als ein innerer Seelenvorgang vorging, als eine historische Tatsache sich abspielen sah, weil das Christus Jesus-Ereignis, erhöht zur Ich-Wesenheit, dasjenige wiedergab, was symbolische oder auch realsymbolische Handlungen der alten Initiation waren. Diese Tatsache müssen wir uns gegenwärtig halten. Gerade der, der fest auf dem Boden steht, daß das Christus-Ereignis ein historisches ist, daß sich als historische Tatsache abgespielt hat, was früher Mysterienvorgänge waren, nur für andere menschliche Zustände, der mag verzeichnen die Gleichheit der Christus-Biographie in den Evangelien mit den Vorgängen in den Mysterien.

Man könnte, um ganz genau zu schildern, es auch so sagen: Da nahmen wahr, die berufen waren es wahrzunehmen, das Christus-Ereignis in Palästina, nahmen wahr das Erfüllen der Essäerweissagung, die Johannes-Taufe im Jordan, die Versuchung, dann, was darauf folgt, das Gekreuzigtwerden und so weiter. Da konnten sie sich sagen: Nun haben wir ein Leben vor uns, ein Leben einer Wesenheit in einem Menschenleibe. Wenn wir dieses Leben überschauen in seinen allerwichtigsten, wesentlichsten Punkten, auf die es ankommt, was sind dann diese Punkte? Merkwürdig, wir finden da gewisse Punkte, die sich vollziehen im äußeren historischen Leben, und dieselben Punkte sind es, die sich abspielen in den Mysterien bei dem, der die Einweihung sucht. Wir brauchten also nur den Kanon eines Mysteriums zu nehmen und hätten in diesem Kanon das Vorbild eines Vorganges, den wir hier als historische Tatsache beschreiben dürfen!

Das ist ja gerade das große Geheimnis, daß dasjenige, was im Tempeldunkel früher begraben war, sich dort abspielte und dann nur in seinen Resultaten hinausgetragen wurde in die Welt, für diejenigen, welche der geistigen Anschauung teilhaftig waren, sich abspielte auf dem großen Plan der Weltgeschichte mit dem Christus-Ereignis. Allerdings muß man sich dabei klar sein, daß man in der Zeit, als die Evangelisten schrieben, keine solchen Biographien verfaßte, wie es heute vorkommt, wenn man eine Biographie über Goethe, Schiller oder Lessing schreibt, wo man in alle Winkel hineinkriecht, jeden kleinen Zettel zusammenträgt, um dann das als das Wichtigste zu einer Biographie zusammenzufassen, was wirklich das Unwesentlichste ist. Während man über dieser Zettelkasten-Sammlung nicht dazu kommt, die wesentlichsten Punkte ins Auge zu fassen, auf die es ankommt, begnügten sich die Evangelisten damit, das Wesentliche im Leben des Christus Jesus zu beschreiben. Und dies Wesentliche ist, daß das Christus-Leben im großen Plan der Weltgeschichte eine Wiederholung der Einweihung war. Dürfen wir uns wundern, daß die Tatsache so ist, daß in unserer Zeit etwas eintreten konnte, was ungeheuer viele Menschen wirklich verblüfft? Und dieses, was die Menschen da verblüfft, wird sich uns noch krasser ergeben, wenn wir auf folgendes aufmerksam machen.

Wir haben Mythen und Sagen aus alten Zeiten. Was sind sie? Wer Mythen und Sagen kennt, wer weiß, was sie sind, wird in vielen von ihnen die Wiedererzählung von Vorgängen finden, die das alte hellseherische Bewußtsein in den geistigen Welten gesehen hat, gekleidet in sinnliche Vorgänge; oder er wird andere Mythen und Sagen kennenlernen, die im wesentlichen nichts anderes sind als die Wiedergaben der Mysterienvorgänge. So ist zum Beispiel der Prometheus-Mythus zu einem Teil Wiedergabe von Handlungen in den Mysterien, und so viele andere Mythen auch. So zum Beispiel finden wir wiederholt jene Darstellung, wo uns Zeus erscheint, neben ihm eine niedere Gottheit, die – wie man es im griechischen Sinne durchaus ausdrücken konnte – dazu bestimmt ist, Zeus zu versuchen. «Pan, den Zeus versuchend.» Auf einer Anhöhe Zeus, Pan neben ihm und Zeus versuchend, das finden Sie in der verschiedensten Weise dargestellt. Wozu wurden solche Darstellungen gegeben? Weil sie ausdrücken sollten den Vorgang des Hinuntersteigens des Menschen in das Innere, da, wo er antrifft seine eigene niedere Natur, die egoistische Pan-Natur, wenn er in den physischen Leib und Ätherleib hinuntersteigt. – Und so ist die ganze alte Welt voll von Darstellungen solcher Vorgänge, die sich abspielten, wenn die Einzuweihenden den Weg in die geistige Welt durchmachten, und die in den Mythen und Symbolen künstlerisch wiedergegeben werden.

Heute finden sich – und das ist es, was viele Leute verblüfft, die die Tatsachen nicht kennenlernen können oder nicht wollen –, heute finden sich viele leichtfertige Menschen, welche die großartige Entdekkung machen, daß so etwas vorhanden ist wie ein Bild: «Pan neben dem Zeus auf einem Berge, den Zeus versuchend», und da sagen sie dann: Daran sehen wir ja klar – die Szene der Versuchung Christi ist also schon dagewesen. Die Evangelisten haben also nichts anderes getan, als eine alte bildliche Darstellung aufgegriffen, und die Evangelien sind kombiniert aus diesen alten Darstellungen! – Wenn sie aber daraus kombiniert sind, dann schließen solche Leute daraus, daß sie überhaupt nichts Besonderes erzählen, sondern nur zusammengestellt sind aus den Mythen, um von einem erdichteten Christus Jesus zu sprechen. Und eine große Bewegung hat es in Deutschland gegeben, wo man in leichtfertiger Weise über das Thema sprach, ob der Christus Jesus je gelebt habe. Und immer wieder werden mit einer geradezu grotesken Sach-Unkenntnis – aber mit tiefer Gelehrsamkeit – all die verschiedenen Sagen und Mythen aufgezählt, welche zeigen sollen, daß da oder dort die Szenen schon da waren, die uns in den Evangelien wieder entgegentreten. Nichts nützt es in unserer Zeit, den Menschen irgend etwas von dem wahren Sachverhalt beizubringen, obwohl dieser charakterisierte Tatbestand durchaus denen, die diese Dinge kennen, bekannt ist. So aber entwickeln sich geistige Bewegungen in unserer Zeit. Sie entwickeln sich wahrhaftig in grotesker Weise!

Ich würde hier wirklich nicht episodenhaft davon sprechen, wenn man nicht doch immer wieder in die Lage käme, Stellung nehmen zu müssen gegen Einwendungen, welche von da oder dort her scheinbar aus einer recht tiefen Gelehrsamkeit hervorgebracht werden gegen die Aufstellungen und Tatsachen, welche von der Geisteswissenschaft gegeben werden.

Was ich hier dargestellt habe, ist der wahre Sachverhalt. Und es müssen uns die Darstellungen, die aus den Mysterien kommen, wiederbegegnen in den Evangelien, da sie das Geheimnis der Einweihung anwenden auf eine ganz andere Individualität und gerade zeigen wollen: Was sich früher in den Mysterien vollzogen hat durch Herabdämpfung des Bewußtseins, das hat sich hier vollzogen als etwas Besonderes, weil ein Ich-Wesen ohne Herabdämpfung des Ich-Bewußtseins diese Prozeduren durchmachen sollte, die früher in den Mysterien durchgemacht wurden! – So darf man sich nicht verwundern, wenn gesagt wird: Es gibt kaum etwas in den Evangelien, was nicht vorher schon da war. Nur war es so da, daß man in bezug auf alles dieses Vorhergehende hätte sagen können: Ja, der Mensch mußte hinaufsteigen in die Reiche der Himmel; es ist nicht so, daß zum Ich schon heruntergekommen wäre, was man die Reiche der Himmel nennt. Das ist aber das wesentlich Neue, daß das, was früher nur durch Abdämpfung des Ich in anderen Regionen erlebt werden konnte, jetzt mit Aufrechterhaltung des Ich in Malchuth, im Reiche, erlebt werden konnte.

Deshalb wird der Christus Jesus, nachdem er erlebt hat, was uns im Matthäus-Evangelium als Versuchung geschildert wird, der Prediger von dem «Reich». Was hatte er da im Grunde zu sagen? Er hatte zu sagen: Was früher dadurch erreicht wurde, daß der Mensch sein Ich herabdämpfte und sich mit anderen Wesenheiten erfüllte, das wird jetzt mit Aufrechterhaltung dieses Ich erreicht werden! Also gerade das ist das Wesentliche, daß er betont: Was früher in anderer Weise erreicht wurde, das wird jetzt erreicht werden bei voller Aufrechterhaltung des Ich. Daher durften nicht nur die Ereignisse, welche Einweihungsereignisse sind, im Christus-Leben wiederholt werden, sondern auch in der «Predigt vom Reiche» wird es das Wesentliche sein, daß betont wird: Alles, was denjenigen versprochen worden ist, die früher in die Mysterien kamen oder die Lehren der Mysterien annahmen, das kommt jetzt denen zu, die in sich erleben die Ich-Wesenheit und sie so erleben, wie es uns durch den Christus vorgelebt worden ist.

Also es muß uns alles, selbst in bezug auf die Lehre, wiederkehren. Wir dürfen uns aber nicht verwundern, daß gerade der Unterschied auftritt gegenüber den alten Lehren, daß betont wird: Was früher nicht mit dem Ich erreicht werden konnte, das kann jetzt innerhalb des Ich erreicht werden! Nehmen wir an, Christus wollte die, welche er auf diese große Wahrheit hinweisen wollte, darauf aufmerksam machen, daß früher die Menschen nach dem, was an Lehren der Mysterien zu ihnen herausgedrungen war, immer hinaufgeschaut haben zum Reiche der Himmel und gesagt haben: Von dort herunter – aber nicht hineintauchend in unser Ich – kann kommen, was uns selig macht. Dann wäre es notwendig gewesen, daß der Christus dasjenige, was früher gesagt wurde über den göttlichen Vaterquell des Daseins, beibehalten hätte, denn der war ja erreichbar im Hinaufleben mit herabgedämpftem Ich, und nur die Nuancen, auf die es ankam, geändert hätte. So müßte er zum Beispiel gesprochen haben: Wenn man früher gesagt hat, ihr müßt hinaufschauen zu den Reichen, wo der göttliche Vaterquell des Daseins ist, und ihr müßt warten, daß er aus den Reichen der Himmel herunterleuchtet, so wird man jetzt sagen können: Nicht nur leuchtet er zu euch herunter, sondern was da oben gewollt wird, das muß eindringen in die tiefste Ich-Natur des Menschen und dort auch gewollt werden.

Nehmen wir an, alle die einzelnen Sätze des Vaterunsers wären auch früher dagewesen, und es hätte nur dieser einen Veränderung bedurft: Früher schaute man auf zu dem alten göttlichen Vatergeist so, daß alles, was dort ist, erhalten bleibt und in euer irdisches Reich herunterschaut. Jetzt aber – hätte der Christus sagen müssen – muß dieses Reich herunterkommen auf die Erde selber, wo das Ich ist; und der Wille, der oben geschieht, muß auch auf der Erde geschehen. – Was wird die Folge solcher Tatsache sein? Die Folge wird die sein, daß der Tieferblickende, der einen Sinn hat für die feinen Nuancen, auf die es ankommt, sich gar nicht verwundert, daß die Sätze des Vaterunsers in alten Zeiten auch dagewesen sein könnten. Der Oberflächliche aber wird diese feinen Nuancen nicht bemerken; denn darauf kommt es ihm nicht an. Auf den Sinn des Christentums kommt es ihm nicht an, denn den versteht er nicht! Und wenn er diese Sätze in alten Zeiten finden wird, dann wird er daher sagen: Da habt ihr es, die Evangelisten schreiben vom Vaterunser. Aber das war ja früher schon da! – Da er die Nuancen, auf die es ankommt, nicht bemerkt, wird er sagen: Das Vaterunser war früher schon da! – Aber jetzt bemerken Sie den gewaltigen Unterschied zwischen wahrer Schriftauffassung und oberflächlicher Betrachtung. Darauf kommt es an, daß derjenige, der die neuen Nuancen merkt, sie anwendet auf das Alte. Der Oberflächliche aber, der diese Nuancen nicht bemerkt, wird nur konstatieren, daß das Vaterunser schon früher da war.

Diese Tatsachen müssen episodenhaft erlebt werden und müssen einmal hier erwähnt werden, weil die Anthroposophen in die Lage versetzt werden sollen, demjenigen ein wenig zu begegnen, was sich heute auftut als dilettantische Gelehrsamkeit, was aber durch hundert und Hunderte von Zeitungskanälen geht und dann von den Leuten als «Wissenschaft» genommen wird. – Ich möchte in bezug auf das Vaterunser eines sagen: Es hat tatsächlich einem Manne gefallen, aus allen möglichen Überlieferungen der alten Zeiten, aus allen möglichen Talmudstellen Sätze zusammenzusuchen, die etwas Ähnliches wie das Vaterunser ergeben. Wohl gemerkt: Es ist nicht etwa so, daß das, was der betreffende Gelehrte zusammengestellt hat, sich auch irgendwo in dieser Zusammenstellung außerhalb der Evangelien fände; sondern die einzelnen Sätze sind es, die sich da oder dort finden. Wenn man das ins Groteske übertragen wollte, könnte man auch sagen: Die ersten Sätze des Goetheschen «Faust» sind von Goethe auch nur in dieser Weise zusammengestellt worden! Und man würde jetzt vielleicht nachweisen können: Da gab es im 17. Jahrhundert einen Studenten, der im

Examen durchgefallen war, und der dann hinterher zu seinem Vater gesagt hat: Habe nun, ach, Juristerei durchaus studiert mit heißem Bemüh'n! – Und ein anderer, der in der Medizin durchgefallen war, sagte in ähnlicher Weise: Habe nun, ach, Medizin durchaus studiert mit heißem Bemüh'n! – Und daraus hätte dann Goethe die ersten «Faust»-Sätze zusammengesetzt. Das ist paradox! Aber im Prinzip und in der Methode ist es ganz dasselbe, was uns in der Evangelienkritik entgegentritt.

So zusammengestoppelt finden Sie folgende Sätze, die, wie oben charakterisiert, das Vaterunser ergeben sollen:

«Vater unser, der du bist im Himmel, sei uns gnädig; o Herr unser Gott, geheiligt werde dein Name, und lasse das Gedächtnis deiner im Himmel oben verherrlicht sein wie hienieden auf Erden. Lasse dein Reich über uns herrschen jetzt und immerdar. Die heiligen Männer alter Zeiten sagten: Lasse allen Menschen nach und vergib ihnen, was immer sie mir angetan haben. Und führe uns nicht in Versuchung. Sondern erlöse uns vom Bösen. Denn dein ist das Himmelreich, und du sollst herrschen in Herrlichkeit immer und ewig.»

Das sind Sätze, zusammengestellt auf die Weise, wie ich es eben geschildert habe – das heißt, das Vaterunser ist zusammen; es fehlt nur die Nuance, auf die es ankommt, und die hineinkommen mußte, wenn auf die große Bedeutsamkeit des Christus-Ereignisses hingewiesen werden sollte. Und diese Nuance besteht darin, daß in keinem Satz gesagt ist, daß das Reich herniederkommen solle. Es ist gesagt: «Lasse dein Reich über uns herrschen jetzt und immerdar», aber nicht: «Dein Reich komme zu uns!» Das ist das Wesentliche. Aber der Oberflächliche bemerkt es nicht. Und trotzdem diese Sätze zusammengeholt sind, nicht aus einer, sondern aus vielen Bibliotheken, ist auch das nicht aufzufinden gewesen, worauf es im Vaterunser ankommt: «Dein Wille geschehe im Himmel, also auch auf Erden.» Das heißt, er greift ein in das Ich. Hier haben Sie, wenn Sie es nur rein äußerlich wissenschaftlich nehmen, den Unterschied zwischen einer scheinbaren Forschung und einer wirklich gewissenhaften Forschung, die auf alle Einzelheiten Rücksicht nimmt. Und diese wirklich gewissenhafte Forschung ist da, wenn man nur auf sie eingehen will.

Ich habe Ihnen diese Sätze aus einem Buche vorgelesen, absichtlich aus einem gedruckten Buche – *John M. Robertson,* «Die Evangelien-Mythen» –, weil es ein Buch ist, das als eine Art modernes Evangelium jetzt auch ins Deutsche übersetzt worden ist, damit es allen zugänglich sein kann; denn derjenige, der die vielen Vorträge gehalten hat über die Frage, ob Jesus gelebt habe, der hat es noch im Englischen lesen müssen. Rasch ist es berühmt geworden und nun auch ins Deutsche übersetzt worden, damit es die Leute nicht mehr englisch zu lesen brauchen. – Es ist möglich geworden, daß ein Professor an einer deutschen Hochschule herumzieht, überall Vorträge hält über die Frage: «Hat Jesus gelebt?» und auf Grund der Tatsachen, die ich jetzt charakterisiert habe, die Antwort gibt: Aus keinem der Dokumente brauche man anzunehmen, daß das, was in den Urkunden gesagt ist, wahr ist, daß eine solche Persönlichkeit wie der Jesus gelebt habe. – Unter den vorzüglichsten Büchern, auf die man sich dabei berufen muß, ist auch dieses Buch von Robertson angeführt. Aber das sei zum eigenen Schutze der Anthroposophen gesagt: Aus diesem Buche, von dieser Geschichtsforschung der neutestamentlichen Urkunden werden Sie auch noch manches andere lernen können. Etwas besonders Charakteristisches möchte ich noch daraus mitteilen.

Es soll darin gezeigt werden, daß nicht nur aus den Talmudstellen sozusagen Vorläufer des Vaterunsers nachgewiesen werden können, sondern daß man um Jahrtausende zurückgehen könne und in Aufzeichnungen urältester Art überall Vorläufer des Vaterunsers finden könne. So wird gleich auf der nächsten Seite gezeigt – weil es sich ja darum handelt, daß das Vaterunser eine Zusammenstellung sein solle von etwas, was schon früher da war, und daß es keines Christus gebraucht habe, der es den Leuten erst vorgebetet hat –, es wird gezeigt, daß es ein Gebet in chaldäischer Sprache gibt, das man auf Täfelchen entdeckt hat, in welchem der altbabylonische Gott Merodach angerufen wird; und daraus werden nun einige Stellen angeführt. Und jetzt bitte ich Sie, recht aufmerksam zuzuhören. Die Stelle lautet:

«(Anmerkung.) Im Journal of the Royal Artistic Society, Oktober 1891, veröffentlichte Herr T. G. Pinches zum ersten Male die Übersetzung eines zu Sippara im Jahre 1882 gefundenen Täfelchens, wo bei

Anrufung des Merodach auch folgende Zeilen vorkommen: ‹Möge die Fülle der Welt in deine Mitte (deiner Stadt) herabkommen; möge dein Gebot erfüllt werden in aller Zukunft ... Möge der böse Geist außerhalb deiner wohnen.›»

Und der Gelehrte, auf den diese Stelle so großen Eindruck gemacht hat, fügt hinzu:

«Hier haben wir also Gebets-Normen, die in einer Linie mit dem ‹Vaterunser› stehen und vielleicht auf 4000 v. Chr. zurückgehen.»

Suchen Sie sich vernünftigerweise etwas, wo Sie eine Ähnlichkeit finden zwischen dem Vaterunser und diesen Sätzen! Dennoch aber gelten diese Sätze dem Manne als Gebetsnormen, denen das Vaterunser einfach nachgebildet ist. Aber diese Dinge gelten heute als wirkliche Forschung auf diesem Gebiete.

Es gibt noch einen anderen Grund, warum man das unter Anthroposophen sagen kann. Denn die Anthroposophen müssen auch ihr Gewissen beruhigen können; und ihr Gewissen könnte sich beschwert fühlen, wenn sie immer wieder hören müssen, die äußere Forschung habe dies und das festgestellt, oder wenn sie in Zeitungen oder Journalen lesen: Es ist jetzt in Asien ein Täfelchen gefunden worden, und aus der Lesung dieses Täfelchens hat sich herausgestellt, daß das Vaterunser schon viertausend Jahre vor Christus dagewesen ist. Wenn so etwas festgestellt wird, wäre es doch notwendig, zu fragen, woraufhin es denn festgestellt ist? Das wollte ich zeigen, worauf diese Dinge heute beruhen, wenn gesagt wird, daß sie «wissenschaftlich festgestellt sind». Solche Dinge gibt es auf Schritt und Tritt, und es ist nützlich, wenn sich die Anthroposophen kümmern um das Wurmstichige dessen, was hinter dem steht, was so oft der Anthroposophie entgegengehalten wird. – Aber gehen wir weiter.

Worauf es ankommt, ist, daß der Christus Jesus eine Menschheitsevolution inauguriert hat, die auf das Ich, auf das Vollerhaltensein des Ich begründet ist. Die Initiation des Ich hat er begründet, hat er inauguriert. Dann werden wir uns sagen können, daß dieses Ich das Wesentliche, das Zentrum ist der gesamten menschlichen Wesenheit, daß gleichsam in das Ich alles zusammenläuft, was heute Menschennatur ist, und daß alles, was für dieses Ich durch das Christus-Ereignis in die Welt gekommen ist, auch ergreifen kann alle übrigen Teile, alle übrigen Glieder der Menschennatur. Das aber wird natürlich in einer ganz besonderen Weise sein müssen und der Menschheitsevolution entsprechend.

Was wir entwickeln können, das geht insbesondere mit Klarheit aus diesen Vorträgen hervor. Des Menschen Erkennen der physisch-sinnlichen Umwelt, nicht nur durch die Sinne, sondern auch durch den Verstand, der an das Gehirn gebunden ist, ist ja erst in vollem Umfange vorhanden seit der Zeit, die kurz vor dem Christus-Ereignis liegt. Früher gab es immer für das, was der Mensch mit dem an das Gehirn gebundenen Intellekt erkennt, eine gewisse Art von Hellsehen, das heißt, die Menschen waren teilhaftig des Hellsehens. Daß dies der Fall war, wissen Sie ja aus meinen Vorträgen von den ersten Zeiten der atlantischen Entwickelung hinlänglich. Aber was noch im vollen Umfange in den ersten Zeiten der nachatlantischen Entwickelung vorhanden war als die allgemeine Verbreitung eines gewissen Grades von Hellsehen, das nahm langsam und allmählich ab. Bis in die Zeiten des Christus-Ereignisses herein gab es noch immer viele Menschen, die hineinschauen konnten in den Zwischenzuständen zwischen Wachen und Schlafen in die geistige Welt, die in besonderen Zwischenzuständen teilhaftig sein konnten der geistigen Welt. Ein solches Teilhaftigsein der geistigen Welt war aber für die allgemeine Menschheit nicht nur damit verknüpft, daß ein solcher Mensch, der im niederen Grade hellsehend war, sich sagen konnte: Ich weiß ja, daß hinter allem Physisch-Sinnlichen ein Geistiges ist, denn ich sehe es ja. Nein. Es war noch etwas anderes damit verknüpft. Die Natur des Menschen der alten Zeit war so, daß er noch leicht teilhaftig gemacht werden konnte der geistigen Welt. Heute ist es verhältnismäßig sehr schwierig, eine esoterische Entwickelung im richtigen Sinne durchzumachen, so daß der Mensch zum Hellsehen kommen kann. Als ein letzter Rest, als Erbschaft von alten Zeiten kommt Hellsehen heute als Somnambulismus und so weiter vor. Diese Zustände können aber nicht als etwas Reguläres heute gelten. In alten Zeiten aber waren sie etwas Normales und konnten erhöht werden, indem man gewisse Prozesse mit der menschlichen Natur vornahm. Wenn man die menschliche Natur zum

Hineinleben in die geistige Welt erhöhte, waren damit noch andere Dinge verknüpft.

Heute, wo man sich nicht richtet nach dem, was historisch ist, ist es ja so, daß über das, was historisch sein soll, dasjenige entscheidet, was man glaubt. Aber wie sehr es auch heute angezweifelt werden mag, so war es doch – selbst noch bis in die Zeiten des Christus hinein – so, daß zum Beispiel Heilungsprozesse vollzogen werden konnten, indem man den Menschen hellseherisch machte. Für die heutige Zeit, wo die Menschen tiefer hinuntergestiegen sind auf den physischen Plan, ist das ja nicht mehr möglich. Damals aber war die Seele noch leicht anzugreifen, so daß sie durch bestimmte Prozeduren hellseherisch gemacht werden konnte und sich hineinlebte in die geistige Welt. Und da die geistige Welt ein gesundendes Element ist und gesundende Kräfte bis in die physische Welt schickt, so war damit eine Möglichkeit gegeben, Heilungen einzuleiten. Nehmen wir also an, es war jemand krank, so unternahm man solche Prozesse, daß er hineinschaute in die geistige Welt. Und wenn dann die Ströme der geistigen Welt herunterflossen, dann waren es gesundende Ströme, die in seine Wesenheit herunterflossen. Solche Prozesse waren gewöhnlich die Heilungen. Was heute geschildert wird als «Tempelheilung», ist ein ziemlicher Dilettantismus. Alles ist in Entwickelung, und die Seelen sind seit jenen alten Zeiten fortgeschritten von einem Hellsehen zu einem Nichtmehrhellsehen. Früher aber konnte der hellseherische Zustand des Menschen so erhöht werden, daß gesundende Kräfte vom Geistigen aus hereinströmten in die physische Welt, so daß der Mensch für gewisse Krankheiten vom Geiste aus geheilt werden konnte. Daher werden wir uns nicht zu verwundern brauchen, wenn von den Evangelisten erzählt wird, daß jetzt durch das Christus-Ereignis die Zeiten herangekommen sind, wo nicht allein diejenigen in die geistige Welt hineinwachsen können, die das alte Hellsehen haben, sondern auch die, welche vermöge der Evolution der Menschheit das alte Hellsehen verloren haben.

Man könnte sagen: Schauen wir zurück in alte Zeiten. Da waren die Menschen teilhaftig eines Hineinschauens in die geistige Welt. Da bot sich ihnen der Reichtum der geistigen Welt im alten Hellsehen dar.

Jetzt sind aber arm an Geist, Bettler um Geist diejenigen geworden, die mit dem Fortschreiten der Entwickelung nicht mehr hineinschauen können in die geistige Welt. Aber dadurch, daß der Christus das Geheimnis in die Welt gebracht hat, daß in das Ich – auch in das Ich für den physisch-sinnlichen Plan – die Kräfte der Reiche der Himmel hineinfließen können, dadurch können auch diejenigen in sich den Geist erleben und selig, beseligt werden, die das alte Hellsehen und damit den Reichtum der geistigen Welt verloren haben. – Daher konnte das große Wort ausgesprochen werden: Selig sind von jetzt ab nicht mehr bloß die, welche reich sind an Geist durch das alte Hellsehen, sondern auch die, welche arm oder Bettler sind um Geist; denn es fließt in ihr Ich hinein, wenn ihnen der Weg durch den Christus eröffnet worden ist, dasjenige, was wir die Reiche der Himmel nennen können.

Es war also in alten Zeiten der physische Organismus bei den Menschen so, daß er ein teilweises Heraustreten der Seele selbst im normalen Zustande gestattete, so daß der Mensch durch dieses Heraustreten aus seinem physischen Leibe hellsehend wurde und ein Reicher des Geistes wurde. Mit der Verdichtung des physischen Leibes, die allerdings anatomisch nicht nachzuweisen ist, war verbunden, daß der Mensch kein Reicher im Reiche der Himmel mehr werden konnte. Wenn man den Zustand jetzt beschreiben wollte, müßte man sagen: Der Mensch ist ein Armer, ein Bettler um Geist geworden; aber in sich kann er durch das, was der Christus heruntergebracht hat, die Reiche der Himmel erleben. Das ist es, was man beschreiben könnte in bezug auf die Vorgänge des physischen Leibes.

Wollte man nun das, was vorging, in sachgemäßer Weise in bezug auf den Ich-Menschen beschreiben, so müßte man für jedes Glied der Menschennatur zeigen, wie es in sich beseligt werden könnte in einer neuen Art. In dem Satz: «Selig sind die Bettler um Geist; denn sie werden in sich finden die Reiche der Himmel!» ist die neue Wahrheit für den physischen Leib ausgesprochen. Für den Ätherleib könnte man sie so aussprechen: Im Ätherleib ist das Prinzip des Leides. Ein Lebewesen allein kann durch die Beschädigung seines Ätherleibes, wenn es noch einen astralischen Leib hat, leiden; aber es muß der Sitz des Leidens im Ätherleibe gesucht werden. Das werden Sie aus den verschiedenen Vorträgen entnehmen können. – Wollte man das, was früher an Heilungen herausfloß aus der geistigen Welt, was für den Ätherleib in Betracht kommt, ausdrücken in bezug auf die neue Wahrheit, so mußte man sagen: Diejenigen, die da leiden, können jetzt nicht nur dadurch getröstet werden, daß sie aus sich heraustreten und mit der geistigen Welt in Verbindung treten, sondern wenn sie jetzt in eine neue Verbindung mit der Welt eintreten, können sie getröstet werden in sich selber, weil eine neue Kraft durch den Christus in den Ätherleib hineingebracht worden ist. Für den Ätherleib ausgesprochen, mußte also die neue Wahrheit so lauten: Die Leidtragenden können jetzt nicht mehr bloß dadurch beseligt werden, daß sie sich hineinleben in eine geistige Welt und die Ströme der geistigen Welt im hellseherischen Zustande auf sich zukommen lassen; sondern wenn sie jetzt, sich hinlebend zu dem Christus, sich mit der neuen Wahrheit erfüllen, erleben sie in sich den Trost für alles Leid.

Was mußte nun in bezug auf den Astralleib gesagt werden? Wenn früher der Mensch die Emotionen, Leidenschaften und Egoismen seines astralischen Leibes niederhalten wollte, hat er hinaufgeschaut in die oberen Regionen und Kraft verlangt aus den Reichen der Himmel; da wurden mit ihm Prozeduren vorgenommen, welche abtöteten die schädigenden Instinkte seines astralischen Leibes. Jetzt aber war die Zeit gekommen, wo der Mensch durch die Tat des Christus in seinem Ich selbst die Macht erhalten sollte, zu zügeln und zu zähmen die Leidenschaften und Emotionen seines astralischen Leibes. Daher mußte jetzt die neue Wahrheit in bezug auf den astralischen Leib so lauten: Selig sind die, die sanftmütig sind durch sich selber, durch die Kraft des Ich; denn sie werden diejenigen sein, die das Erdreich erben! – Tiefsinnig ist dieser dritte Satz der Seligpreisungen. Prüfen Sie ihn einmal an dem, was wir aus der Geisteswissenschaft gewonnen haben. Der Astralleib des Menschen ist während des alten Mondendaseins in die menschliche Wesenheit eingefügt worden. Die Wesenheiten, welche auf den Menschen Einfluß gewonnen haben, nämlich die luziferischen Wesenheiten, sie haben sich auch besonders im astralischen Leibe festgesetzt. Dadurch kann der Mensch nicht von Anfang an sein höchstes Erdenziel erreichen. Die luziferischen Wesenheiten sind, wie wir wissen, auf der Mondenstufe zurückgeblieben und hielten den Menschen davon fern, sich auf der Erde in der richtigen Weise weiter zu entwickeln. Jetzt aber, wo der Christus heruntergestiegen war auf die Erde, wo das Ich imprägniert werden konnte von der Christus-Kraft, konnte der Mensch wirklich das Prinzip der Erde erfüllen, indem er in sich selber die Macht fand, den astralischen Leib zu zügeln und die luziferischen Einflüsse herauszutreiben. Daher konnte jetzt gesagt werden: Wer da zügelt seinen astralischen Leib, wer da stark wird, so daß er nicht in Zorn geraten kann, ohne daß sein Ich dabei ist, wer da «gleichmütig» ist und stark in seinem Inneren, um den astralischen Leib zu zügeln, der wird wirklich das Prinzip der Erdentwickelung erringen. – So haben Sie in dem dritten Satz der Seligpreisungen eine Formulierung, die durch Geisteswissenschaft begriffen werden kann.

Wie wird der Mensch nun dahin gelangen, die weiteren Glieder seiner Wesenheit durch die in ihm wohnende Christus-Wesenheit zu erhöhen, zu beseligen? Dadurch, daß das Seelische im ernsten und würdigen Sinne von der Ich-Kraft ergriffen wird wie das Physische. Steigen wir auf zur Empfindungsseele, dann können wir sagen: Der Mensch muß so werden, wenn er nach und nach den Christus in sich erleben will, daß er in dem, was seine Empfindungsseele ist, einen solchen Drang empfindet, wie er unwissentlich in seinem Leibe sonst den Drang empfindet, den man als Hunger und Durst bezeichnet. Er muß nach dem Seelischen so dürsten können, wie der Leib hungert und dürstet nach Nahrung und Trank. Was der Mensch so durch die Innewohnung der Christus-Kraft erreichen kann, das ist das, was man im alten Stil im umfassendsten Sinne als Durst nach der Gerechtigkeit bezeichnet hat. Und wenn er sich in seiner Empfindungsseele mit der Christus-Kraft erfüllt, kann er erreichen, daß er in sich selbst die Möglichkeit finden wird, sich zu sättigen seinen Durst nach Gerechtigkeit.

Besonders merkwürdig ist der fünfte Satz der Seligpreisungen. Und das dürfen wir erwarten. Er muß uns etwas ganz Besonderes darbieten: er muß sich beziehen auf die menschliche Verstandesseele oder Gemütsseele. Nun weiß jeder, der studiert hat, was in meinem Buche «Geheimwissenschaft im Umriß» oder in meiner «Theosophie» gesagt ist und was auch sonst seit Jahren in den verschiedensten Vorträgen verfolgt worden ist, daß die drei Glieder der Menschenseele – Empfindungsseele, Verstandes- oder Gemütsseele und Bewußtseinsseele – durch das Ich zusammengehalten werden. Es weiß jeder, daß in der Empfindungsseele das Ich noch in einem dumpfen Zustande vorhanden ist, in der Verstandes- oder Gemütsseele aber herausspringt, und daß dadurch der Mensch erst ganz Mensch wird. Während er für die niederen Glieder, selbst noch für die Empfindungsseele, von göttlich-geistigen Mächten beherrscht wird, wird er ein Eigenwesen in der Verstandesseele. Da leuchtet das Ich auf. Man muß also gewissermaßen für die Verstandes- oder Gemütsseele anders sprechen, wenn sie die Christus-Kraft erlangt hat, als für die niederen Glieder. In den niederen Gliedern setzt sich der Mensch in Beziehung zu gewissen göttlichen Wesenheiten, die hineinwirken in die untergeordneten Glieder, in den physischen Leib, Ätherleib, Astralleib und auch in die Empfindungsseele; und was der Mensch da als Tugenden und so weiter entwickelt, das wird auch wieder zu diesen göttlichen Wesenheiten heraufgenommen. Was sich aber in der Verstandes- oder Gemütsseele entwickelt, das wird, wenn sie die Christus-Eigenschaft entwickelt, vor allen Dingen eine menschliche Eigenschaft sein müssen. Wenn der Mensch selbst die Verstandesseele aufzufinden beginnt, wird er dadurch immer weniger abhängig von den göttlich-geistigen Kräften der Umgebung. Hier haben wir also etwas, was sich auf den Menschen selbst bezieht. Daher kann der Mensch, wenn er die Christus-Kraft aufnimmt, in der Verstandesseele jene Tugenden entwickeln, die von Gleichem zu Gleichem gehen, die nicht vom Himmel als Lohn erfleht werden, sondern die nun wieder zurückkommen zu der gleichen Wesenheit, wie es der Mensch ist. Wir müssen also sozusagen spüren, daß von den Tugenden der Verstandesseele so etwas herausströmt, daß wieder etwas Gleiches zu uns zurückströmt. – Merkwürdig: Der fünfte Satz der Seligpreisungen zeigt uns wirklich diese Eigenschaft. Er unterscheidet sich von allen anderen dadurch, daß gesagt wird – und wenn die Übersetzungen auch nicht besonders gut sind, so konnten sie doch diese Tatsache nicht verhüllen –: «Selig sind die Barmherzigen, denn sie können Barmherzigkeit erlangen!» Was herausströmt, strömt wieder zurück – wie es sein muß, wenn es im Sinne der Geisteswissenschaft genommen wird.

Dagegen kommen wir mit dem nächsten Satz, der sich auf die Bewußtseinsseele bezieht, zu etwas im Menschen, wo das Ich schon voll ausgeprägt ist und wo der Mensch wieder hinaufsteigt auf eine neue Art. Wir wissen, daß gerade in der Zeit, in der der Christus erschienen war, die Verstandes- oder Gemütsseele zum Ausdruck gekommen ist. Jetzt stehen wir in der Zeit, wo die Bewußtseinsseele zum Ausdruck kommen soll und wo der Mensch wieder hinaufsteigt in die geistige Welt. Während der Mensch sich selbst zuerst bewußt wird, sich seiner selbst bewußt aufleuchtet in der Verstandes- oder Gemütsseele, entwickelt er in der Bewußtseinsseele voll sein Ich, das jetzt wieder hinaufsteigt in die geistige Welt. Der Mensch, der die Christus-Kraft in sich aufnimmt, wird, indem er sein Ich in die Bewußtseinsseele hineinergießt und dort erst rein erlebt, auf diesem Wege zu seinem Gott gelangen. Er wird, indem er den Christus in seinem Ich erlebt und heraufnimmt bis zur Bewußtseinsseele, dort zu seinem Gott kommen. – Nun ist gesagt worden, daß der Ausdruck des Ich im physischen Leibe das Blut ist, das sein Zentrum im Herzen hat. Daher müßte im sechsten Satze in sachgemäßer Weise ausgedrückt werden, daß das Ich durch die Eigenschaft, welche es dem Blute und dem Herzen verleiht, des Gottes teilhaftig werden kann. Wie heißt der Satz? «Selig sind die, welche reinen Herzens sind; denn sie werden Gott schauen!» Es ist dies zwar keine besonders gute Übersetzung; aber sie genügt für unsere Zwecke. – So leuchtet hinein Geisteswissenschaft in das ganze Gefüge dieser wunderbaren Sätze, die der Christus Jesus seinen intimen Schülern verkündet, nachdem er die Versuchung bestanden hat.

Die nächsten Sätze beziehen sich darauf, daß der Mensch sich hinauflebt in die höheren Glieder seiner Wesenheit, indem er Geistselbst, Lebensgeist und den Geistesmenschen entwickelt. Daher schildern sie nur andeutungsweise, was der Mensch in der Zukunft erlebt, und was jetzt nur einige Auserlesene erleben können. Der nächste Satz bezieht sich daher auf das Geistselbst: «Selig sind die, die das Geistselbst als erstes geistiges Glied zu sich herunterholen; denn sie werden Gottes Kinder heißen.» Es ist schon das erste Glied der oberen Dreiheit in sie eingezogen. Sie haben den Gott aufgenommen, sind äußerer Ausdruck der Gottheit geworden. – Besonders aber ist nun ausgedrückt, daß nur die Auserwählten dazu kommen können, den Lebensgeist zu entwikkeln, diejenigen, die voll verstehen, was für die Gesamtheit die Zukunft bringen soll. Was die Menschen der Zukunft «volle Aufnahme des Christus in ihr Inneres», den Lebensgeist nennen können, ist für einzelne Auserwählte da. Aber weil sie einzelne Auserwählte sind, können die anderen sie nicht verstehen, und die Folge ist, daß sie als Auserwählte auch verfolgt werden. Deshalb wird mit Bezug auf diejenigen, die man in der Gegenwart als einzelne Vertreter eines Zukünftigen verfolgt, der Satz ausgesprochen: «Selig sind die, die um der Gerechtigkeit willen verfolgt werden; denn in sich finden sie die Reiche der Himmel.» – Und das letzte wird nur ganz besonders für die intimsten Schüler angedeutet, es ist das, was sich auf das neunte Glied des Menschen bezieht, auf den Geistesmenschen: «Selig seid ihr, wenn euch die Menschen um meinetwillen schmähen und verfolgen.»

So wird in diesen wunderbaren Sätzen, die sich beziehen auf die neun Glieder der Menschennatur, gezeigt, wie das Ich sich gestaltet, wenn es ein Christus-Ich wird, für die verschiedenen Glieder der Menschennatur und sie beseligt. In grandioser, in majestätischer Weise ist im Matthäus-Evangelium (Matth. 5, 3–11) in den Sätzen nach der Versuchungsszene ausgedrückt, wie die Christus-Kraft für die Neungliedrigkeit des Menschen wirkt, zunächst in der Gegenwart, und dann, wie sie wirkt in der nächsten Zukunft, wo diejenigen noch Kinder Gottes genannt werden, in die hineinleuchtet das Geistselbst schon jetzt, wo aber doch solche Kinder Gottes nur in einzelnen begnadeten Exemplaren vorhanden sind. Gerade das ist das Wunderbare: das bestimmte Sprechen für die ersten Glieder, die schon da sind, und das Auslaufen in das Unbestimmte in den letzten Sätzen, die für fernere Zukünfte gelten.

Da ist nun aber wieder das Oberflächliche: Denken Sie sich, es würde jemand nachsuchen, ob sich ähnliche Sätze vielleicht auch sonstwo finden und ob die Evangelisten diese Sätze vielleicht aus etwas anderem kombiniert, zusammengeleimt haben könnten. Und denken Sie, der Betreffende habe keine Ahnung, um was es sich handelt; denn das ist es ja, wovon man da sprechen müßte: daß es angewendet wurde auf die durchchristete Ich-Natur! Dann könnte er, wenn er die wunderbare Steigerung des Wesentlichen nicht bemerkt, auf folgendes hinweisen. Sie brauchen in dem schon angeführten Buche nur ein paar Seiten weiterzublättern, dann finden Sie in einem Kapitel «Die Seligkeiten» einen Hinweis auf einen Henoch, der ein anderer ist als der gewöhnliche, und darin werden neun «Seligkeiten» angeführt. Besonders tut sich der Betreffende darauf etwas zugute, daß er sagt, dieses Dokument sei in der ersten Zeit der christlichen Ära entstanden, und er meint, daß dies, was wir eben als ein so tiefes Dokument charakterisiert haben, abgeschrieben sein könnte aus folgenden neun Seligkeiten des «Slawischen Henoch»:

«1. Selig ist, der den Namen des Herrn fürchtet und unausgesetzt vor seinem Angesicht dient» und so weiter.

«2. Selig ist, der ein gerechtes Urteil fällt nicht um des Lohnes willen, sondern um der Gerechtigkeit willen, nichts dafür erwartend; ein lauteres Urteil wird ihm später zuteil werden.

3. Selig ist, der die Nackten mit einem Gewand bekleidet und sein Brot den Hungrigen gibt.

4. Selig ist, der ein gerechtes Urteil fällt für die Waise und Witwe und jedermann beisteht, dem Unbill widerfährt.

5. Selig ist, der sich vom unsteten Pfad dieser eitlen Welt abwendet und auf dem gerechten Wege wandelt, der zum ewigen Leben führt.

6. Selig ist, der gerechten Samen säet; er wird siebenfach ernten.

7. Selig ist, in dem Wahrheit ist, auf daß er seinem Nächsten die Wahrheit sage.

8. Selig ist, der Liebe auf seinen Lippen hat und Sanftmut im Herzen.

9. Selig ist, der jedes Wort des Herrn versteht und den Herrn-Gott preist» und so weiter.

Schön sind gewiß diese Sätze. Aber wenn Sie sie betrachten im ganzen Aufbau und in bezug auf das, worauf es bei ihnen ankommt, nämlich auf die Aufzählung einiger guter Grundsätze, die man in jeder Zeit sagen kann, nur nicht gerade für eine Zeit des Umschwunges, die dadurch charakterisiert ist, daß die Ich-Kraft eingeführt wird, dann stehen Sie, wenn Sie diese vergleichen wollten mit den «Seligpreisungen» des Matthäus-Evangeliums, auf dem äußerlichen Punkte derjenigen, die in äußerlicher Weise die Religionen der Menschheit vergleichen und, wenn sie etwas Ähnliches finden, immer sofort eine Gleichheit konstatieren und nicht auf das achten, worauf es ankommt.

Wenn man weiß, worauf es ankommt, merkt man erst, daß es in der Menschheitsevolution einen Fortschritt gibt, daß die Menschheit aufrückt von Stufe zu Stufe und daß der Mensch nicht geboren wird in einem späteren Jahrtausend in einem physischen Leibe neuerdings, um dasselbe zu erleben, was er schon erlebt hat, sondern um das zu erleben, um was die Menschheit in der Zwischenzeit hinaufgestiegen ist. Das ist der Sinn der Geschichte. Und das ist der Sinn der Menschheitsevolution. Von diesem Sinne der Geschichte und der Menschheitsevolution redet gerade das Matthäus-Evangelium auf jeder seiner Seiten!

ZEHNTER VORTRAG

Bern, 10. September 1910

Daß der Christus Jesus für die Menschheitsevolution zu bedeuten hatte die allmähliche Ausstattung der Kräfte des menschlichen Ich mit jenen Fähigkeiten, welche der Mensch in den alten Mysterien nur hat erlangen können durch eine Art Herabdämpfung seines Ich, das haben wir in den letzten Stunden auseinandergesetzt. Und wollen wir uns noch einmal deutlich vor die Seele rücken, um was es sich handelt, dann können wir sagen: Es war bei allen alten Initiationen die Möglichkeit vorhanden, hinaufzurücken in die geistige Welt, in das, was wir charakterisiert haben als die Reiche der Himmel. Aber durch die ganzen Eigenheiten, Eigentümlichkeiten der alten, vorchristlichen Menschheitsentwickelung war es nicht möglich, hinaufzusteigen in die Reiche der Himmel so, daß das Ich, die eigentliche menschliche Ich-Wesenheit in derselben Verfassung geblieben wäre, in der sie sich befindet gegenüber dem physisch-sinnlichen Plan. Unterscheiden wir also diese zwei Verfassungen der Menschenseele: Die eine ist jene Verfassung, die der heutige normale Mensch kennt als diejenige vom Aufwachen bis zum Einschlafen, wo er mit seinem Ich wahrnimmt die Gegenstände des physisch-sinnlichen Planes. Und dann haben wir jene andere Verfassung der Seele, bei der dieses Ich herabgedämpft ist, wo kein deutliches Bewußtsein einer solchen Ichheit vorhanden ist. Und innerhalb dieser Seelenverfassung wurde der Mensch in den alten Mysterien hinaufgehoben in die Reiche der Himmel. Diese Reiche der Himmel sollten – einmal im Sinne der Vorläuferpredigt des Täufers Johannes und dann im Sinne der Predigt des Christus Jesus selber – heruntergeholt werden, damit die Menschheit einen Impuls bekommen kann zu einer weitergehenden Evolution, durch die unter Aufrechterhaltung der gewöhnlichen Ich-Kraft die Erfahrungen der höheren Welten erlebt werden können. Daher war es nur natürlich, daß uns sozusagen von den Berichterstattern des Christus Jesus-Ereignisses vorgeführt werden alle die Prozeduren, alle die verschiedenen Vorgänge, die in den alten Mysterien mit dem zu Initiierenden vorgenommen worden sind, daß uns aber zu gleicher Zeit angedeutet wird: in alledem lebt eine neue Nuance, die Nuance, daß es jetzt nicht die zweite der beiden charakterisierten Seelenverfassungen ist, die dabei in Frage kommt, sondern diejenige, in der das Ich anwesend ist.

Und wir haben dann gestern die neun Seligkeiten als den Anfang der sogenannten Bergpredigt von diesem Gesichtspunkte aus charakterisiert. Wir könnten noch weiter fortsetzen, was in der gegenwärtigen Fassung des Matthäus-Evangeliums vorhanden ist, so wie sie, allerdings etwas undeutlich, aus dem Aramäischen ins Griechische übertragen worden ist. Aber wenn man selbst noch die undeutliche Version des griechischen Textes des Matthäus-Evangeliums nimmt, kann man doch durchfühlen, auch in der Fortsetzung der Bergpredigt, wie überall deutlich auf das hingedeutet wird, was früher der Mensch mit Herabdämpfung des Ich erleben konnte. So daß, wie er früher sagen konnte: Wenn ich mein Ich herabdämpfe und mit herabgedämpftem Ich hineinkomme in die geistige Welt, so werde ich dieses oder jenes an Fundamentalem begreifen –, er dies in Zukunft begreifen lernen wird unter Beisein seines Ich. Freilich versteht man eine solche Sache nur dann wirklich, wenn man auf das Nähere eingeht, worauf ich schon hingedeutet habe, nämlich auf den Gebrauch alter Namen, alter Bezeichnungen. Alte Bezeichnungen wurden eben nicht so gewählt, wie Namen oder Bezeichnungen in unserer Zeit gewählt werden, sondern sie wurden immer gewählt mit dem Bewußtsein des Wesenhaften der Sache. Und das ist deutlich gerade in den Bezeichnungen der Bergpredigt durchleuchtend, daß sich der Christus Jesus fühlte als der Bringer des Ich-Bewußtseins auf einer höheren Stufe, als es früher war, welches in sich selber die Reiche der Himmel erleben kann. Daher stellt er den Gegensatz vor die Seelen seiner Jünger hin: In früheren Zeiten sagte man auch, aus den Reichen der Himmel ist euch dieses oder jenes geoffenbart. Aber das werdet ihr von nun an erleben, wenn ihr euer Ich sprechen laßt, in dem, was euer Ich zu euch sagt. Daher die immer wiederkehrende Wiederholung: «Ich sage es euch!», weil sich der Christus Jesus fühlte als der Repräsentant jener Menschenseele, die sich auslebt in dem Ausdruck: «Ich sage es; ich bin mit meinem vollen Ich-Bewußtsein dabei.» Das darf nicht trivial genommen werden, was in der Fortsetzung der Bergpredigt dasteht als der Ausdruck: «Ich sage es euch!» Das ist die Wiederholung eines Hinweises auf jenen neuen Impuls, der durch den Christus Jesus in die Menschheitsevolution hineingelegt worden ist. Lesen Sie daher in dieser Weise den weiteren Fortgang der Bergpredigt, und Sie werden fühlen, daß er sagen wollte: Bisher durftet ihr nicht an euer Ich appellieren; jetzt aber könnt ihr durch das, was ich euch geboten habe, die Reiche der Himmel euch durch die Kraft des Inneren, durch die eigene Kraft des Ich nach und nach aneignen. – Der ganze Geist der Bergpredigt ist durchhaucht von dem neuen Impuls der Ichheit des Menschen. Und ebenso das Folgende, wo dann der Übergang gemacht wird zu den sogenannten Heilungen.

Diese Heilungen bilden ja bekanntlich einen Gegenstand ungeheuer weitgehender Diskussionen. Und was da einen ganz besonderen Gegenstand der Diskussion bildet, ist ja, wie Sie alle wissen, die Wunder-Frage. Das wird am häufigsten betont, daß da Wunder erzählt werden sollen. Aber treten wir dieser Wunder-Frage einmal näher. Gestern habe ich Sie schon auf eines aufmerksam gemacht. Ich habe darauf hingewiesen, daß in der Tat der gegenwärtige Mensch die Veränderungen, die Metamorphosen, die sich mit der menschlichen Wesenheit im Laufe der Entwickelung vollzogen haben, ganz unterschätzt. Würden Sie – nicht im groben, sondern im feineren Sinne – einen physischen Leib aus der Zeit, wo der Christus Jesus gelebt hat, oder gar noch vorher, vergleichen mit einem heutigen physischen Leib, so würde sich ein ganz beträchtlicher Unterschied ergeben, ein Unterschied, der allerdings nicht feststellbar ist mit anatomischen Mitteln, wohl aber durch die okkulte Forschung. Und Sie würden finden: der physische Leib ist dichter geworden, hat sich mehr zusammengezogen; er war noch weicher in der Zeit des Christus Jesus. Und namentlich war die Art der Anschauung so, daß der Mensch das, was er heute gar nicht mehr sieht, die Erkenntnis gewisser Kraftwirkungen im Leibe, die jeden Leib modellieren, noch in einem gewissen Grade besessen hat, so daß die Muskeln – allerdings nur für einen feineren Blick – deutlich und viel stärker sich abprägten. Das ging langsam und allmählich verloren. Kindereien in der Kunstgeschichte weisen auf alte

Zeichnungen hin, wo zum Beispiel besonders ausgeprägte Muskellinien dargestellt sind, und halten das für eine Übertreibung und für Ungeschicklichkeit der alten Zeichner, weil man nicht weiß, daß so etwas auf ein tatsächliches Beobachten zurückgeht, das für alte Zeiten richtig war, für die heutigen Zeiten aber falsch sein würde. Aber darauf wollen wir weniger Rücksicht nehmen und nur das mehr hervorheben, was mit diesen ganz anders gearteten menschlichen Leibern verbunden war.

Auf den menschlichen Leib hatte damals die Kraft der Seele, die Kraft des Geistes noch einen viel größeren, sozusagen momentaneren Einfluß als später, wo der Leib dichter geworden ist und die Seele daher an Macht über den Leib verloren hat. Daher war es damals in viel größerem Maße möglich, zu heilen von der Seele aus. Die Seele hatte viel mehr Macht, so daß sie den Leib durchsetzen konnte mit den aus der geistigen Welt geholten gesund wirkenden Kräften, wenn der Leib in Unordnung gekommen war, um ihn wieder von sich aus in Harmonie, in Ordnung zu bringen. Diese Macht der Seele über den Leib hat allmählich abgenommen. Das ist der Gang der fortgehenden Entwickelung. Daher waren die Heilprozesse in alten Zeiten in weit größerem Maße als später geistige Heilprozesse. Und diejenigen, die als Ärzte galten, waren nicht im heutigen Sinne physische Ärzte, sondern zum großen Teil Heiler in dem Sinne, daß sie auf den Leib auf dem Umwege durch die Seele wirkten. Sie reinigten die Seele und durchsetzten sie mit gesunden Empfindungen, Impulsen und Willenskräften durch die geistig-seelischen Einflüsse, die sie ausüben konnten, sei es im gewöhnlichen Zustande der physischen Wahrnehmung, sei es in dem sogenannten Tempelschlaf oder dergleichen, was ja auch für die damalige Zeit nichts anderes war als eine Art Versetzen des Menschen in einen hellseherischen Zustand.

Wenn man also die damaligen Kulturverhältnisse berücksichtigt, muß man durchaus darauf hinweisen, daß diejenigen, die stark an Seele waren und appellieren konnten an das, was sie selbst aufgenommen hatten, damals in beträchtlichem Maße auf die Seelen wirken konnten und damit auch auf die Leiber. Daher kam es auch, daß solche Menschen, die irgendwie geistdurchdrungen waren, und von denen man wußte, daß sie heilende Kräfte ausströmten in die Umgebung, auch mit dem Ausdruck «Heiler» bezeichnet wurden. Und im Grunde genommen müßte man nicht nur die Therapeuten, sondern auch die Essäer in einer gewissen Weise als Heiler bezeichnen. Ja, wir müssen weitergehen: In einer gewissen Mundart Vorderasiens, in welcher sich besonders diejenigen ausgedrückt haben, aus welchen das Christentum hervorgewachsen ist, ist die Übersetzung dessen, was wir bezeichnen würden als «geistigen Heiler», das Wort Jesus. Jesus bedeutet im Grunde genommen «geistiger Arzt». Das ist eine ziemlich richtige Übersetzung, namentlich wenn man auf die Gefühlswerte geht. Und damit könnten Sie zu gleicher Zeit auch ein Licht werfen auf alles, was man bei solchem Namen empfand in einer Zeit, wo man bei Namen noch etwas fühlte. Aber wir wollen uns einmal ganz sozusagen hineinversetzen in die Kulturverhältnisse der damaligen Zeit.

Ein Mensch, der also im Sinne der damaligen Zeit gesprochen hätte, würde gesagt haben: Es gibt Menschen, die den Zutritt haben zu den Mysterien, die mit einer gewissen Opferung ihres Ich-Bewußtseins in den Mysterien sich in Verbindung setzen können mit gewissen geistig-seelischen Kräften, die dann ausstrahlen auf die Umgebung, wodurch sie zu Heilern werden für die Umgebung. Nehmen wir an, ein solcher Mensch wäre Jünger des Christus Jesus geworden, so hätte er gesagt: Wir haben jetzt sehr Merkwürdiges erlebt. Während früher nur solche Menschen, die unter Herabdämpfung des Ich-Bewußtseins die geistigen Kräfte in den Mysterien aufgenommen haben, seelische Heiler werden konnten, haben wir jetzt einen erlebt, der es wurde ohne die Mysterienprozeduren, unter Aufrechterhaltung des Ich. – Nicht etwa das war das Auffällige, daß geistige Heilungen überhaupt vollzogen wurden. Daß in den Kapiteln des Matthäus-Evangeliums von einem geistigen Heiler erzählt wird, wäre einem solchen Menschen gar nicht besonders wunderbar vorgekommen. Er hätte gesagt: Was ist Wunderbares dabei, daß solche Leute geistig heilen? Das ist selbstverständlich! – Und die Aufzählung solcher Heilungen wäre für die damalige Zeit nicht ein besonderes Wunder gewesen. Das aber ist das Bedeutungsvolle, daß der Schreiber des Matthäus-Evangeliums erzählt: Da ist einer, der eine neue Wesenskraft in die Menschheit gebracht hat, der aus dem Impuls seines Ich, aus dem man früher nicht heilen konnte, Heilungen vollzog, indem er dieselbe Kraft dabei heranzog, mit Hilfe deren man früher nicht heilen konnte. – Also etwas ganz anderes wird in den Evangelien erzählt, als man gewöhnlich meint. Zahlreiche Beweise, auch historische, könnten dafür erbracht werden, daß es richtig ist, was die Geisteswissenschaft aus okkulten Quellen heraus feststellt. Wir wollen nur eines zum Beweise heranführen.

Wenn es wahr ist, was jetzt gesagt worden ist, dann müßte man sich tatsächlich im Altertum vorgestellt haben, daß unter einer gewissen Voraussetzung diejenigen, die blind sind, geheilt werden könnten unter geistigem Einfluß. Nun ist mit Recht hingewiesen worden auf alte Bildnisse, die dergleichen darstellen. Auch der im vorigen Vortrag erwähnte *John M. Robertson* weist darauf hin, daß in Rom eine Darstellung ist, die Abbildung eines Äskulap, der vor zwei Blinden steht, und er hat natürlich daraus geschlossen, daß damit eine Heilung angezeigt worden ist, und daß dies dann von den Evangelienschreibern übernommen und in die Darstellungen der Evangelien hineingebracht worden ist. Es ist hier aber nicht das Wesentliche, daß geistige Heilungen etwas Wunderbares sind, sondern als wesentlich hat es zu gelten, daß der, der das Bild gemalt hat, damit hat sagen wollen: Äskulap ist einer der Eingeweihten, der unter Herabdämpfung des Ich-Bewußtseins in den Mysterien zu den geistigen Heilkräften gekommen ist. Der Schreiber des Matthäus-Evangeliums aber wollte sagen: Nicht auf diese Weise wurden Heilungen beim Christus erreicht, sondern was als ein einmaliger Impuls in Christus lebte, das soll nach und nach von der ganzen Menschheit erreicht werden, so daß das Ich mit seiner Kraft es nach und nach erreichen kann. – Gewinnen können es heute die Menschen noch nicht, weil es sich in einer späteren Zukunft in die Menschheit einleben soll. Aber was sich vollzogen hat mit dem Christus im Beginne unserer Zeitrechnung, das wird sich einleben, und die Menschen werden nach und nach fähig werden, es zum Ausdruck zu bringen. Nach und nach wird es geschehen. Das wollte der Schreiber des Matthäus-Evangeliums mit seinen Wunderheilungen darstellen.

So darf ich aus dem okkulten Bewußtsein heraus sagen: Der Schreiber des Matthäus-Evangeliums wollte überhaupt keine «Wunder» schildern, sondern etwas ganz Natürliches, etwas Selbstverständliches. Er wollte nur schildern, daß es auf eine neue Art sich vollzog. So nehmen sich die Dinge aus, wenn man sie mit wirklich wissenschaftlicher Gewissenhaftigkeit darstellt. So daß also das tiefste Mißverständnis gerade gegenüber den Evangelien Platz gegriffen hat.

Wie muß denn nun die Erzählung, wenn sie sachgemäß ist, weitergehen? Wir haben gesehen: Was sich in dem Leben des Christus Jesus durch die sogenannte Versuchung vollzog, war ein Hinabsteigen in alle diejenigen Vorgänge, die der Mensch erlebt beim Hinuntersteigen in den physischen Leib und Ätherleib. Wir haben gesehen, daß die Kraft, die von dem physischen und Ätherleib ausströmt, fähig wurde, so zu wirken, wie es in der Bergpredigt und wie es auch in den nachfolgenden Heilungen zum Ausdruck gekommen ist. Das Nächste war, daß die Kraft dieses Christus Jesus auch noch so wirkte, wie sonst die Kraft eines Eingeweihten in den Mysterien gewirkt hat, so gewirkt hat, daß er Schüler heranzog. Und wieder mußte der Christus Jesus natürlich auf seine besondere Art die Schüler heranziehen.

Wenn man nun das Matthäus-Evangelium von diesem Punkt aus verstehen will, wo sich das Spätere an die Bergpredigt und an die Heilungen anschließt, so gehört dazu als Vorbereitung einiges von dem, was wir uns im Laufe der Jahre an Wissen von okkulten Tatsachen erworben haben. Das gehört dazu, daß der Mensch, wenn er nun wirklich durch die Einweihung hinaufgeführt werden soll den Weg in die höheren Welten, zu einer Art von imaginativem Anschauen kommt, zu einem Anschauen, das in Imaginationen lebt. Diejenigen, die um den Christus Jesus waren, mußten sich nun nicht nur die Fähigkeit erwerben, anzuhören, was in einem solchen majestätischen Kundgeben, was in einer solchen Manifestation gegeben ist, wie es die Bergpredigt ist, sie mußten nicht nur teilnehmen an dem, was durch den Christus Jesus selber bewirkt worden war an Heilungen, sondern es mußte die mächtige Kraft, die in dem Christus Jesus wirkte, übergehen auf die nächsten Freunde und Jünger nach und nach. Auch das wird dargestellt. Zunächst wird dargestellt, wie der Christus Jesus nach der Versuchung imstande ist, die alten Lehren mit einer neuen Nuance zu zeigen und die alten Heilungen durch einen neuen Impuls zu bewirken.

Dann aber wird gezeigt, wie er in einer neuen Weise auf seine Jünger wirkt, wie die Kraft, die er im höchsten Maße in sich verkörpert hat, auf seine Jünger-Umgebung wirkt. Wie wird das gezeigt? So, daß das, was er darstellt, für den unempfänglichen Menschen so erscheinen muß, daß es auch in Worten ausgedrückt wird. Auf die Empfänglichen aber, die er sich selbst auserwählt und geführt hatte, wirkte es anders. Da wirkte es so, daß es ihnen die Imaginationen gab, daß es die nächsthöhere Stufe der Erkenntnis erregte. Was von Christus Jesus ausging, konnte also in zweierlei Weise wirken: auf die Außenstehenden so, daß sie seine Worte hörten und eine Art Theorie mit seinen Worten empfingen; auf die anderen, die seine Kraft miterlebt hatten und die er sich auserwählt hatte, weil er auf sie, wegen ihres besonderen Karmas, seine Kraft übertragen konnte, auf sie wirkte seine Kraft so, daß sie aus ihrer Seele Imaginationen herauslöste, Erkenntnisse, die in einer gewissen Weise eine Stufe höher in die höheren Welten hinaufweisen. Das ist in dem Ausdruck gegeben «die Äußeren hören nur Gleichnisse» – das heißt, bildliche Ausdrücke für das Geschehen in der geistigen Welt –, «ihr aber vernehmt das, was die Gleichnisse bedeuten, ihr vernehmt die Sprache, die euch in die höheren Welten hinaufleitet» (Matth. 13,11). Auch das darf man nicht trivial auffassen, sondern man muß es verstehen im Sinne eines Hinaufleitens der Jünger in die höheren Welten.

Und nun wollen wir uns einmal recht hineinvertiefen, wie das Hinaufleiten der Jünger in die höheren Welten geschehen sein kann. Allerdings, um das zu verstehen, was ich jetzt sage, dazu gehört nicht nur Anhören, sondern ein wenig guter Wille, der durchsetzt ist mit dem, was durch die von Ihnen schon errungenen geisteswissenschaftlichen Erkenntnisse gebracht werden kann. Ich möchte Sie möglichst deutlich nämlich zu dem führen, was das Matthäus-Evangelium eigentlich mit den nächsten Schilderungen meint.

Da erinnern wir uns noch einmal, daß die Einweihung ihre zwei Seiten hat. Die eine ist die, wo der Mensch hinuntersteigt in physischen Leib und Ätherleib, wo er also sein eigenes Inneres kennenlernt, wo er hineingeführt wird in die Kräfte, die im Menschen selber schöpferisch sind. Und die andere Seite der Initiation ist die, wo der Mensch hinausgeführt wird in die geistige Welt, wo er sich ergießt in den Makrokosmos. Nun wissen Sie, daß dies in bezug auf die Realität – nicht in bezug auf das Bewußtsein – ein Vorgang ist, der sich jedesmal beim Einschlafen vollzieht: Der Mensch zieht seinen astralischen Leib und das Ich aus dem physischen Leib und Ätherleib heraus und gießt sie aus in die Sternenwelt, so daß er dann Kräfte aus der ganzen Sternenwelt saugt; daher der Name «astralischer Leib». Was der Mensch durch jene Art der Einweihung erreichen kann, wenn er mit astralischem Leib und Ich heraus ist aus physischem Leib und Ätherleib, das ist nicht nur ein wissentliches Überschauen dessen, was auf unserer Erde ist, sondern das ist ein Ausfließen in den Kosmos, ein Kennenlernen der Sternenwelt und ein Aufnehmen der Kräfte, die uns aus der Sternenwelt zufließen. Dieses aber, was so für uns als etwas zu gelten hat, was sich der Mensch nach und nach durch ein Hinausfließen in den Kosmos erwirbt, das war nach der besonderen Beschaffenheit der Christus-Wesenheit nach der Johannes-Taufe da. Und nicht nur in jenem Zustande war es da, der einem Schlafzustand glich, sondern es war da, wenn er auch nicht schlief, wenn er in seinem physischen Leib und Ätherleib war; da war er imstande, seine Wesenheit zu verbinden mit den Kräften der Sternenwelt und in diese physische Welt die Kräfte der Sternenwelt hineinzutragen.

Was der Christus Jesus wirkte, kann daher auch so beschrieben werden, daß man sagt: Er zog herein durch die Attraktion des für ihn besonders zubereiteten physischen Leibes und Ätherleibes, durch seine ganze Wesenheit, die Kraft der Sonne, des Mondes, der Sternenwelt, des Kosmos überhaupt, der zu unserer Erde gehört. Und wenn er wirkte, so wirkte jetzt durch seine Vermittlung das, was sonst aus dem Kosmos an gesundendem, durchkraftendem Leben den Menschen durchströmt, wenn er im Schlafzustande außerhalb des physischen Leibes und Ätherleibes ist. Die Kräfte, durch die der Christus Jesus wirkte, waren Kräfte, die aus dem Kosmos durch die Anziehung seines Leibes herniederströmten und durch seinen Leib ausströmten und sich ergossen auf seine Jünger. Das fing jetzt für die Jünger an, daß sie durch ihre Empfänglichkeit fühlen konnten, richtig fühlen konnten: Ja, dieser Christus Jesus vor uns ist eine Wesenheit, durch die uns wie eine geistige Nahrung zukommen die Kräfte des Kosmos; da ergießen sie sich über uns.

Die Jünger selber waren aber in einem zweifachen Bewußtseinszustande, weil sie noch nicht zum Höchsten entwickelte Menschen waren, sondern sich eben erst an dem Christus hinaufrankten zu einer höheren Entwickelung; sie selbst waren immer in einem zweifachen Bewußtseinszustande, der sich vergleichen läßt mit dem Wachen und Schlafen des Menschen. Daher kann man von den Jüngern sagen: Indem sie abwechselnd zwischen Schlafen und Wachen in die Möglichkeit versetzt waren, in dem einen und dem anderen Zustande die magische Kraft des Christus auf sich wirken zu lassen, konnten sie dieselbe auf sich wirken lassen bei Tag, wenn er ihnen entgegentrat, aber seine Kraft wirkte auch im Schlafe, wenn sie aus dem physischen Leibe und Ätherleibe heraus waren. Während sonst der Mensch unbewußt ergossen ist in die Sternenwelt und nichts davon weiß, war dann bei ihnen die Christus-Kraft; da wurden sie ihrer ansichtig. Sie war es, von der sie wußten: Sie gibt uns die Nahrung aus den Sternenwelten.

Aber noch einen anderen Bezug hatte dieser zweifache Bewußtseinszustand der Jünger. Wir müssen ja sozusagen in einem jeden Menschen, also auch in einem Jünger Jesu, dasjenige beachten, was der Mensch zunächst ist, und das, was er wie eine Anlage für seine weitere Zukunft in den folgenden Inkarnationen in sich trägt. In Ihnen allen ist ja jetzt schon dasjenige drinnen, was zum Beispiel in einer künftigen Kulturepoche in einer ganz anderen Weise die Umwelt ansehen wird, wenn es in einer neuen Inkarnation auftreten wird. Und würde dieses jetzt schon in Ihnen Befindliche hellsichtig werden, so würde es zunächst, als eine Art ersten hellseherischen Eindrucks, die allernächste Zukunft sehen. Was in der nächsten Zukunft geschieht, würde zu den ersten hellseherischen Erlebnissen gehören, wenn diese rein, echt und wahrhaft sind. – So war es vorzüglich für die Jünger. Im normalen Wachbewußtsein floß die Kraft des Christus in sie herein; da konnten sie sagen: Wenn wir wachen, fließt die Kraft des Christus so in uns herein, wie sie hereinfließen muß dadurch, daß wir jetzt in unserem normalen Wachbewußtsein sind. – Wie war es nun für sie im Schlafzustande? Dadurch, daß sie die Jünger Jesu waren und die Christus-Kraft auf sie gewirkt hatte, wurden sie im Schlafzustande immer zu gewissen Zeiten hellseherisch. Da sahen sie aber nicht, was jetzt geschah, sondern sie sahen, wessen in der Zukunft die Menschen teilhaftig werden sollen. Da tauchten sie gleichsam in das Meer des astralischen Sehens ein und sahen voraus, was in der Zukunft geschehen soll.

So gab es für die Jünger zwei Zustände. Einen, da konnten sie sich sagen: Es ist unser Tageszustand. In diesem unserem Tageszustande bringt uns der Christus aus den kosmischen Weiten die Kräfte der kosmischen Welten und teilt sie uns mit als geistige Nahrung. Er holt uns herunter, weil er die Sonnenkraft ist, alles dasjenige, was wir dargestellt haben im Sinne des im Christentum aufgenommenen Zarathustrismus. Er vermittelt das, was die Sonne an Kräften schicken kann aus den sieben Sternbildern des Tages. Da herunter kommt die Nahrung für den Tag. – Für den Nachtzustand war es so, daß die Jünger sich sagen konnten: Da nehmen wir wahr, wie durch die Christus-Kraft sozusagen die Nachtsonne, die Sonne, die unsichtbar ist während der Nacht, die durch die anderen fünf Sternbilder geht, in unsere Seele hineinsendet die Himmelsspeise.

So konnten also die Jünger in ihrer imaginativen Hellsichtigkeit empfinden: Wir sind mit der Christus-Kraft, mit der Sonnenkraft, verbunden. Sie schickt uns dasjenige zu, was für die Menschen der Jetztzeit – das heißt für die Menschen der vierten Kulturperiode – «das Richtige» ist. Und in dem anderen Bewußtseinszustande schickt uns die Christus-Kraft dasjenige zu, was sie uns als Nachtsonne zusenden kann, als Kraft von den fünf nächtlichen Sternbildern. Dieses aber gilt nun für die auf die damalige Zeit folgende, das heißt also für die fünfte Kulturperiode. – Das ist das, was die Jünger erfuhren. Wie konnte man es ausdrücken? Wir werden in der nächsten Stunde mit einigen Worten noch auf Bezeichnungsweisen eingehen; jetzt wollen wir das Folgende nur erwähnen.

Eine Fülle von Menschen wurde nach den alten Bezeichnungsweisen als ein «Tausend» bezeichnet, und man fügte, wenn man spezialisieren wollte, eine Zahl hinzu, die von dem wichtigsten Charakteristikon hergenommen wurde. Zum Beispiel die Menschen der vierten

Kulturperiode bezeichnete man als das «vierte Tausend», und die, welche schon im Stile der fünften Kulturperiode lebten, als das «fünfte Tausend». Das sind einfach Termini technici. Deshalb konnten die Jünger sagen: Während des Tagzustandes nehmen wir wahr, was die Christus-Kraft uns aus den Kräften der Sonne zusendet von den sieben Tagessternbildern her, so daß wir dann die Nahrung empfangen, die für die Menschen der vierten Kulturperiode bestimmt ist, für das vierte Tausend. Und in unserem nächtlichen imaginativen Hellseherzustande nehmen wir wahr durch die fünf Sternbilder der Nacht, was für die nächste Zukunft, was für das fünfte Tausend gilt. – Es werden also die Menschen der vierten Epoche – die Viertausend – genährt vom Himmel herunter durch die sieben Himmelsbrote, durch die sieben Sternbilder des Tages; und es werden die Menschen der fünften Epoche – die Fünftausend – genährt durch die fünf Himmelsbrote, durch die fünf Sternbilder der Nacht. Dabei wird immer auf die Scheidung hingedeutet, wo sich die Tagessternbilder mit den Nachtsternbildern berühren: auf die Fische.

Es wird darin ein Geheimnis berührt. Es wird damit hingedeutet auf einen wichtigen Mysterienvorgang: auf den magischen Verkehr des Christus mit den Jüngern. Das macht ihnen der Christus klar, daß er nicht von dem alten Sauerteig der Pharisäer spricht, sondern ihnen aus den Sonnenkräften des Kosmos eine Himmelsspeise vermittelt, die er herunterholt, trotzdem nichts zur Verfügung steht, als das eine Mal die sieben Tagesbrote, die sieben Sternbilder des Tages, und das andere Mal die fünf Nachtbrote, die fünf Sternbilder der Nacht. Dazwischen immer die Fische, die die Scheidung bilden; ja von zwei Fischen wird sogar einmal gesprochen, damit es besonders deutlich ist (Matth. 14, 13–21, und 15,32–38).

Wer könnte, wenn er so hineinblickt in diese Tiefen des Matthäus-Evangeliums, noch zweifeln, daß es sich wirklich um die Verkündigung handelt, die auf Zarathustra zurückgeht und auf den sie zurückgehen mußte, weil er derjenige war, der zuerst auf den Geist der Sonne hingewiesen hat, und der auch einer der ersten Missionare war, um die auf die Erde heruntersteigende magische Sonnenkraft begreiflich zu machen denen, die dafür empfänglich waren!

Was tun aber wieder leichtfüßige Erklärer der Bibel? Sie finden im Matthäus-Evangelium einmal eine Speisung von Viertausend mit sieben Broten und das andere Mal eine Speisung von Fünftausend mit fünf Broten, und sie halten das Zweite für eine bloße Wiederholung und sagen: Der nachlässige Schreiber der Urkunde hat, wie es eben beim Abschreiben vorkommt, nachlässig kopiert. Er beschreibt daher nun das eine Mal eine Speisung von Viertausend mit sieben Broten, das andere Mal eine Speisung von Fünftausend mit fünf Broten; das kann vorkommen, wenn man nachlässig abschreibt! – Ich zweifle nicht, wenn Bücher in der neueren Zeit gemacht werden, daß so etwas vorkommen kann. Aber die Evangelien sind in keiner Weise so zustande gekommen. Wenn darin eine Erzählung zweimal steht, so hat das einen tiefen Grund, den ich jetzt angedeutet habe. Aber gerade weil das Matthäus-Evangelium aus diesen Tiefen heraus nach den Angaben schildert, die der große Essäerlehrer Jeshu ben Pandira ein Jahrhundert vor dem Erscheinen der Christus-Sonne vorbereitet hat, damit nachher diese Christus-Sonne verstanden werden kann, deshalb müssen wir im Matthäus-Evangelium, wenn wir es wirklich verstehen wollen, diese Tiefen auch heraussuchen. – Aber weiter.

Es hatte der Christus zunächst ausstrahlen lassen von sich auf die Jünger die Kraft des imaginativen, des astralischen Schauens, was er hereintragen konnte aus dem astralischen Schauen. Das wird auch noch ganz klar angedeutet. Man möchte sagen: Wer Augen hat zu lesen, der lese! – wie man früher in der Zeit, wo man noch nicht alles aufgeschrieben hat, sagte: Wer Ohren hat zu hören, der höre! – Wer Augen hat zu lesen, der lese die Evangelien! Ist es irgendwo angedeutet, daß diese Kraft der Christus-Sonne in einer anderen Weise den Jüngern erschien bei Tag, in einer anderen bei Nacht? Ja, es ist uns deutlich angedeutet. Lesen Sie im Matthäus-Evangelium, wie an einer wichtigen Stelle erzählt wird:

In einer vierten Nachtwache – das heißt also zwischen drei und sechs Uhr morgens – erblickten die Jünger, die schliefen, wandelnd auf dem See das, was sie zuerst für ein Gespenst hielten, das heißt die nächtliche Sonnenkraft, die durch Christus zurückstrahlt (Matth. 14,25–26). Da wird sogar der Zeitpunkt angedeutet, weil sie nur zu einer bestimmten Zeit darauf hingewiesen werden können, daß diese Kraft aus dem Kosmos durch die Vermittlung eines solchen Wesens, wie es der Christus ist, ihnen zuströmen kann. Daß also der Christus Jesus wandelt in Palästina, und daß in diesem Wandeln dieser einen Persönlichkeit und Individualität ein Mittel da war, durch das Sonnenkraft in unsere Erde hineinwirkt, das ist dadurch angegeben, daß überall hingewiesen wird, wie es mit der Sonne stand, wie sie im Verhältnis stand zu den Sternbildern, zu den Himmelsbroten. Diese kosmische Natur, dieses Hereinwirken kosmischer Kräfte durch den Christus, das ist es, was überall dargelegt wird. Und weiter.

Der Christus Jesus sollte seine Jünger – das heißt die, welche dazu besonders geeignet waren – auch noch ganz besonders einweihen, so daß sie nicht nur imaginativ, gleichsam wie in astralischen Bildern die geistige Welt sehen konnten, sondern daß sie selber sehen, ja, auch wohl hören konnten – was wir öfter besprochen haben als das Aufsteigen in das Devachan –, was in den geistigen Welten vorgeht. So daß sie diese Persönlichkeit, welche sie als den Christus Jesus auf dem physischen Plan sahen, nun durch ihr geistiges Hinaufragen oben aufsuchen konnten in den geistigen Welten. Sie sollten hellsichtig werden auch noch in höheren Gebieten als auf dem astralischen Plan. Das konnten nicht alle. Das konnten nur die, welche am empfänglichsten waren für die Kraft, welche aus dem Christus ausstrahlen konnte, und das waren die drei Jünger Petrus, Jakobus und Johannes im Sinne des Matthäus-Evangeliums. Daher erzählt es uns (Matth. 17,11–13), wie der Christus diese drei am meisten von ihm beeinflußbaren Jünger hinausnimmt da, wo er sie über den astralischen Plan hinaufführen kann ins devachanische Gebiet, wo sie schauen konnten die geistigen Urbilder, einmal ihres Christus Jesus selbst und – damit sie die Verhältnisse sehen konnten, in denen er darinnen stand – auch derer, die zunächst im Verhältnisse standen zum Christus Jesus: des alten Verkündigers Elias, der ja auch reinkarniert der Vorläufer des Christus Jesus als Johannes der Täufer war; daß sie also den Elias sehen konnten – die Szene spielte sich ab nach der Enthauptung des Johannes, als der Johannes schon in die geistigen Welten entrückt war –, daß sie aber auch noch schauen konnten den geistigen Vorläufer,

Moses. Das konnte erst geschehen dann, als die drei auserlesensten Jünger hinaufgeführt wurden zum geistigen, nicht nur zum astralischen Schauen. Und daß sie tatsächlich in das Devachan hinaufstiegen, wird im Matthäus-Evangelium durch folgendes bekundet: Sie schauten nicht nur den Christus mit seiner Sonnenkraft – es heißt extra: «Und sein Angesicht leuchtete wie die Sonne» –, sondern es wird auch davon gesprochen, daß sie aufmerksam werden, wie die drei sich unterhalten. Also um einen Aufstieg ins Devachan handelt es sich; sie hörten, wie sich die drei unterredeten. Alles ist also ganz sachgemäß wiedergegeben, so, wie uns die Charakteristik der geistigen Welt durch die geisteswissenschaftliche Forschung gegeben ist. Nirgends ein Widerspruch zwischen dem, was wir gelernt haben, und dem, was sich ergeben muß, wenn es sachgemäß in bezug auf den Christus geschildert wird: das Hinaufführen der Jünger durch ihn selber, zuerst in das astralische, dann in das devachanische Gebiet, in das Gebiet des Geistes.

So also wird der Christus Jesus im Matthäus-Evangelium klärlich dargestellt als der Behälter, als der Träger für jene Kraft, von der Zarathustra einst verkündigt hat als von dem Träger der Sonnenkraft. Und es ist im Matthäus-Evangelium treulich dargestellt, daß diese Kraft der Sonne, der Geist der Sonne – Ahura Mazdao oder Ormuzd –, von dem ja Zarathustra nur sagen konnte, daß er in der Sonne lebe, durch die Vermittelung des Jesus von Nazareth auf der Erde gelebt hat und sich mit dieser Erde so verbunden hat, daß er durch das einmalige Leben in einem physischen Leibe, Ätherleibe und Astralleibe ein Impuls der Erdenentwickelung geworden ist und sich nach und nach einleben wird in diese Erdenentwickelung. Das heißt mit anderen Worten: In einer Persönlichkeit war die Ichheit einmal so auf der Erde, daß die Menschen nach und nach durch ihre folgenden Inkarnationen sich die Kräfte dieser Ichheit nachfolgend aneignen werden durch Teilnahme an dem Christus oder durch Aufnehmen der Christus-Wesenheit im Sinne des Paulus. Und indem die Menschen von Inkarnation zu Inkarnation den Rest der Erdenzeit durchmachen, werden diejenigen, welche ihre Seele durchdringen wollen mit der Kraft der Persönlichkeit, die damals dagestanden hat, zu immer höheren Höhen steigen.

Damals konnten die, welche dazu ausersehen waren, mit ihren physischen Augen im Leibe des Jesus von Nazareth den Christus sehen. Einmal mußte es für die ganze Menschheit im Laufe der Erdenentwickelung geschehen, daß der Christus, der früher nur als der Geist der Sonne zu schauen war, herniedersteigen und sich so verbinden konnte mit den Kräften der Erde.

Und der Mensch ist das Wesen, in dem die Fülle der flutenden Sonnenkraft leben sollte, die *einmal* heruntersteigen und in einem physischen Leibe wohnen sollte. Damit aber ist die Zeit eingeleitet, wo sich die Sonnenkraft ausgießen wird. Nach und nach wird sie immer mehr und mehr einfließen in die Menschen, die von Inkarnation zu Inkarnation leben und nach und nach, soweit es der irdische Leib zuläßt, sich durchdringen mit der Christus-Kraft. Selbstverständlich nicht jeder physische Leib, wie es auch nur jener besondere Leib war, der in der geschilderten Art in bezug auf seine Gliederung auf komplizierte Weise durch die beiden Jesusgestalten zubereitet und dann durch Zarathustra auf eine gewisse höchste Stufe gebracht worden ist, damit sich in der Tat einmal in seiner Fülle ausleben konnte der Christus. Einmal!

Sich durchdringen mit der Christus-Kraft zuerst innerlich, dann aber auch immer mehr und mehr äußerlich, werden die Menschen, die sich dazu herbeilassen. So wird die Zukunft die Wesenheit des Christus nicht nur begreifen, sondern sich damit durchdringen. Und für eine große Anzahl von Ihnen habe ich auch schon dargestellt, wie der Fortgang dieser Teilnahme an dem Christus für die Menschheits-Erdenentwickelung sein wird. Ich habe sogar darstellen dürfen in dem «Rosenkreuzermysterium» durch die Seherwesenheit der Theodora, die als eine Persönlichkeit gedacht ist, welche die Kraft in sich entwickelt hat, in die nächste Zukunft hineinzuschauen, wie wir einer Periode entgegenleben, wo in der Tat in einer gar nicht so fernen Zukunft, zuerst wenige Menschen, und dann immer mehr und mehr, nicht bloß durch geistige Schulung, sondern durch jenen Grad von irdischer Entwickelung, den die Menschheit erreicht, schauen können – aber jetzt in der ätherischen, nicht in der physischen Welt – die Gestalt des Christus, und dann in noch fernerer Zukunft in wieder anderer Gestalt. Einmal war er in physischer Gestalt zu schauen, weil es die Menschen, die auf dem physischen Plan waren, einmal erleben mußten. Aber es würde der Christus-Impuls nicht seine Wirkung getan haben, wenn er nicht so fortwirken würde, daß er sich weiter entwickeln kann.

Wir leben einer Zeit entgegen – das muß als eine Mitteilung hingenommen werden –, wo die höheren Kräfte der Menschen den Christus werden schauen können. Und das geschieht noch vor Ablauf des 20. Jahrhunderts, daß eine geringe Anzahl von Menschen wirklich «Theodoren» sein werden, das heißt, wo das tatsächlich geöffnete geistige Auge das gleiche Erlebnis haben wird, das Paulus hatte vor Damaskus und das er haben konnte, weil er eine «unzeitige Geburt», eine Frühgeburt war (1.Kor. 15,8). Es werden eine Anzahl von Menschen noch vor Ablauf des 20. Jahrhunderts das Christus-Erlebnis, wie es Paulus vor Damaskus hatte (Apg. 9,1–22), wiedererleben und werden keine Evangelien und Urkunden brauchen, wie auch Paulus nichts brauchte, um von dem Christus zu wissen. Sie werden durch das innerliche Erleben wissen, wie es um den Christus steht, der da erscheinen wird aus den ätherischen Wolken heraus.

Das ist eine Art Wiederkunft des Christus im ätherischen Gewande, wodurch er sich so zeigt, wie er sich dem Paulus vorherverkündigend gezeigt hat. Wir haben die Aufgabe, ganz besonders zu betonen, daß es in der Natur des Christus-Ereignisses liegt, daß derjenige, der im Beginne unserer Zeitrechnung als Christus Jesus einmal in einem physischen Leibe gelebt hat, in einem ätherischen Gewande – wie vor Damaskus dem Paulus – erscheinen wird noch vor Ablauf unseres Zeitalters. Und wenn sich die Menschen zu immer höheren Fähigkeiten erheben werden, werden sie die ganze Fülle der Natur des Christus kennenlernen. Aber es gäbe keinen Fortschritt, wenn der Christus noch ein zweites Mal in einem physischen Leibe erscheinen müßte; denn dann wäre er das erste Mal vergeblich erschienen. Dann hätte sein erstes Erscheinen nicht bewirkt, daß sich höhere Kräfte im Menschen entwickeln. Das ist das Ergebnis des Christus-Ereignisses, daß sich höhere Kräfte im Menschen entwickeln, und daß er geschaut werden kann mit diesen neuen Kräften da, wo er herauswirkt aus der geistigen Welt. Und wir haben die Aufgabe, wenn wir den historischen Kampf der Gegenwart verstehen, auf dieses Ereignis hinzuweisen, in unserer Zeit so hinzuweisen, wie vorher hingewiesen hat vorherverkündigend der Essäerlehrer Jeshu ben Pandira auf den Christus, der als der Löwe aus dem Stamme David hervorgehen sollte, dabei wiederum hinweisend auf die Sonnenkraft, auf das Sternbild des Löwen. Und wenn die Menschheit – ich will das nur andeutend sagen – heute das Glück haben könnte, daß jener Jeshu ben Pandira, der damals inspiriert wurde von dem großen Bodhisattva, der einst der Maitreya Buddha sein wird, sich in unserer Zeit wieder inkarnieren würde, so würde er es als die wichtigste Aufgabe betrachten, hinzuweisen auf den ätherischen Christus, der in den ätherischen Wolken erscheint, und er würde betonen, daß *einmal* das Christus-Ereignis im physischen Leibe sich abgespielt hat.

Nehmen wir an, jene Jesusgestalt, die als der Sohn des Pandira ungefähr hundertfünf Jahre vor dem Christus-Ereignis in Palästina gesteinigt worden ist, würde in einer Wiederverkörperung in unserer Zeit hinweisen auf die Christus-Erscheinung, dann würde sie hinweisen auf den Christus, der nicht im Physischen erscheinen kann, sondern der da erscheinen muß in einem ätherischen Gewande, geradeso wie er dem Paulus vor Damaskus erschienen ist. Und daran gerade würde man den etwa wiederinkarnierten Jeshu ben Pandira erkennen können. Dann aber ist es auf der anderen Seite das Wesentliche, daß sozusagen das neue Essäertum eingesehen würde, daß wir zu lernen haben von dem, der einst Maitreya Buddha sein wird, wie der Christus für unser Zeitalter erscheinen wird, und daß wir uns eminent zu hüten haben, ein falsches Urteil zu bekommen von jenem etwa wiederzuerstehenden Essäertum in unserem Zeitalter.

Eines kann als ein sicheres Kennzeichen angegeben werden, welches sozusagen diesen etwa wiedererstandenen Jeshu ben Pandira in unserem Zeitalter auszeichnen könnte; das muß als ein sicheres Kennzeichen angegeben werden, daß er sich nicht für den Christus ausgeben wird. Alle, die etwa in unserem Zeitalter auftreten würden und irgendwie davon sprechen könnten, daß in ihnen dieselbe Kraft lebe, die im Jesus von Nazareth gelebt hat, würden an dieser Behauptung zu erkennen sein als falsche Individualitäten jenes hundert Jahre vor dem

Christus lebenden Vorläufers. Diese Behauptung würde ein sicherstes Kennzeichen sein, daß er es nicht ist, und daß ein falscher Vorherverkündiger in ihm auftreten würde, wenn er sich in irgendein Verhältnis zum Christus selbst setzen würde. Aber die Gefahr ist ungeheuer groß, die auf diesem Gebiete sich geltend machen kann. Denn in unserer Zeit schwankt die Menschheit zwischen zwei Extremen. Man betont auf der einen Seite so stark, wie in unserer Zeit die Menschheit nicht geneigt ist anzuerkennen, was an geistigen Kräften unter den Menschen wirkt. Es ist schon eine auf der Straße liegende Wahrheit geworden, auf die sogar die Zeitungen immer wieder hinweisen, daß unser Geschlecht nicht die Gabe und die Kraft habe anzuerkennen, wenn irgendwie eine originale geistige Kraft sich zeige. Das ist die eine Unart unseres Zeitalters. Es ist wahr, daß sich die größte Wiederverkörperung in unserer Zeit abspielen könnte und unser Zeitalter stumpf dafür sein könnte, sie vorübergehen lassen könnte, ohne sich darum zu kümmern! Und die andere Unart ist nicht minder vorhanden, allerdings eine Unart, die unser Zeitalter mit vielen anderen gemeinsam hat: Geradeso wie unterschätzt werden die geistigen Individualitäten, so daß sie nicht anerkannt werden, so ist auf der anderen Seite wieder unter den Menschen das lebhafteste Bedürfnis vorhanden, zu vergöttern, heraufzuheben irgendwie in eine besondere Wolkenhöhe. Sehen Sie sich überall heute die Gemeinden an, die ihre besonderen Messiasse haben, wie dort überall das Bedürfnis vorhanden ist, zu vergöttern. Das ist es allerdings auch, was sich immer wieder und wieder in den Jahrhunderten gezeigt hat.

So erzählt *Maimonides* von einem solchen falschen Christus, der in Frankreich aufgetreten ist ungefähr um 1087, der damals zahlreiche Anhänger gehabt hat, aber dann nachher auch von der weltlichen Obrigkeit zum Tode verurteilt worden ist. Derselbe Maimonides erzählt [1172] weiter, daß fünfundfünfzig Jahre früher [1117] zu Cordoba in Spanien jemand aufgetreten ist, der sich für den Christus ausgegeben hat. Weiter erzählt er, wie ungefähr fünfundvierzig Jahre früher, also um 1127, zu Fez in Marokko ein falscher Messias aufgetreten ist, der auf einen noch größeren hingewiesen hat. Endlich wird berichtet aus dem Jahre 1174, wie in Persien einer aufgetreten ist, der sich selbst allerdings nicht als Christus bezeichnet hat, aber auf den Christus hingewiesen hat. Und die krasseste Erscheinung ist die, welche ich auch schon erwähnt habe: das Auftreten des Sabbatai Zewi im Jahre 1666 in Smyrna.

An dieser Gestalt, die von sich behauptete, eine Wiederverkörperung des Christus zu sein, kann man geradezu die Natur eines falschen Messias und ihre Wirkung auf die Umgebung auf das genaueste studieren. So ist damals von Smyrna aus die Kunde ergangen, daß ein neuer Christus aufgetreten ist in der Person des Sabbatai Zewi. Und Sie dürfen nicht glauben, daß die Bewegung damals eine geringe war. Aus allen Teilen Europas, aus Frankreich, aus Spanien und Italien, aus Polen, Ungarn, Südrußland, aus Nordafrika und aus dem Inneren Asiens, wanderten die Leute nach Smyrna, um den neuen Christus kennenzulernen, Sabbatai Zewi. Es war eine ganz große Weltbewegung. Und hätte man den Menschen, die damals in Sabbatai Zewi einen neuen Christus sahen, bis er sich selbst verriet, bis man hinter seine Schliche kam, hätte jemand den Menschen gesagt, daß er nicht der wirkliche Christus wäre, der wäre schlecht angekommen, der hätte verstoßen gegen das Dogma einer ungeheuer großen Anzahl von Menschen. – Das ist die andere Unart, eine Unart, die sich vielleicht nicht gerade in christlichen Gegenden, aber in anderen Gegenden täglich zeigt. Es ist das Bedürfnis vorhanden, Messiasse in irdischer Verkörperung auftreten zu lassen. In christlichen Ländern spielen die Dinge sich gewöhnlich im kleineren Kreise ab; aber da finden sich auch schon Christusse.

Es handelt sich nun darum, daß der Mensch durch seine geisteswissenschaftliche Erkenntnis, durch seine geisteswissenschaftliche Aufklärung, durch genaue Einsicht in das Tatsachenmaterial, die der Okkultismus gibt, weder in den einen noch in den anderen Fehler verfällt. Und wenn man die Lehren, die in diesem Sinne gegeben sind, versteht, wird man sich von dem einen und von dem anderen Fehler fernhalten. Und dann wird man ein wenig eindringen in die tiefste historische Tatsache der Gegenwart: daß uns zuteil werden kann, wenn wir tiefer in das spirituelle Leben eindringen, eine Art Wiedererneuerung des Essäertums, das damals auf dem Umwege durch den Mund des

Jeshu ben Pandira zunächst vorherverkündete das Christus-Ereignis als ein *physisches.* Und wenn die Essäerlehre in unserer Zeit wieder erneuert werden soll, wenn wir leben wollen nicht im Geiste einer Tradition von einem alten Bodhisattva, sondern im Sinne des lebendigen Geistes eines neuen Bodhisattva, so müssen wir uns ebenso inspirieren lassen von dem Bodhisattva, der einst der Maitreya Buddha werden wird. Und dieser Bodhisattva inspiriert uns so, daß er darauf aufmerksam macht: Die Zeit rückt heran, wo der Christus in neuer Form, in einem *ätherischen* Leibe, eine Gnade sein wird für diejenigen Menschen, welche durch eine neue Essäerweisheit die neuen Kräfte entwickeln in der Zeit, wo die Wiederkunft des Christus im ätherischen Gewande an die Menschen belebend herantreten wird. Ganz im Sinne des inspirierenden Bodhisattva, der der Maitreya Buddha werden soll, wollen wir reden. Wir wissen dann, daß wir nicht im Sinne irgendeines Religionsbekenntnisses von dem Christus reden, wie er wiederum wahrnehmbar werden soll für den physischen Plan, und wir scheuen uns nicht zu sagen: Uns wäre gleichgültig, wenn wir etwas anderes sagen müßten, weil wir es als Wahrheit erkennen. Wir haben auch keine Vorliebe für irgendeine orientalische Religionslehre, sondern wir leben nur für die Wahrheit. Wir sprechen es mit den Formeln aus, die wir kennenlernen aus der Inspiration des Bodhisattva selber, wie die künftige Erscheinung des Christus sein wird.

ELFTER VORTRAG

Bern, 11. September 1910

Auf die Versuchungsgeschichte, die wir darstellen konnten als Impuls für eine besondere Art der Einweihung, folgte das, was der Christus Jesus zunächst seinen Jüngern als Verbreiter der alten Lehren in einer vollständig neuen Form werden konnte, sodann, was er werden konnte nicht nur als Verbreiter von Lehren, sondern, wenn der Ausdruck gebraucht werden darf, als Kraft, als gesundende Kraft der Menschen. Das ist dargestellt in den Heilungen. Dann haben wir gestern jenen Übergang gemacht, der, wie ich sagte, einigen guten Willen zum Verständnis voraussetzt, guten Willen, der sich ergibt aus einer Verarbeitung der geisteswissenschaftlichen Erkenntnisse, wie man sie im Laufe von Jahren in sich aufgenommen haben kann. Wir haben den Übergang gemacht zu jener eigentümlichen Art von lebendiger Belehrung durch Übergabe von Kräften, die ausgingen von dem Christus Jesus und sozusagen in die Seelen seiner Jünger einstrahlten. Und wir haben versucht, so gut es ging, ein gewaltiges Mysterium mit Menschenworten auszudrücken. Wir haben versucht, darauf aufmerksam zu machen, wie diese Lehre war, die der Christus Jesus seinen Jüngern zu geben hatte. Er war eine Art Sammelpunkt, ein Sammelwesen für Kräfte, die aus dem Makrokosmos in die Verhältnisse der Erde einflossen und zu den Seelen der Jünger hinströmen sollten, und die nur durch jene Kräfte gesammelt werden konnten, die in der Wesenheit des Christus Jesus vereinigt waren. Die Kräfte, welche sonst den Menschen nur unbewußt während des Schlafzustandes zuströmen, sie strömten aus Weltenweiten durch die Wesenheit des Christus Jesus den Jüngern zu als die belehrenden und belebenden Kräfte des Kosmos selber. In den Einzelheiten kann man natürlich diese Kräfte, welche aufklärende Kräfte über das Weltendasein sind, nur charakterisieren, wenn man sich einläßt auf die verschiedenen Konstellationen im Kosmos. Und auf dieses Mysterium werden wir heute noch, insofern es das Matthäus-Evangelium darstellt, hinzuweisen haben. Vorerst aber haben wir uns klarzumachen, wie die Jünger zunehmen mußten an Weisheit gegenüber den Verhältnissen der Erde dadurch, daß die Kräfte des Christus Jesus auf sie hinüberstrahlten. Sie mußten sozusagen in sich selber, in ihrem Leben, in ihrer lebendigen Weisheit wachsen, wachsen in der verschiedensten Weise.

Nun wird uns gerade eine eigentümliche Art in dem Wachstum eines der Jünger oder Apostel dargestellt. Aber wir werden dieses einzelne, besonders Bedeutsame in dem Leben eines Apostels nur verstehen, wenn wir es aus einem großen Zusammenhange herausholen. Da müssen wir uns klarmachen, daß der Mensch ja in der Menschheitsevolution fortschreitet. Wir machen nicht umsonst Inkarnation nach Inkarnation durch. So haben wir in der nachatlantischen Zeit nicht umsonst Inkarnationen durchgemacht innerhalb der ersten nachatlantischen Kulturperiode, der indischen, dann in der persischen Kulturperiode, in der ägyptisch-chaldäischen, in der griechisch-lateinischen und so weiter, sondern diese Inkarnationen machen wir durch als die große Lebensschule, damit wir in jeder dieser Inkarnationen aus den Verhältnissen, die in diesen Kulturperioden vorhanden sind, etwas aus der Umgebung aufnehmen. Dadurch wachsen wir allmählich. Und worin besteht dieses Wachstum des Menschen durch die einzelnen Epochen der Menschheitsevolution hindurch?

Der Mensch hat ja, wie wir aus den elementarischen Anschauungen der Anthroposophie wissen, verschiedene Glieder seiner Wesenheit. Wenn wir sie in unserem Sinne aufzählen wollen, haben wir physischen Leib, Ätherleib, Astralleib, mit dem Astralleib verknüpft die Empfindungsseele, dann die Verstandes- oder Gemütsseele, die Bewußtseinsseele. Dann haben wir an höheren Gliedern der menschlichen Natur, zu denen wir uns hinaufentwickeln: Geistselbst, Lebensgeist und den Geistesmenschen. Nun wurde uns in der Tat in jeder der nachatlantischen Kulturepochen etwas gegeben für diese einzelnen Glieder unserer Menschennatur. So wurde in der ersten Epoche, in der altindischen Kultur, dem Menschen etwas an Kräften eingefügt, wodurch er in seinem Ätherleibe mehr wurde, als er früher war. Was ihm in dieser Beziehung eingeprägt werden sollte in seinen physischen Leib, das wurde ihm schon in den letzten Zeiten der atlantischen Periode eingefügt. Mit dem Ätherleibe dagegen beginnen jene Gaben, die dem

Menschen während der nachatlantischen Zeit zukommen sollten. So wurden ihm in der altindischen Zeit die Kräfte gegeben, die seinem Ätherleibe eingepflanzt werden sollten; dann in der urpersischen Zeit die Kräfte, die seinem astralischen Leibe, dem Empfindungsleibe, eingepflanzt werden sollten; während der ägyptisch-chaldäischen Zeit die Kräfte für die Empfindungsseele. Während der vierten Kulturperiode, der griechisch-lateinischen Zeit, wurden ihm eingeprägt die Kräfte der Verstandes- oder Gemütsseele; und jetzt leben wir in dem Zeitalter, wo die entsprechenden Kräfte, die in diese Linie gehören, nach und nach der Bewußtseinsseele eingeprägt werden sollen. In diesem Einprägen ist die Menschheit noch nicht sehr weit vorgeschritten. Dann wird ein sechster nachatlantischer Zeitraum kommen, wo in die Menschennatur eingeprägt werden die Kräfte des Geistselbst und im siebenten Kulturzustande die Kräfte des Lebensgeistes. Und dann blikken wir auf ferne Zukünfte hin, wo uns der Geistesmensch oder Atma in dem normalen Menschentum eingeprägt werden soll.

Nun betrachten wir diese menschliche Entwickelung in bezug auf den einzelnen Menschen. Wie wir jetzt den Menschen betrachten müssen, so betrachten ihn stets die, welche von den wahren Verhältnissen dieser Dinge aus den heiligen Mysterien heraus etwas wußten. So mußten ihn auch nach und nach betrachten lernen die Jünger durch die belebende, belehrende Kraft, die ausströmte von dem Christus Jesus und auf sie überging. Wir können daher sagen: Wenn wir den Menschen betrachten – jetzt oder auch zur Zeit des Christus Jesus –, so liegen in ihm Anlagen, wie zum Beispiel in einer Pflanze Anlagen liegen, die auch schon dann vorhanden sind, wenn die Pflanze nur die grünen Blätter und noch nicht Blüte und Frucht hat. Eine solche Pflanze, die nur grüne Blätter hat, schauen wir an und wissen: So wahr die Pflanze da ist, hat sie schon in sich die Anlage zur Blüte und zur Frucht, die sie entwickeln wird, wenn alles regelmäßig geht. So wahr aus der Pflanze, auch wenn sie erst die grünen Blätter hat, herauswachsen Blüte und Frucht, so gewiß ist es, daß aus dem Menschen, der, wie es zur Zeit des Christus Jesus der Fall war, nur Empfindungsseele und Verstandes- oder Gemütsseele hat, die Bewußtseinsseele herauswächst, die sich dann öffnet dem Geistselbst, damit die oberste Dreiheit als Neues wie eine göttlich-geistige Gabe dem Menschen zufließen kann. Deshalb können wir sagen: Der Mensch entfaltet sich aus dem, was seine Seeleninhalte, was seine Seeleneigenschaften sind. So, wie sich die Pflanze, die nur grüne Blätter hat, zu Blüte und Frucht entfaltet, so entfaltet sich der Mensch in der Weise, daß er aus Empfindungsseele, Verstandesseele und Bewußtseinsseele etwas wie eine Blüte seines Wesens dem entgegenhält, was ihm als ein Göttliches von oben herunterkommt, damit er durch den Empfang des Geistselbst einen weiteren Weg in die Höhen der Menschheitsentwickelung durchmachen kann.

In dieser Weise konnten die Menschen, die zur Zeit des Christus Jesus bloß das Äußere ganz normal entwickelt hatten, sagen: Ja, jetzt ist erst normalerweise die Verstandes- oder Gemütsseele entwickelt, die noch nicht ein Geistselbst in sich aufnehmen kann, aber es wird sich aus demselben Menschen, der jetzt die Verstandes- oder Gemütsseele als Höchstes entwickelt hat, herausentwickeln als sein Kind, als sein Ergebnis, die Bewußtseinsseele, die sich dann öffnen kann dem Geistselbst.

Und was der Mensch nach seiner ganzen Wesenheit sozusagen als seine Blüte entfalten mußte, was da aus ihm herauswuchs, was sich ergab aus seiner Natur, wie nannte man das in den Mysterien? Wie mußte man es daher auch in der Umgebung des Christus Jesus nennen, wenn die Jünger wirklich vorwärtskommen wollten? Man nannte es – wenn wir es in unsere Sprache übersetzen wollen – mit dem Ausdruck «Sohn des Menschen»; denn das griechische Wort *υἱὸς τοῦ ἀνϑρώπου* hat durchaus nicht die eingeschränkte Bedeutung unseres «Sohn» als «Sohn eines Vaters», sondern dessen, was sich ergibt als Nachkomme einer Wesenheit, was herauswächst aus einer Wesenheit wie die Blüte aus einer bisher nur blättertragenden Pflanze. Daher konnte man, als die normalen Menschen noch nicht in der Bewußtseinsseele jene Blüte ihrer Wesenheit entwickelt hatten, noch nichts von dem *υἱὸς τοῦ ἀνϑρώπου* in sich hatten, sagen: Ja, die normalen Menschen haben noch nichts von dem «Sohn des Menschen» entwickelt, aber es muß ja immer Menschen geben, die ihrem Geschlechte voranschreiten, die schon in einer früheren Zeit das Wissen und das

Leben einer späteren Epoche in sich haben. Unter den Führern der Menschheit muß es solche geben, die im vierten Zeitraum, wo normalerweise nur die Verstandes- oder Gemütsseele entwickelt ist, trotzdem sie äußerlich ausschauen wie die anderen Menschen, doch innerlich schon die Möglichkeit der Bewußtseinsseele entwickelt haben, in die hineinleuchtet das Geistselbst. – Und solche «Menschensöhne» gab es. Und die Jünger des Christus Jesus sollten daher heranwachsen zum Verstehen, welches die Natur und Wesenheit dieser Führer der Menschheit ist.

Da fragte der Christus Jesus, um sich zu überzeugen, wie sie darüber denken, zunächst seine intimen Schüler, seine Jünger: Sagt mir etwas davon, von welchen Wesen, von welchen Menschen man sagen kann, daß sie Menschensöhne sind diesem Geschlecht? – So etwa müßte man die Frage stellen, wenn man sie im Sinne der aramäischen Urschrift des Matthäus-Evangeliums stellen wollte; denn ich habe schon darauf aufmerksam gemacht, daß in der griechischen Übertragung, wenn man sie gut versteht, zwar noch alles besser ist, als es heute ausgelegt wird, daß aber trotzdem notwendigerweise manches bei der Übertragung aus der aramäischen Urschrift undeutlich geworden ist. Also müssen wir uns den Christus Jesus vor seinen Jüngern stehend denken und sie fragend: Was herrscht als Anschauung darüber, wer von jenen Menschen des vorangegangenen Geschlechts, die schon in den griechisch-lateinischen Zeitraum hineingehörten, Menschensöhne wären? Da zählten sie ihm auf: Elias, Johannes der Täufer, Jeremias und sonstige Propheten. Das wußten die Jünger durch die belehrende Kraft, die ihnen durch den Christus geworden war, daß jene Führer Kräfte in sich aufgenommen hatten, durch die sie hinaufgewachsen waren bis zum Insichtragen des Menschensohnes. Bei derselben Gelegenheit gab einer der Jünger, der Petrus gewöhnlich genannt wird, noch eine andere Antwort (Matth. 16,13–16).

Um diese andere Antwort zu verstehen, müssen wir uns ganz fest in die Seele geschrieben sein lassen, was wir gerade in den verflossenen Tagen als die Mission des Christus Jesus im Sinne des Matthäus-Evangeliums gezeigt haben: daß durch den Christus-Impuls für die Menschen die Möglichkeit gegeben war, das volle Ich-Bewußtsein auszubilden, das, was in dem «Ich bin» liegt, zur höchsten Blüte zu bringen. Mit anderen Worten: Auch in der Initiation sollten die Menschen gegen die Zukunft hin so in die höheren Welten hineinwachsen, daß das Ich-Bewußtsein, das wir als normale Menschen heute nur für die physische Welt haben, voll erhalten bleibt bei allen Wegen in die höheren Welten hinauf. Daß dies sein kann, wurde ermöglicht durch das Dasein des Christus Jesus in der physischen Welt. So dürfen wir sagen: Es ist der Christus Jesus der Repräsentant derjenigen Kraft, welche der Menschheit das volle Bewußtsein des «Ich bin» gegeben hat.

Ich habe schon besonders darauf hingewiesen, wie die Evangelieninterpretationen der freisinnigen oder gar evangeliengegnerischen Richtungen gerade das Wichtige gewöhnlich nicht betonen. Sie weisen immer darauf hin, daß einzelne Wortfolgen der Evangelien und so weiter schon früher irgendwo vorgekommen sind. So zum Beispiel könnten sie darauf hinweisen, daß selbst der Inhalt der Seligpreisungen schon früher da war. Aber, was nicht da war – darauf müssen wir immer wieder hinweisen –, was früher nicht unter Aufrechterhaltung des Ich-Bewußtseins der Menschen erreicht werden konnte, das wird durch den Christus-Impuls für die menschliche Eigenheit erreicht werden können! Das ist außerordentlich bedeutsam. Ich habe die einzelnen Glieder der Seligpreisungen auseinandergelegt und habe gezeigt, daß es im ersten Satze heißen muß: «Selig sind die Bettler um Geist», weil nach der Menschheitsevolution derjenige Mensch arm an Geist ist, der nicht mehr hineinschauen kann in die geistige Welt im Sinne des alten Hellsehens. Aber den Trost und die Aufklärung gibt ihnen der Christus: Wenn sie auch nicht mehr durch die alten Hellseherorgane hineinschauen können in die geistige Welt, so werden sie jetzt durch sich selbst, durch ihr Ich hineinschauen können, denn: «Durch sich selber werden sie finden die Reiche der Himmel!» (Matth. 5,3). Ebenso der zweite Satz: «Selig sind, die da Leid tragen» (Matth. 5,4). Sie brauchen nicht mehr hineinzuwachsen durch das alte Hellsehervermögen in die Sphären der geistigen Welt; sie werden ihr Ich so entwickeln, daß sie hinaufwachsen können in die geistige Welt. Aber dazu muß das Ich immer mehr und mehr die Kraft aufnehmen, die in dem Christus als in einer einzigartigen Wesenheit einmal auf der Erde verankert war.

Es sollten die gegenwärtigen Menschen ein klein wenig gerade bei solchen Sachen wirklich überlegen: Nicht umsonst steht in diesen Seligkeiten der Bergpredigt überall in jedem einzelnen Satze ein griechisches Wort, das sehr wichtig ist: *ὅτι αὐτῶν ἐστιν ἡ βασιλεία τῶν οὐϱανῶν*. Wenn wir also den ersten Satz nehmen: «Selig sind die Bettler um Geist», so würde es dann weiter heißen: «In ihnen selbst» – oder «durch sich selbst werden sie haben die Reiche der Himmel.» Auf dieses «in ihnen selbst» wird immer hingedeutet; im zweiten Satz, im dritten Satz und so weiter, immer wird darauf hingewiesen. – Verzeihen Sie, wenn ich Sie jetzt auf etwas Großes in bezug auf unsere Zeit in einer sehr trivialen Weise hinweise. Unsere Zeit wird sich entschließen müssen, das Wort *αὐτῶν* «auton» – was in unserem «Automobil» liegt – nicht bloß auf Maschinen anzuwenden, nicht immer nur in der äußerlichsten Weise zu verstehen, sondern sie wird sich entschließen müssen, auch auf dem geistigen Gebiete die Eigenheit des *ὅτι αὐτῶν*, der Inbetriebsetzung zu verstehen. Das ist etwas, was unsere Zeit wohl als eine Mahnung aufnehmen darf: In bezug auf Maschinen liebt sie das Durch-Eigenheit-in-Betrieb-Setzen; aber in bezug auf das, was früher außerhalb des Ich-Bewußtseins war, und was in allen alten Mysterien bis zum Christus-Ereignis hin außerhalb des Ich-Bewußtseins erlebt wurde, sollte die Menschheit auch lernen das Durch-Eigenheit-in-Betrieb-Setzen, so daß der Mensch nach und nach der selbstschöpferische Urheber von alledem werden kann. Und das wird gerade die heutige Menschheit verstehen lernen, wenn sie sich mit dem Christus-Impuls durchdringen wird.

Wenn wir dies ins Auge fassen, werden wir sagen: Es bedeutet die Frage, welche der Christus Jesus nach der anderen Seite an die Jünger stellte, noch etwas ganz Besonderes. Erst fragte er: Wer könnte von denen, welche die Führer waren dieses Geschlechtes, als ein Menschensohn bezeichnet werden? Und die Jünger wiesen hin auf einzelne der Führer. Dann fragte er noch etwas anderes. Er wollte es allmählich dahin bringen, daß sie seine eigene Natur verstehen, daß sie verstehen, was er repräsentiert für die Ichheit. Das liegt in der anderen Frage: «Und was denkt ihr, daß ich bin?» Und das «Ich bin» muß in jedem einzelnen Falle gerade in dem Matthäus-Evangelium besonders betont werden. Da gab Petrus eine Antwort, die dahin ging, daß er jetzt den Christus nicht bloß bezeichnete als Menschensohn, sondern daß er ihn bezeichnete – und wir können das Wort immer so übersetzen, wie es gebräuchlich ist – als den «Sohn des lebendigen Gottes». Was ist im Gegensatz zum «Menschensohn» der «Sohn des lebendigen Gottes»? Um diesen Begriff zu verstehen, müssen wir die Tatsachen ergänzen, die wir vorhin ausgesprochen haben.

Der Mensch, haben wir gesagt, entwickelt sich so hinauf, daß er in seiner Wesenheit die Bewußtseinsseele entfaltet, in der das Geistselbst erscheinen kann. Wenn er aber die Bewußtseinsseele entwickelt hat, müssen ihm Geistselbst, Lebensgeist und Geistesmensch gleichsam entgegensteigen, damit seine sich öffnende Blüte diese obere Dreiheit aufnehmen kann. Diese Hinaufentwickelung des Menschen können wir auch graphisch darstellen gleichsam wie eine Hinaufentwickelung von einer Art Pflanze:

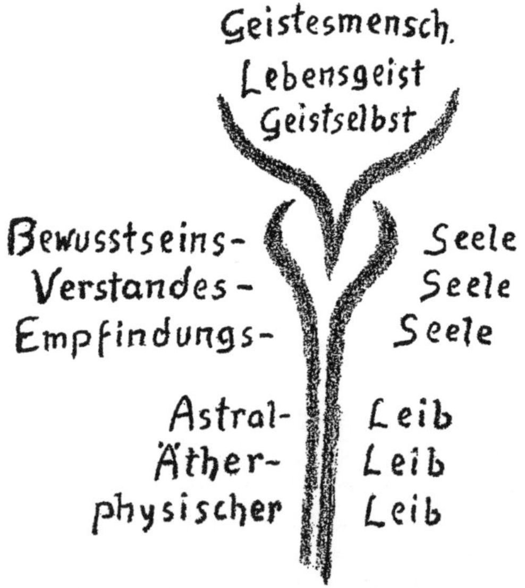

In der Bewußtseinsseele öffnet sich der Mensch, und es kommt ihm entgegen das Geistselbst oder Manas, der Lebensgeist oder die Budhi und der Geistesmensch oder Atma. Das ist also etwas, was gleichsam dem Menschen als das Geistbefruchtende von oben entgegenkommt. Während der Mensch mit den anderen Gliedern von unten heraufwächst und sich öffnet zur Blüte des Menschensohnes, muß ihm, wenn er weiterschreitet und das vollständige Ich-Bewußtsein aufnehmen will, von oben entgegenkommen, was ihm entgegenbringt Geistselbst, Lebensgeist und Geistesmensch. Und der Repräsentant dessen, was ihm von oben heruntergebracht wird, was in die fernste Menschenzukunft hindeutet, wer ist das? Die erste Gabe empfangen wir als das Geistselbst. Wessen Repräsentant ist der, der die Gabe bringen wird des herunterkommenden Geistselbst? Das ist der Sohn des Gottes, der lebt, der Lebensgeist, der «Sohn des lebendigen Gottes»!

Also es fragt der Christus Jesus in diesem Augenblick: Was muß durch meinen Impuls an den Menschen herankommen? Dasjenige, was das belebende Geistprinzip von oben ist, muß an den Menschen herankommen! So stehen sich gegenüber der «Menschensohn», der von unten nach oben wächst, und der Gottessohn, der «Sohn des lebendigen Gottes», der von oben nach unten wächst. Die müssen wir unterscheiden. Aber wir müssen es begreiflich finden, daß diese Frage für die Jünger eine schwierigere war. Diese Frage wird Ihnen in ihrer ganzen Schwierigkeit für die Jünger besonders dann vor die Seele treten, wenn Sie bedenken, daß die Jünger ja alles das erst empfingen, was die einfachsten Menschen nach der Zeit des Christus Jesus schon eingepflanzt erhalten haben durch die Evangelien. Die Jünger mußten es alles erst durch die lebendigen Lehrkräfte des Christus Jesus in sich aufnehmen. Es war in den Kräften, die sie bereits entwickelt hatten, keine Verständnisfähigkeit für das, was Antwort geben konnte auf die Frage: Wessen Repräsentant bin ich selber? Da wird darauf hingewiesen, daß einer der Jünger, der Petrus hieß, die Antwort gab: «Du bist der Christus, der Sohn des lebendigen Gottes» (Matth. 16,16). Das war in diesem Augenblicke eine Antwort, die, wenn wir so sagen dürfen, nicht aus den normalen Geisteskräften des Petrus heraus war. Und der Christus Jesus – versuchen wir die Sache dadurch lebendig darzustellen, daß wir etwa in gewissem Sinne an die Anschaulichkeit appellieren –, er mußte sich sagen, indem er den Petrus ansah: Es ist viel, daß aus diesem Munde diese Antwort gekommen ist, die sozusagen auf eine fernste Zukunftszeit hindeutet. – Und wenn er dann auf das blickte, was in dem Bewußtsein des Petrus war, was in ihm bereits so war, daß er mit dem Intellekt oder mit den Kräften, zu denen er es durch die Einweihung gebracht hatte, eine solche Antwort geben konnte, dann mußte der Christus sich sagen: Aus dem, was der Petrus bewußt weiß, ist es nicht heraus; da reden jene tieferen Kräfte, die im Menschen sind und die der Mensch erst nach und nach zu bewußten Kräften macht.

Wir tragen in uns physischen Leib, Ätherleib, Astralleib und Ich. Wir kommen hinauf zum Geistselbst, Lebensgeist und Geistesmenschen durch Umwandlung der Kräfte des astralischen Leibes, des Ätherleibes und des physischen Leibes. Das ist in der elementaren Geisteswissenschaft oft dargestellt worden. Aber die Kräfte, die wir einmal in unserem Astralleibe als Geistselbst entwickeln werden, sind in unserem Astralleibe schon darinnen; nur sind sie von göttlich-geistigen Mächten darinnen und nicht von uns entwickelt. Und ebenso ist in unserem Ätherleib schon ein göttlich-geistiger Lebensgeist darinnen. Daher sagt der Christus, indem er auf Petrus sieht: Was da gegenwärtig ist in deinem Bewußtsein, das hat nicht aus dir gesprochen; sondern es hat etwas gesprochen, was du erst in der Zukunft entwickeln wirst, was zwar in dir ist, aber wovon du noch nichts weißt. Was schon in deinem Fleisch und Blut ist, kann noch nicht so sprechen, daß das Wort zutage tritt: «Du bist Christus, der Sohn des lebendigen Gottes», sondern da reden die tief unter der Schwelle des Bewußtseins liegenden göttlich-geistigen Kräfte, die tiefsten sogar, die in dem Menschen drinnenstecken. – Das geheimnisvolle Höhere im Petrus, was der Christus den «Vater im Himmel» nennt, die Kräfte, aus denen Petrus zwar geboren ist, deren er sich aber noch nicht bewußt ist, die haben in diesem Augenblick aus ihm gesprochen. Daher das Wort: «Was du als Mensch aus Fleisch und Blut gegenwärtig bist, hat dir das nicht eingegeben, sondern der Vater in den Himmeln» (Matth. 16,17).

Dabei mußte aber der Christus noch etwas anderes sagen. Er mußte sich sagen: In dem Petrus habe ich eine Natur vor mir, einen Jünger, dessen ganze menschliche Konstitution so ist, daß durch die Kräfte, die schon das Bewußtsein entwickelt hat, daß durch die ganze Art und Weise, wie die Geistestätigkeit wirkt, nicht gestört wird die Vaterkraft in ihm; sie ist so stark, diese unterbewußte Menschenkraft, daß er auf sie bauen kann, wenn er sich dieser unterbewußten Menschenkraft überläßt. Das ist das Wichtige in ihm, konnte sich der Christus sagen. Was so in ihm ist, das ist aber auch in jedem Menschen. Nur bewußt ist es noch nicht weit genug, das wird sich erst in der Zukunft entwickeln. Soll sich das, was ich der Menschheit zu geben habe, und wofür ich der Impuls bin, weiter entwickeln und die Menschen ergreifen, so muß es sich auf das begründen, was da in dem Petrus eben gesprochen hat: «Du bist Christus, der Sohn des lebendigen Gottes!» Auf diesen Felsen im Menschen, den noch nicht zerstört haben die brandenden Wogen des schon entwickelten Bewußtseins, was da als die Vaterkraft spricht, darauf will ich das bauen, was immer mehr und mehr hervorsprießen soll aus meinem Impuls. – Und wenn die Menschen diese Grundlage entwickeln, wird sich das ergeben, was die Menschheit des Christus-Impulses sein wird. – Das liegt in den Worten: «Du bist der Petrus, und auf diesen Felsen will ich bauen, was eine Menschengemeinde ergeben kann, was eine Summe von Menschen ergeben kann, die sich zum Christus-Impuls bekennen!» (Matth. 16,18).

So leicht, wie die Diskussionen heute fließen – denn ein besonderer Streit herrscht fast in der ganzen Welt über diese Worte –, so leicht sind diese Worte, die im Matthäus-Evangelium stehen, wahrhaftig nicht zu nehmen. Sie sind nur zu verstehen, wenn man sie aus der Tiefe jener Weisheit, die zugleich die Mysterienweisheit ist, herausschöpft.

Und jetzt soll klar und deutlich noch etwas anderes gezeigt werden: daß nämlich wirklich auf die tiefere, unterbewußte Kraft in Petrus von dem Christus Jesus gebaut wird. Denn im nächsten Augenblick redet der Christus von den nächsten Ereignissen, die sich abspielen sollen. Von dem, was als das Mysterium auf Golgatha geschehen soll, beginnt er zu reden. Und jetzt ist der Augenblick schon vorbei, wo das tiefer in Petrus Liegende spricht; jetzt spricht das in Petrus, was in ihm schon bewußt ist. Jetzt kann er nicht verstehen, was der Christus damit meint, kann nicht glauben, daß Leiden und Sterben eintreten sollen. Und wo der bewußte Petrus spricht, der schon die bewußten eigenen Kräfte in sich entwickelt hat, da muß ihn der Christus zurechtweisen, indem er sagt: Jetzt redet nicht irgendein Gott, sondern jetzt spricht das, was du schon als Mensch entwickelt hast; das ist unwert, daß es emporwächst; das ist aus einer Lehre der Täuschung; das ist aus Ahriman, das ist des Satans! – Das liegt in dem Wort: «Hebe dich, Satan, von mir! Du bist mir ärgerlich; denn du meinest nicht, was göttlich, sondern was menschlich ist» (Matth. 16,23). Der Christus nennt ihn gleich den Satan; er wendet gerade das Wort Satan an für Ahriman, während sonst in der Bibel Diabolus steht für alles Luziferische. Da gebraucht der Christus in der Tat für die Täuschung, der sich Petrus noch hingeben muß, das richtige Wort.

So verhalten sich die Dinge wirklich. Was hat nun die moderne, populäre Bibelkritik daraus gemacht? Sie hat gefunden: Es ist doch ganz unmöglich, daß der Christus Jesus gegenübersteht dem Petrus und von ihm das eine Mal sagt: Du hast allein begriffen, daß ein Gott dir gegenübersteht! – während er gleich darauf ihn das andere Mal einen Satan nennt. Und die Bibelkritiker sagen nun: Also muß man daraus schließen, daß das Wort Satan, das Christus zu Petrus gesprochen haben soll, von einem anderen später eingeschoben worden ist, daß es also eine Fälschung ist. – Richtig ist dabei nur, daß die Meinung, die man in der Gegenwart über den tieferen Sinn dieser Worte aus der philologischen Forschung hat, gar nichts wert ist, wenn nicht vorangeht das sachliche Verständnis der biblischen Urkunden. Erst auf Grundlage des sachlichen Verständnisses der Bibel ist es möglich, daß der Mensch wirklich auch etwas sagen kann über die geschichtliche Entstehung der entsprechenden Urkunden.

Aber zwischen diesen beiden Worten, die ich angeführt habe, liegt noch ein anderes. Und das werden wir nur verstehen können, wenn wir ins Auge fassen eine uralte und doch immer neue Mysterienlehre, die Lehre, daß der Mensch, so wie er auf der Erde ist, und nicht nur der Mensch selbst, sondern eine jede Menschengemeinde, eine Art Abbild ist für dasjenige, was im großen Kosmos, im Makrokosmos vor sich geht. Wir haben das insbesondere schildern können bei der Besprechung der Abstammung des Jesus von Nazareth. Wir haben gesehen, wie jenes Wort, das zu Abraham gesprochen ist, eigentlich bedeutet: «Deine Nachkommenschaft soll sein ein Abbild der Ordnung der Sterne am Himmel» (1.Mose 22,17). Was am Himmel ist als die Ordnung der zwölf Sternbilder und als der Gang der Planeten durch den Tierkreis, das soll sich wiederholen in den zwölf Stämmen und in dem, was das hebräische Volk durchmacht durch drei mal vierzehn Generationen hindurch. Also in der Aufeinanderfolge der Generationen mit der eigentümlichen Vererbung durch die Blutsverbände in den zwölf Stämmen soll ein Abbild der makrokosmischen Verhältnisse gegeben werden. Das ist dem Abraham gesagt worden.

In dem Augenblick, da der Christus Jesus den Petrus gegenüber hat, der in seiner tieferen Natur begreifen kann, was eigentlich mit dem Christus-Impuls gegeben ist – die hinunterfließende geistige Kraft durch den Sohn des lebendigen Gottes –, da weiß der Christus, daß er die Umstehenden darauf hinweisen kann, daß jetzt auf der Erde etwas Neues beginnt, ein neues Abbild gegeben werden kann. Während für Abraham in der Blutsverwandtschaft das Abbild der kosmischen Verhältnisse gegeben war, soll jetzt in den ethisch-moralisch-geistigen Verhältnissen ein Abbild dessen geformt werden, was der Mensch durch sein Ich werden kann. Wenn die Menschen verstehen werden in demselben Sinne, wie es die bessere Natur in Petrus versteht, was der Christus ist, dann werden sie nicht nur solche Gemeinschaften, solche Ordnungen einführen, die auf Blutsverwandtschaft beruhen, sondern solche, welche bewußt von Seele zu Seele das Band der Liebe spinnen. Das heißt: Wie in dem jüdischen Blute, in den Fäden, die durch die Generationen hindurchgingen, zusammengefügt war, was im Menschengeschlecht zusammengefügt werden sollte nach dem Vorbild des Makrokosmos, und wie das, was auseinandergelöst war im Menschengeschlecht, eben auch auseinandergelöst war nach den Ordnungen am Himmel, so sollte jetzt aus dem bewußten Ich heraus in den ethisch-moralisch-geistigen Verhältnissen dasjenige entstehen, was die Menschen trennt oder in Liebe zusammenhält. Die Ordnungen der Menschen sollten geformt werden oder harmonisiert werden aus dem bewußten Ich heraus. Das liegt in den Worten, die der Christus Jesus spricht als Fortsetzung der Antwort, die er dem Petrus gegeben hat: «Was du auf Erden binden wirst – was die tiefere Natur in dir bindet –, das ist dasselbe, was im Himmel gebunden ist, und was dieselbe Natur hier unten löst, das ist etwas, was auch im Himmel gelöst wird» (Matth. 16,19).

In den alten Zeiten lag alle Bedeutung des Menschenzusammenhanges in der Blutsverwandtschaft. Immer mehr und mehr aber soll der Mensch hineinwachsen in die geistigen, moralischen, spirituellen Verbände. Wenn wir das ins Auge fassen, müssen wir sagen: Es muß dem Menschen dasjenige, was er als Gemeinde gründet, etwas werden. Wenn wir anthroposophisch sprechen, können wir sagen: Das Einzelkarma des Menschen muß sich verbinden mit dem Karma von Gemeinschaften. Sie können es schon durchaus wissen aus dem, was in den verflossenen Jahren ausgeführt worden ist. Wie es nicht der Karmaidee widerspricht, wenn ich einem Armen etwas schenke, ebensowenig widerspricht es der Karmaidee, wenn einem Menschen dasjenige, was er als sein Einzelkarma hat, von einer Gemeinde abgenommen wird. Die Gemeinde kann mittragen das Los des einzelnen. Das Karma kann so verbunden werden, daß die Gemeinde mitträgt an dem Karma des einzelnen. Es kann mit anderen Worten folgendes im moralischen Zusammenhange eintreten: Das einzelne Glied innerhalb dieser Gemeinde begeht etwas Unrechtes. Das wird ganz gewiß in das Karma der einzelnen Persönlichkeit eingeschrieben sein, und es muß im großen Weltzusammenhange ausgetragen werden. Aber es kann sich ein anderer Mensch finden, der sagt: Ich helfe dir das Karma austragen! – Erfüllt muß das Karma werden, aber der andere kann ihm helfen. So können ganze Gemeinden dem helfen, der ein Unrecht begangen hat. Es kann der einzelne sein Karma so mit der Gemeinde verflochten haben, daß er, weil die Gemeinde ihn als eines ihrer Glieder betrachtet, etwas, was ihn betrifft, bewußt abgenommen erhält, daß die ganze Gemeinde mitfühlt und mit will den einzelnen bessern; so daß die Gemeinde sprechen kann: Du einzelner hast unrecht getan, aber wir treten für dich ein! Wir übernehmen das, was zur Ausbesserung des Karma führt. – Will man die Gemeinde «Kirche» nennen, so legt sich die Kirche damit die Verpflichtung auf, die Sünden des einzelnen auf sich zu nehmen, sein Karma mitzutragen. Es handelt sich nicht um das, was man heute Sündenvergebung nennt, sondern um ein reales Band, um ein Aufsichnehmen von Sünden. Und darum handelt es sich, daß die Gemeinde dies bewußt auf sich nimmt.

Wenn man in dieser Art und Weise das «Binden» und «Lösen» versteht, dann müßte man bei jeder Sündenvergebung, wenn man sie richtig versteht, an die Verpflichtung denken, die der Gemeinde da heraus erwächst. So spinnt sich dadurch, daß die Fäden der einzelnen verwoben werden in das Karma der ganzen Gesellschaft, ein Netz. Und dieses Netz soll durch das, was der Christus heruntergebracht hat aus geistigen Höhen, in seiner Charakteristik ein Abbild sein der Ordnung am Himmel, das heißt, nach der Ordnung der geistigen Welt soll das Karma des einzelnen mit dem Gesamtkarma verbunden sein, nicht in beliebiger Weise, sondern so, daß der Gemeindeorganismus ein Abbild der Ordnung im Himmel werde. Damit beginnt diese Szene des sogenannten Petrus-Bekenntnisses für die, welche anfangen sie zu verstehen, einen unendlichen tiefen Sinn zu haben. Es ist sozusagen die Stiftung der auf die Ich-Natur gebauten Menschheit der Zukunft. Das ist es, was in diesem vertraulichen Gespräch zwischen dem Christus und seinen nächsten Schülern sich abspielt, daß der Christus überträgt die Kraft, die er aus dem Makrokosmos herunterbringt, auf das, was die Jünger stiften sollen. Und von jetzt ab ist es im Matthäus-Evangelium Schritt für Schritt ein Hinaufführen der Jünger zu dem, was in sie einfließen kann von der Sonnenkraft und Kosmoskraft, welche die Christus-Wesenheit sammelt, um sie auf die Jünger zu übertragen. Wir wissen ja, daß die eine Seite der Initiation ein Hinausgehen in den Makrokosmos ist. Und weil der Christus der Impuls zu einer solchen Initiation ist, deshalb führt er seine Jünger, indem er sie führt, hinaus in den Kosmos. Wie der einzelne zu Initiierende, wenn er diese Initiation durchmacht, bewußt hineinwächst in den Makrokosmos und Stück für Stück von ihm kennenlernt, so schreitet der Christus gleichsam den Makrokosmos ab, zeigt überall die Kräfte, die da spielen und hereinströmen, und überträgt sie auf die Jünger.

Ich habe gestern schon an einer Stelle darauf hingewiesen, wie das geschieht. Stellen wir uns so recht die Szene vor: Ein Mensch schläft ein. Dann liegen im Bette physischer Leib und Ätherleib, während von ihm astralischer Leib und Ich ausgegossen sind in den Kosmos und die Kräfte des Kosmos in diese Glieder eindringen. Träte nun der Christus da zu ihm, so würde er die Wesenheit sein, die ihm bewußt diese Kräfte heranzieht und beleuchtet. So ist es aber gerade mit der Szene, die uns dargestellt wird: Die Jünger fahren hin in der letzten Nachtwache; da sehen sie, daß das, was sie erst für ein Gespenst angesehen haben, der Christus ist, der die Kraft des Makrokosmos in sie einfließen läßt (Matth. 14,25–26). Es ist handgreiflich dargestellt, wie er die Jünger hinführt zu den Kräften des Makrokosmos.

Und die nächsten Szenen des Matthäus-Evangeliums stellen nichts anderes dar, als wie der Christus die Jünger hinausführt Schritt für Schritt die Wege, die der zu Initiierende geht. Es ist so, wie wenn der Christus selbst das durchmachte und Schritt für Schritt seine Jünger an den Händen führte an die Stätten, wohin der zu Initiierende geführt wird. Ich will Ihnen eines sagen, an dem Sie so recht sehen können, wie Schritt für Schritt der Christus die Jünger hinausführt in den Makrokosmos.

Wenn man lebendige Anschauungen hat von der geistigen Welt, und wenn die hellseherischen Kräfte heranwachsen, lernt man so manches kennen, was man vorher nicht kennen kann. So lernt man erkennen, wie eigentlich zum Beispiel der Zusammenhang in den fortschreitenden Wachstumsverhältnissen der Pflanze ist. Der materialistische Sinn wird von der Pflanze sagen: Hier habe ich eine Blüte – nehmen wir an eine Blüte, die Früchte trägt –, da wird sich Same entwickeln. Den Samen kann man herausnehmen, kann ihn in die Erde versenken, das Samenkorn verfault, und es erscheint eine neue Pflanze, die auch wieder Samen trägt. So geht es von Pflanzensproß zu Pflanzensproß weiter. Der materialistische Sinn wird dabei denken, daß irgend etwas von dem verfaulenden Samenkorn übergeht in die neue Pflanze. Der materialistische Sinn kann gar nicht anders denken als, wenn es auch noch so klein, noch so winzig ist, so muß doch irgend etwas materiell übergehen. Aber so ist es nicht. Tatsächlich wird in bezug auf das Materielle die ganze alte Pflanze zerstört. Es geschieht ein Sprung in bezug auf das Materielle, und die neue Pflanze ist materiell etwas ganz Neues. Es geschieht tatsächlich eine Neubildung.

Man lernt nun die wichtigsten Verhältnisse in der Welt dadurch kennen, daß man dieses eigentümliche Gesetz begreifen und anwenden lernt auf den ganzen Makrokosmos, daß in der Tat in bezug auf die materiellen Verhältnisse Sprünge geschehen. Das hat man in den Mysterien in ganz besonderer Weise ausgedrückt. Man hat gesagt: Es muß der zu Initiierende beim Hinausschreiten in den Kosmos auf einer Stufe die Kräfte kennenlernen, die diese Sprünge bewirken. Nun lernt man etwas kennen im Kosmos, wenn man in irgendeiner Richtung geht, die dadurch ausgedrückt wird, daß man die Sternbilder zu Hilfe nimmt. Die sind dann wie Buchstaben. Wenn wir so in einer bestimmten Richtung hinauswachsen, erleben wir das Überspringen von dem Vorfahren zu dem Nachkommen, sei es auf dem Gebiet des Pflanzlichen, des Tierischen, des Menschlichen, oder sei es auf dem Gebiete des planetarischen Daseins; denn auch zum Beispiel beim Übergang vom Saturn zur Sonne ging alles Materielle verloren. Das Geistige blieb, alles Materielle zerstob. Das Geistige war es, das den Sprung bewirkte. Ebenso war es beim Übergang von Sonne zu Mond, vom Mond zur Erde. Im kleinsten und im größten ist das so. – Es gibt nun zwei Zeichen, ein altes, wodurch man bildlicher, mehr in imaginativer Schrift darstellte, und dann ein neueres Zeichen als Darstellung für das Sprunghafte. Das neue können Sie in den Kalendern finden. Wenn die Evolution weitergeht, ringelt das alte sich ein, etwa wie eine Spirale, und die neue Evolution geht dann wie eine zweite Spirale aus der alten hervor, indem sie von innen nach außen weitergeht. Aber es geht die neue Evolution nicht so weiter, daß sie sich unmittelbar an die alte anschließt, sondern zwischen dem Ende der alten und dem Beginn der neuen ist ein kleiner Sprung, dann erst geht es weiter.

So erhalten wir diese Figur: Zwei sich ineinanderschlingende Spiralen, in der Mitte ein kleiner Sprung: das Zeichen des Krebses, das uns symbolisieren soll das Hinauswachsen in den Makrokosmos und darstellen soll das Entstehen irgendeines neuen Sprosses innerhalb irgendeiner Evolution.

Nun gab es noch ein anderes Zeichen in der Darstellung dieser Verhältnisse. So sonderbar es ihnen scheinen mag, es war so gebildet, daß man einen Esel und sein Füllen abbildete, den Vorfahren und den Nachkommen. Das sollte darstellen das eigentliche Übergangsverhältnis von einem Zustand in den anderen. Und in der Tat wird sogar das Sternbild des Krebses in alten Abbildungen sehr häufig so dargestellt, daß man einen Esel und sein Füllen abbildete. Das zu wissen ist nicht unwichtig. Es ist eine wichtige Lehre für den Menschen zum Verständnis dessen, daß auch beim Aufstieg in den Makrokosmos ein solcher wichtiger Übergang ist, indem der Mensch hinaufwächst in die geistige Welt, aber dann an ganz neue Erleuchtungen anknüpfen muß. Das wird ganz richtig dargestellt, indem man es in der Sternensprache so darstellt, wie wenn die physische Sonne durchgeht durch das Sternbild des Krebses und, nachdem sie den höchsten Punkt erreicht hat, wieder einen Abstieg durchmacht. So ist es auch, wenn der zu Initiierende erst durchmacht den Aufstieg in die geistige Welt, um die Kräfte kennenzulernen, und dann die Kräfte, wenn er sie erkannt hat, wieder herunterträgt, um sie der Menschheit dienstbar zu machen.

Daß der Christus Jesus dies den Jüngern vorführt, wird im Matthäus-Evangelium (Matth. 21,1–11) wie auch in den anderen Evangelien erzählt. Und es wird so erzählt, daß er nicht durch das bloße Wort wirkt, sondern daß er seinen Jüngern vorführt die Imagination, das lebendige Bild dessen, was er selbst vollzieht, wo er entgegengeht jener Höhe, zu der in der Zeit die Menschheit durch ihre Entwickelung hinansteigen soll. Da gebraucht er das Bild des Esels und seines Füllens; das heißt, er führt die Jünger an das Verstehen dessen hin, was im geistigen Leben entspricht dem Sternbild des Krebses. Das ist also ein Ausdruck für etwas, was sich zugetragen hat in dem geistiglebendigen, spirituellen Verhältnis zwischen dem Christus und seinen Jüngern. Und das ist etwas von solcher Majestät und Größe, daß es nicht ausgedrückt werden kann, indem man Menschenworte aus irgendeiner Sprache wählt, sondern nur dadurch, daß der Christus die

Jünger hineinführt in die Verhältnisse der spirituellen Welt und ihnen in den physischen Verhältnissen Abbilder schafft für die makrokosmische Welt. Da führt er sie hinauf bis zu der Stelle, wo die Kräfte des Initiierten wieder nutzbar werden für die Menschheit. Da steht er auf der Höhe, die nur angedeutet werden kann, indem er sagt: Er steht in der Sonnenhöhe in dem Zeichen des Krebses! Kein Wunder daher, wenn das Matthäus-Evangelium an dieser Stelle darauf aufmerksam macht, daß das Christus-Leben für seine Erdenzeit auf seiner Höhe angekommen ist, und mächtig darauf hinweist mit den Worten: «Hosianna in der Höhe!» Da ist jeder Ton so gewählt, daß durch das, was da geschieht, die Jünger heranwachsen, damit wiederum durch das, was in ihnen vorgeht, in der Menschheit heranwachsen kann, was durch den Christus Jesus in die Entwickelung der Menschheit hat hineingebracht werden können.

Und die nachfolgende Passahgeschichte ist dann nichts anderes als das jetzt real-lebendige Einfließen dessen, was zuerst einfließen sollte in die Jünger als eine Lehre und dann magisch einfließen soll in die Menschheit durch die Kräfte, die vom Mysterium von Golgatha ausgegangen sind. So müssen wir den weiteren Fortgang des Matthäus-Evangeliums begreifen. Wir werden dann auch begreifen, wie der Schreiber des Matthäus-Evangeliums sich immer bewußt geblieben ist, daß er sozusagen aufmerksam zu machen hat auf den Kontrast zwischen der lebendigen Lehre, die aus den kosmischen Höhen gehört worden ist, und die für die Jünger gilt, und demjenigen, was den Außenstehenden entgegentreten kann, die nicht empfänglich sind für die Kräfte des Christus Jesus selber. Deshalb treten uns jene Ausführungen entgegen in den Gesprächen mit den Schriftgelehrten und Pharisäern, die wir morgen betrachten wollen. Heute aber wollen wir noch darauf aufmerksam machen, daß der Christus Jesus, nachdem er seine Jünger so weit geführt hat, als es ging, und sie hat teilnehmen lassen an den Stätten, wohin der zu Initiierende geführt wird, er ihnen auch noch in Aussicht gestellt hat, daß, wenn sie diesen Weg gehen, sie selber erleben werden das Hineinwachsen in die geistige Welt des Makrokosmos. Er sagt ihnen, daß sie selber die Veranlagung zur Initiation haben, daß sie ihnen bevorsteht, und daß sie sich hinausleben werden in die makrokosmische Welt, wo sie die wahre Natur des Christus immer mehr und mehr werden erkennen können als desjenigen Wesens, das alle geistigen Räume erfüllt, und das sein Abbild gehabt hat in dem Jesus von Nazareth. Daß sie zu dieser Initiation heranreifen, daß sie Menschheitsinitiierte werden, das mußte der Christus seinen Schülern sagen. Er konnte sie noch darauf aufmerksam machen, daß man zur selbständigen Initiation nur heranwachsen kann, indem man in Geduld und Ausdauer das Innere reifen läßt.

Was muß denn heranwachsen im Inneren des Menschen, wenn das Innere immer mächtiger wird, und wenn der Mensch die hellseherische, höhere Kraft entwickelt? Seine Anlagen müssen so heranwachsen, daß er aufnehmen kann die Kräfte des Geistselbst, des Lebensgeistes und des Geistesmenschen. Wann es aber eintreten wird, daß jene Kraft von oben in ihn hereinleuchten wird, welche den Menschen zum Initiierten, zum Teilnehmer macht an den Reichen der Himmel, das hängt ab von dem Augenblicke, in dem der Mensch reif werden kann; es hängt ab von dem Karma des einzelnen. Wer weiß das? Nur die höchsten Initiierten wissen das. Das wissen die, welche auf niederen Stufen der Initiation stehen, noch nicht. Ist irgendeine Individualität reif, hineinzuwachsen in die geistige Welt, so kommt auch für sie die Stunde des Hineinwachsens. Gewiß, sie kommt, aber sie kommt so, daß es sich der Mensch nicht versieht, sie kommt «wie der Dieb in der Nacht» (Matth. 24,43). Aber wie wächst der Mensch hinein in die geistige Welt?

Die alten und in gewisser Beziehung auch die neueren Mysterien hatten drei Stufen für die makrokosmische Einweihung. Die erste Stufe war die, wo der Mensch so hineinwuchs, daß er alles wahrnahm, was man durch das Geistselbst wahrnehmen kann. Da ist er nicht nur ein Mensch im neuen Sinne, sondern da ist er zu dem hinaufgewachsen, was man im Sinne der Hierarchien die Engelnatur nennt; das ist die nächste über dem Menschen stehende Hierarchie. So nannte man in den persischen Mysterien auch den, der hineinwuchs in den Makrokosmos, so daß das Geistselbst in ihm tätig war, entweder einen «Perser», weil ein solcher nicht mehr ein einzelner war, sondern dem Engel des persischen Volkes angehörte. Oder man nannte solche Menschen direkt Engel oder Gottesnaturen. Die nächste Stufe ist dann die, wo der Lebensgeist entsprechend erwacht. Einen Menschen auf dieser Stufe nannte man entweder einen «Sonnenhelden» im Sinne der persischen Mysterien, weil er dann aufnahm die Kraft der Sonne, sich von unten heraufentwickelte zu den Kräften der Sonne, wo die geistige Kraft der Sonne der Erde entgegenkam, man nannte ihn aber auch einen «Sohn des Vaters». Und denjenigen, in den das Atma oder der Geistesmensch hineinragte, nannte man in den alten Mysterien den «Vater». Das waren die drei Stufen des zu Initiierenden: Engel, Sohn oder Sonnenheld und Vater.

Nur die höchsten Initiierten haben ein Urteil darüber, wann im Menschen die Initiation erwachen kann. Daher sagte der Christus: Die Initiation wird kommen, wenn ihr auf den Wegen weiterschreitet, die ich euch jetzt geführt habe. Ihr werdet aufsteigen in die Reiche der Himmel, aber die Stunde ist weder bekannt den Engeln, die mit dem Geistselbst initiiert sind, noch dem Sohn, dem mit dem Lebensgeist Initiierten, sondern nur den höchsten Eingeweihten, die mit dem «Vater» initiiert sind. – Daher spricht hier wieder ein Wort des Matthäus-Evangeliums zu uns, das absolut konform ist mit der Mysterientradition. Und wir werden sehen, daß die Verkündigung des Reiches der Himmel nichts anderes ist als die Voraussage an die Jünger, daß sie die Initiation erleben werden. Daß er das meint, darüber spricht sich der Christus Jesus des Matthäus-Evangeliums noch besonders aus (Matth. 24). Wenn man die Stelle richtig liest, um die es sich da handelt, kann man es mit Händen greifen, daß der Christus auf gewisse Lehren hinweisen will, die damals im Umlauf waren über das Hinaufwachsen in die Reiche der Himmel. Man hatte dieses Hinaufwachsen in die Reiche der Himmel materiell genommen, indem man glaubte, daß die ganze Erde hinaufwachsen würde, während man hätte wissen müssen, daß nur einzelne zu Initiierende durch ihre Initiation hinaufwachsen; das heißt, es entstand die Anschauung bei einzelnen, daß demnächst in materieller Weise eine Transformation der Erde in den Himmel stattfinden werde. Und der Christus macht noch besonders darauf aufmerksam, indem er sagt, daß welche kommen werden, die das behaupten. Er nennt sie Lügenpropheten und falsche Messiasse (Matth. 24,24).

Deshalb ist es ganz sonderbar, daß heute noch einige der Evangelienerklärer davon fabeln, daß die Anschauung von einem materiell herannahenden Gottesreich eine Lehre des Christus Jesus selber gewesen sei. Wer das Matthäus-Evangelium wirklich lesen kann, der weiß, daß das, was der Christus Jesus meint, ein spiritueller Vorgang ist, zu dem der zu Initiierende hinaufwächst, zu dem aber auch im Laufe der Erdenentwickelung die ganze Menschheit, welche sich an den Christus hält, hinaufwachsen wird, aber hinaufwachsen wird, indem sich die Erde selber vergeistigt.

Auch von dieser Seite müssen wir tiefer hineinblicken in das ganze Gefüge des Matthäus-Evangeliums, und wir bekommen dann auch vor diesem Evangelium jene große Ehrfurcht insbesondere auch dadurch, daß wir sozusagen in keinem anderen Evangelium so leicht dahin geführt werden können, förmlich zu belauschen, wie der Christus Jesus zuerst vom Ich-Standpunkte aus seine Schüler belehrt. Wir sehen seine Schüler um ihn stehen und sehen, wie durch den Menschenleib das hindurchwirkt, was die Kräfte des Kosmos sind. Wir sehen, wie er seine Jünger an der Hand führt, damit sie kennenlernen können, was der zu Initiierende lernen kann. Wir belauschen menschliche Verhältnisse, wie sie sich bilden können um den Christus Jesus. Das macht uns das Matthäus-Evangelium zu einem so menschlich nahen Produkt. Wir lernen so recht durch das Matthäus-Evangelium den Menschen Jesus von Nazareth, den Träger des Christus, kennen. Wir lernen alles kennen, was er wirkt, indem er sich herabläßt in die menschliche Natur. Ja, auch die Himmelsvorgänge sind in den Tatsachen des Matthäus-Evangeliums in so recht menschliche Verhältnisse gekleidet.

Wie dies auch für die anderen, nicht nur für die Verhältnisse der Initiation der Fall ist, davon in dem nächsten, letzten Vortrag.

ZWÖLFTER VORTRAG

Bern, 12. September 1910

Wenn wir die Entwickelung der Menschheit ins Auge fassen, wie sie im Sinne unserer Geisteswissenschaft fortschreitet von Stufe zu Stufe, so muß uns als das Bedeutsamste innerhalb der menschlichen Evolution erscheinen, daß der Mensch, durch die einzelnen Epochen hindurch sich immer wieder verkörpernd, aufsteigt, gewisse höhere Vollkommenheitsgrade erreicht, um endlich nach und nach jene Ziele zu Wirkenskräften in seinem Innersten zu machen, die für die einzelnen planetarischen Entwickelungsstufen eben die angemessenen sind. So sehen wir auf der einen Seite den hinaufsteigenden Menschen, der im Auge hat bei dieser Hinaufentwickelung sein Gottesziel. Aber der Mensch würde sich zu solchen Höhen, zu denen er sich entwickeln soll, niemals entwickeln können, wenn ihm nicht gewissermaßen zu Hilfe kämen Wesenheiten, welche im Weltganzen andere Wege der Entwickelung durchgemacht haben als der Mensch. Von Zeit zu Zeit, so können wir es etwa ausdrücken, kommen Wesen aus anderen Sphären in unsere Erdenevolution herein und verbinden sich mit der menschlichen Entwickelung, um den Menschen zu ihren eigenen Höhen hinaufzuheben. Das können wir, sogar für die früheren planetarischen Zustände unseres Erdendaseins, im großen ganzen dadurch ausdrücken, daß wir sagen: Schon auf der alten Saturnstufe haben erhabene Wesenheiten, die Throne, ihre Willenssubstanz hingeopfert, damit daraus geformt werden konnte die erste Anlage des physischen Menschenleibes. Das ist nur ein Beispiel im großen. Aber es steigen immerzu – des Ausdruckes darf man sich dabei wohl bedienen – Wesenheiten, welche in ihrer Entwickelung dem Menschen vorangeeilt sind, herab zu dem Menschen, verbinden sich mit der menschlichen Evolution dadurch, daß sie zeitweilig innerhalb einer Menschenseele wohnen, innerhalb einer menschlichen Wesenheit, wie man wohl auch sagt, Menschengestalt annehmen, oder wenn man es trivialer ausdrücken will, wie eine Kraft in der menschlichen Seele auftreten, welche diese Menschenseele, sie inspirierend, durchdringt; so daß ein solches Menschenwesen, das von einem Gott durchseelt ist, innerhalb der menschlichen Evolution mehr wirken kann als sonst ein Mensch.

Solche Dinge hört unsere alles nivellierende, alles mit materialistischen Vorstellungen durchdringende Zeit nicht gern. Ich möchte sagen, nur ein letztes Rudiment hat unsere Zeit von dieser Anschauung, die jetzt eben ausgesprochen worden ist. Daß etwa irgendein Mensch gewissermaßen durchdrungen wäre von einer aus höheren Regionen herabgestiegenen Wesenheit, die zu ihm, dem Menschen, spricht, das würde der moderne Mensch als einen furchtbaren Aberglauben ansehen, wenn man ihm jemals zumuten würde, so etwas zu glauben. Aber ein Rudiment davon hat sich der Mensch wenigstens erhalten auch in unsere materialistische Zeit hinein, obwohl er dieses Rudiment in einen ihm unbewußten Wunderglauben hüllt, nämlich, er hat sich bewahrt, an das Auftreten von genialen Persönlichkeiten, von Genies hie und da zu glauben. Aus der großen Masse der Menschen ragen auch für das gewöhnliche moderne Bewußtsein Genies hervor, von denen man sagt: In ihrer Seele keimen andere Fähigkeiten als sonst in der menschlichen Natur hervor. An solche Genies glaubt man wenigstens noch in unserer Zeit. Aber es gibt auch schon Kreise, wo man an Genies nicht mehr glaubt und sie hinwegdekretieren will, weil man innerhalb der materialistischen Denkweise keinen Tatsachensinn mehr hat für das geistige Leben. Aber in weiten Kreisen ist der Glaube an Genies noch vorhanden. Und wenn man nicht bei einem leeren Glauben stehenbleiben will, muß man sagen, daß durch ein Genie, welches die Menschheitsevolution weiterbringen will, eine andere Kraft aus der Menschennatur herausspricht, als es die gewöhnlichen Menschenkräfte sind. Würde man allerdings auf diejenigen Lehren sehen, die den wahren Tatbestand solcher Genies kennen, so würde man in einem solchen Falle, wo ein derartiger Mensch auftritt, der plötzlich wie besessen ist von etwas außerordentlich Gutem, Großem und Gewaltigem, sich klar darüber sein, daß eine geistige Kraft herabgestiegen ist und gleichsam Besitz ergriffen hat von dem Ort, wo nun einmal solche Wesenheiten wirken müssen, nämlich vom Inneren des Menschen selber.

Dem anthroposophisch Denkenden sollte es von vornherein einleuchtend sein, daß diese zwei Dinge möglich sind: das Hinaufentwickeln des Menschen der Gotteshöhe entgegen und das Heruntersteigen göttlich-geistiger Wesenheiten in menschliche Leiber oder menschliche Seelen. In dem «Rosenkreuzermysterium» ist an einer Stelle darauf aufmerksam gemacht worden, daß, wenn irgend etwas Bedeutungsvolles in der Menschheitsevolution geschehen soll, sich sozusagen ein Gotteswesen mit einer Menschenseele verbinden muß und sie durchdringen muß. Das ist ein Erfordernis der Menschheitsevolution.

Um dies in bezug auf unsere irdische Geistesentwickelung zu verstehen, wollen wir uns erinnern, wie die Erde in den Zeiten ihres Anfanges noch mit der Sonne verbunden war, die heute von ihr abgetrennt ist. Später haben sich dann in einem Zeitpunkt urfernster Vergangenheit Sonne und Erde einmal getrennt. Natürlich weiß der Anthroposoph, daß es sich dabei nicht um eine bloß materielle Trennung der Erdenmaterie und Sonnenmaterie handelt, sondern um das Auseinandertreten der mit der Sonne oder mit den anderen materiellen Planeten verbundenen göttlich-geistigen Wesenheiten. Nach der Trennung der Erde von der Sonne blieben mit der Erde gewisse geistige Wesenheiten verbunden, während mit der Sonne andere geistige Wesenheiten verbunden blieben, die, weil sie über die Erdenverhältnisse hinausgewachsen waren, ihre weitere kosmische Entwickelung nicht auf der Erde vollenden konnten. So haben wir die Tatsache, daß eine Art von geistigen Wesenheiten mit der Erde enger verbunden blieb, während andere Wesenheiten von der Sonne herein ihre Wirkungen in das Erdendasein sandten. Wir haben also sozusagen nach der Sonnentrennung zwei Schauplätze: den Erdenschauplatz mit seinen Wesenheiten und den Sonnenschauplatz mit seinen Wesenheiten. Diejenigen geistigen Wesenheiten nun, die dem Menschen aus einer höheren Sphäre her dienen können, das sind eben die, welche mit der Sonne außerhalb der Erde ihren Schauplatz verlegt haben. Und aus dem Bereich der Wesenheiten, die zum Sonnenschauplatz gehören, kommen diejenigen Wesen, die sich von Zeit zu Zeit verbinden mit dem Menschentum der Erde, um die Erdenevolution und Menschheitsentwickelung weiterzuführen.

In den Mythen der Völker finden wir immer wieder und wieder solche «Sonnenhelden», solche aus der geistigen Sphäre in die Evolution der Menschheit hereinwirkende Wesenheiten. Und ein Mensch, der durchsetzt, durchdrungen ist von einer solchen Sonnenwesenheit, ist in bezug auf das, als was er uns zunächst äußerlich entgegentritt, eine Wesenheit, die eigentlich viel mehr ist, als sie uns zeigt. Das Äußere ist eine Täuschung, eine Maja, und hinter der Maja ist das eigentliche Wesen, das nur der ahnen kann, der hineinschauen kann in die tiefsten Tiefen einer solchen Natur.

In den Mysterien wußte und weiß man immer von dieser zweifachen Tatsache in bezug auf den Entwickelungsgang der Menschheit. Man unterschied und unterscheidet sozusagen aus der geistigen Sphäre heruntersteigende göttliche Geister und von der Erde hinaufsteigende, zur Einweihung in die geistigen Geheimnisse strebende Menschen. – Mit was für einer Wesenheit haben wir es nun bei dem Christus zu tun?

Wir haben gestern gesehen, daß er in der Bezeichnung «Christus, der Sohn des lebendigen Gottes», eine herabsteigende Wesenheit ist. Wollte man ihn mit einem Wort der orientalischen Philosophie benennen, so würde man ihn eine «avatarische» Wesenheit nennen, einen herabsteigenden Gott. Aber wir haben es nur von einem bestimmten Zeitpunkt an mit einer solchen herabsteigenden Wesenheit zu tun. Was uns als eine solche erscheinen muß, schildern uns die vier Evangelisten, Matthäus, Markus, Lukas und Johannes, alle vier. In dem Moment der Johannes-Taufe steigt diese Wesenheit sozusagen aus dem Bereich des Sonnendaseins herab auf unsere Erde und vereinigt sich mit einer menschlichen Wesenheit. Nun müssen wir uns klar sein, daß im Sinne der vier Evangelisten diese Sonnenwesenheit eine größere ist als alle anderen avatarischen Wesenheiten, als alle anderen Sonnenwesen, die jemals herabgestiegen sind. Daher verlangt sie, daß ihr sozusagen von dem Menschen aus eine besonders zubereitete Menschenwesenheit entgegenwächst.

Also von dem Sonnenwesen, von dem «Sohn des lebendigen Gottes», der dem Menschen entgegenkommt zu seiner Entwickelung, berichten uns alle vier Evangelisten. Von jenem Menschen aber, der entgegenwächst, um aufnehmen zu können dieses Sonnenwesen, berichten uns nur die Schreiber des Matthäus- und des Lukas-Evangeliums. Sie berichten, wie der Mensch dreißig Jahre entgegenstrebt dem großen Augenblick, da er das Sonnenwesen in sich selber aufnehmen kann. Und weil die Wesenheit, die wir als die Christus-Wesenheit bezeichnen, eine so universelle, eine so umfassende ist, so genügt es nicht, daß in einfacher Weise die körperlichen und leiblichen Hüllen zubereitet werden, welche dieses Sonnenwesen aufnehmen können. Dazu ist notwendig, daß dem heruntersteigenden Sonnenwesen entgegenwächst eine ganz besonders zubereitete physische und ätherische Hülle. Woher sie genommen worden sind, haben wir gesehen, als wir das Matthäus-Evangelium betrachteten. Aber aus derselben Wesenheit heraus, aus welcher im Sinne des Matthäus-Evangeliums die physische und ätherische Hülle für jenes Sonnenwesen zubereitet worden sind, die aus den zweiundvierzig Generationen des hebräischen Volkes heraus vorbereitet worden sind, aus denselben Hüllen konnte nicht zugleich vorbereitet werden die astralische Hülle und nicht der Träger des eigentlichen Ich. Dafür war eine besondere Veranstaltung nötig, die durch eine andere menschliche Wesenheit erzielt wurde, von der uns das Lukas-Evangelium erzählt, indem es uns die Jugendgeschichte des sogenannten nathanischen Jesus berichtet. Dann haben wir gesehen, daß die beiden eins werden, der Matthäus- und der Lukas-Jesus, indem die Wesenheit, die als Ich-Wesenheit zuerst Besitz ergriff von den leiblichen Hüllen, welche das Matthäus-Evangelium schildert, nämlich die Zarathustra-Individualität, den zwölfjährigen Matthäus-Jesus verläßt und hinüberdringt in den nathanischen Jesus des Lukas-Evangeliums, um dort weiterzuleben und auszubilden den astralischen Leib und Ich-Träger mit den Errungenschaften, welche sie sich angeeignet hatte in dem besonders zubereiteten physischen Leibe und Ätherleibe des Matthäus-Jesus, damit dann die oberen Glieder heranreifen können und die heruntersteigende Wesenheit aus den oberen Regionen im dreißigsten Jahre aufnehmen können.

Wollten wir den ganzen Hergang im Sinne des Matthäus-Evangeliums schildern, so müßten wir sagen, der Schreiber des Matthäus-Evangeliums richtete zunächst seinen Blick darauf: Welcher physische Leib und welcher Ätherleib können dazu dienen, einmal die Christus-

Wesenheit auf der Erde wandeln zu lassen? Und aus dem, was er erfahren hatte, beantwortete er die Frage in folgender Weise. Damit dieser physische Leib und dieser Ätherleib damals zubereitet werden konnten, dazu war es notwendig, daß durch die zweiundvierzig Generationen des hebräischen Volkes hindurch alle die Anlagen, die einst in Abraham gelegt worden waren, sich voll entwickelten, damit durch die Vererbung zustande kamen jener physische Leib und Ätherleib, wie sie eben notwendig waren. Dann beantwortete er die Frage weiter, indem er sich sagte: Ein solcher physischer Leib und Ätherleib könnten nur dann die Instrumente, die Werkzeuge hergeben, wenn die größte Individualität, welche die Menschheit zum Empfange und zum Verständnis für den Christus vorbereitet hat, die Zarathustra-Individualität, zunächst diese Werkzeuge benutzt. Sie kann sie benutzen, soweit diese Werkzeuge die Möglichkeit einer Entwickelung hergeben, bis zum zwölften Jahre; dann muß sie verlassen den Leib des Matthäus-Jesus und gleichsam hinübertreten in den Leib des Lukas-Jesus. Da lenkt nun der Schreiber des Matthäus-Evangeliums seinen Blick von dem, worauf er zuerst gerichtet war, hinweg zu dem Lukas-Jesus und verfolgt nun das Leben des Zarathustra weiter bis zum dreißigsten Jahre. Das ist der Moment, wo Zarathustra auch den astralischen Leib und den Ich-Träger so weit gebracht hat, daß er jetzt alles hinopfern konnte, damit von oben herunter der Sonnengeist, das Wesen der geistigen Sphären, davon Besitz ergreifen kann. Das wird in der Johannes-Taufe angedeutet.

Wenn wir uns nun noch einmal zurückerinnern an jene Trennung der Erde von der Sonne und uns gegenwärtig halten, daß ja diejenigen Wesenheiten sich dazumal mit von der Erde getrennt haben, deren oberster Anführer der Christus ist, so werden wir sagen: Es gibt Wesenheiten, die erst nach und nach ihre Wirkung auf die Erde ausdehnen, wie auch der Christus erst im Laufe der Zeit seinen Einfluß auf die Erde hat geltend machen können. Aber mit der Sonnentrennung war noch etwas anderes verbunden. Da müssen wir uns an etwas erinnern, was auch schon wiederholt ausgeführt worden ist: daß das alte Saturndasein ein verhältnismäßig einfaches war in bezug auf Substantialität. Es war ein Dasein in Feuer oder Wärme. Auf dem alten Saturn gab es noch nicht Luft und Wasser, aber auch noch nicht den Lichtäther. Das trat erst während des Sonnendaseins auf. Dann kam während des Mondendaseins als weiterer Verdichtungszustand das Wässerige und als weiterer Verfeinerungszustand der Ton- oder Klangäther hinzu. Und während des Erdendaseins kam das Feste, der erdige Zustand als Verdichtungszustand hinzu und als Verdünnungszustand das, was wir den Lebensäther nennen. So haben wir also auf der Erde Wärme, Luft oder Gasförmiges, Wässeriges oder Flüssiges und den festen oder erdigen Zustand und als Verdünnungszustände, Lichtäther, Ton- oder Klangäther und Lebensäther, den feinsten Ätherzustand, den wir kennen.

Nun hat sich mit der Sonnentrennung nicht nur das Materielle der Sonne herausbewegt aus der Erde, sondern damit war zu gleicher Zeit das Geistige fortgegangen. Es kam nach und nach erst wieder zurück auf die Erde, aber es kam nicht vollständig zurück. Das habe ich schon in München bei der Betrachtung des «Sechstagewerkes» auseinandergesetzt, daher will ich es hier nur kurz erwähnen. Von den höheren, gleichsam ätherischen Zuständen nimmt der Mensch auf der Erde die Wärme wahr, den Wärmeäther, und allenfalls noch das Licht. Was er als Ton wahrnimmt, ist nur ein Abglanz des eigentlichen Tones, der im Äther ist; das ist eine Vermaterialisierung. Wenn man von Klangäther spricht, meint man den Träger dessen, was bekannt ist als Sphärenharmonie, was nur hellhörerisch zu hören ist. Die Sonne sendet zwar, wie sie jetzt physisch ist, der Erde ihr Licht zu, aber in der Sonne lebt auch dieser höhere Zustand.

Schon öfter wurde gesagt: Es ist nicht ein leeres Wort, wenn Leute, die das wissen, dann etwa sprechen wie *Goethe:*

> «Die Sonne tönt nach alter Weise
> In Brudersphären Wettgesang,
> Und ihre vorgeschriebne Reise
> Vollendet sie mit Donnergang.»

Da ist hingewiesen auf die Sphärenharmonie, auf das, was im Klangäther lebt. Das kann aber der Mensch nur erleben, wenn er sich durch die Initiation hinaufarbeitet, oder wenn ein Sonnenwesen heruntersteigt, um es irgendeinem Menschen, der ausersehen wird zu einem Instrument der Entwickelung für die anderen Menschen, mitzuteilen. Für einen solchen Menschen beginnt die Sonne zu tönen, beginnen die Sphärenharmonien hörbar zu werden. – Und über dem Klangäther liegt noch der Lebensäther. Und wie dem bloßen Ton als höherer Inhalt, als Inneres, Seelenhafteres noch zugrunde liegt das Wort, der Klang oder Sinn, so ist auch mit dem Lebensäther verbunden Sinn, Wort, dasselbe, was man im späteren Persischen «Honover» genannt hat, und was der Johannes-Evangelist den «Logos» nennt, als sinnvollen Ton, der dem Sonnenwesen eigen ist.

Zu jenen Begnadeten, die im Laufe der Zeit dieser tönenden Sonne, dieser sprechenden Sonne mit ihren Wesenheiten nicht bloß sozusagen taub gegenüberstanden, gehörte in frühen Zeiten unserer nachatlantischen Entwickelung eben Zarathustra. Und es ist nicht ein bloßer Mythos, sondern eine buchstäbliche Wahrheit, daß auch Zarathustra seinen Unterricht empfangen hat durch das Sonnenwort. Er war fähig geworden, dieses Sonnenwort aufzunehmen. Und jene überwältigenden, majestätischen Lehren, die der alte Zarathustra seinen Schülern gegeben hat, was waren sie im Grunde genommen? Sie waren das, was man so bezeichnen kann: Zarathustra war ein Werkzeug, und durch ihn tönte hindurch der Klang, der Sinn des Sonnenwortes selber. Daher spricht die persische Legende von dem Sonnenwort, das sich verkündet durch den Mund des Zarathustra, von dem geheimnisvollen Wort, das hinter dem Sonnendasein steckt. So spricht sie, wenn sie vom astralischen Leib der Sonne spricht, von Ahura Mazdao; aber sie spricht auch von dem Sonnenwort, das man dann in der griechischen Übersetzung den Logos genannt hat.

Wenn wir auf den alten Zarathustra blicken, sehen wir an ihm, daß selbst eine so hohe Persönlichkeit noch nicht in jenen alten Zeiten so initiiert war, um bewußt aufzunehmen, was da zum Menschen sprechen sollte, daß eine solche Persönlichkeit gleichsam durchseelt war von einem Höheren, zu dem sie sich noch nicht hinaufentwickelt hatte. Zarathustra konnte lehren von Ahura Mazdao, weil sich ihm die Sonnenaura enthüllte, weil die geistige Wesenheit Ahura Mazdao in ihm tönte, weil durch ihn sprach das Sonnenwort, die Große Aura, das Weltenlicht. Es war gleichsam das äußere Körperliche des Sonnengottes, der zu dem Menschen seine Wirkungen voraussandte, schon vorhanden, als sie ihn noch nicht auf der Erde selber hatten. Und das Sonnenwort war dann mehr das Innerliche. – So könnte man etwa im Sinne des Zarathustra sagen, er lehrte die, welche seine Jünger waren: Ihr müßt euch klar sein, daß hinter dem physischen Sonnenlichte ein geistiges Licht ist. Wie hinter dem physischen Menschen sein Astralisches, die Aura ist, so ist hinter der Sonne die Große Aura. Diese physische Sonne ist aber gleichsam als der Lichtleib eines Wesens anzusehen, das einst auf die Erde herabkommen wird; es ist gewissermaßen das äußere Leibliche, das man durch hellseherische Anschauung kennenlernt, und in diesem Leiblichen ist noch ein Inneres, Seelisches darinnen. So wie durch den Ton ein Seelisches sich ausdrückt, so dringt durch das Mittel der Sonnenaura das Sonnenwort, der Sonnenlogos. Und das konnte Zarathustra der Menschheit versprechen: daß kommen werde einst aus den göttlich-geistigen Sphären die Große Aura, das Lichtwesen, und daß die Seele des Lichtwesens das Sonnenwort sein werde. Das ist etwas, was wir – als in der Quelle – zuerst bei dem alten Zarathustra zu suchen haben. Wie eine Prophetenweisheit vom Kommen der Sonnenaura und des Sonnenwortes haben wir es bei Zarathustra zu suchen.

Und nun hat es fortgelebt von Epoche zu Epoche in den Mysterien, daß der Menschheit prophezeit ist das Kommen des Sonnenlogos, des Sonnenwortes. Und immerdar war das der große Trost und die Hoffnung derjenigen, die innerhalb der Menschheitsentwickelung sich sehnten nach Höherem. Und immer genauere Lehren konnten die kleineren Sonnengeister geben, die sich mit der Erde vereinigten, und die im Grunde genommen Abgesandte waren vom Sonnenwort, vom Geiste des Sonnenlichtes, von der Sonnenaura.

Das war die eine Seite der Mysterientradition, wie sie durch die Epochen ging. Das andere war, daß die Menschen lernen und auch in der Praxis üben sollten, daß man entgegenwachsen kann dem, was da heruntersteigt auf die Erde. Aber es war in der vorchristlichen Zeit noch nicht so, daß man den Glauben haben konnte, der Mensch könne ohne weiteres als ein schwacher einzelner Mensch entgegenwachsen dem größten Sonnenwesen, dem Führer der Sonnengeister, dem Christus. Das war nicht möglich, daß ein einzelner Mensch durch irgendeine Initiation das erreichen konnte. Daher schildert das Matthäus-Evangelium, wie gleichsam alle Säfte des hebräischen Volkes aufgerufen worden sind, um einen solchen Menschen zustande zu bringen. Und auf der anderen Seite wird im Lukas-Evangelium durch die siebenundsiebzig Stufenfolgen dargestellt, wie das Beste, was überhaupt der Erdenmensch sein konnte, gleichsam filtriert wurde, um dem größten Wesen, das auf die Erde heruntersteigen sollte, den entsprechenden Leib entgegenwachsen zu lassen.

Nun war es in den Mysterien so, daß man es natürlich bei denen, welche man zu lehren hatte, auf die man wirken sollte, sozusagen mit schwachen Menschen zu tun hatte, daß man es keineswegs etwa überall mit solchen Menschen zu tun hatte, die den ganzen Umfang dessen sich aneignen konnten, was der Menschheit bevorsteht, oder was ein einzelner Mensch durch seine Evolution erreichen kann. Daher gliederten sich in den alten Mysterien die, welche in die Mysteriengeheimnisse eingeweiht werden sollten, in gewisse Klassen, die in der verschiedensten Weise herantreten sollten an die Geheimnisse. Es gab solche, die sozusagen in besonderer Weise darauf hingewiesen wurden, wie mehr der äußere Mensch leben müsse, was der äußere Mensch vollbringen müsse, damit er ein geeignetes Instrument, ein Tempel der herabsteigenden Sonnenwesenheit sein kann. Aber auch solche Schüler der Mysterien gab es, die man mehr darauf aufmerksam machen mußte, was die Seele ganz still in sich entwickeln müsse, wenn sie zum Verständnis, zum Fühlen und Erleben eines Sonnengeistes kommen wollte. Können Sie sich vorstellen, daß es natürlich war, daß es in den Mysterien Schüler gab, welche sozusagen die Aufgabe hatten, ihr äußerliches Leben in der Weise einzurichten, und auf die dementsprechend achtgegeben wurde von früher Kindheit an, daß ihr Leib eine solche Entwickelung nahm, daß sie Träger, Tempel werden konnten für einen herabsteigenden Sonnengeist? Das war in den alten Zeiten der Fall, und es ist im Grunde genommen auch in den neueren Zeiten so, nur merkt man es nicht innerhalb der äußeren materialistischen Weltanschauungen.

Nehmen wir an, es kommt die Zeit, wo heruntersteigen soll ein höheres Wesen aus geistigen Sphären, um der Menschheit wieder einen Ruck vorwärts zu geben. Diejenigen, die in den Mysterien dienen, haben abzuwarten, wann ein solcher Zeitpunkt eintritt; sie haben ja die Aufgabe, die Zeichen der Zeit zu deuten. In aller Ruhe und Entsagung und ohne viel Aufhebens zu machen, haben sie abzuwarten den Zeitpunkt, wo ein Gott aus Himmelshöhen heruntersteigt, um der Menschheit einen Ruck vorwärts zu geben. Es ist aber auch ihre Aufgabe, achtzugeben auf die äußere Menschheit, damit sich irgendeine Persönlichkeit finde, die gelenkt und geleitet werden kann, damit sie geeignet ist, eine solche Wesenheit aufzunehmen. Wenn nun das Wesen, das heruntersteigen soll, ein ganz besonders hohes ist, so muß im Grunde genommen von der frühesten Kindheit an ein solcher Mensch geleitet werden, der der Tempel sein soll für ein solches Wesen. Das geschieht auch, nur merkt man es nicht. Nur hinterher, wenn man das Leben solcher Menschen beschreibt, findet man darin gewisse Regelmäßigkeiten. Wenn sich auch in bezug auf die Außenseite ihre Lebensverhältnisse in verschiedener Weise darstellen, so haben sie doch eine gewisse Gleichheit. Daher kann man angeben: Wenn wir den Blick zurückwenden in den Lauf der Menschheitsentwickelung, finden wir da und dort Wesenheiten, die einen gewissen gleichförmigen Gang selbst in bezug auf die äußere Biographie haben. Das ist gar nicht zu leugnen. Das ist auch den Forschern der neueren Zeit aufgefallen. Und Sie können in gebräuchlichen, aber nicht sehr tiefgründigen gelehrten Werken Tabellen finden über Ähnlichkeiten der Biographien solcher Persönlichkeiten. So können Sie zum Beispiel bei Professor *Jensen*, Marburg, zusammengestellt finden Ähnlichkeiten in bezug auf die Biographien des altbabylonischen Gilgamesch, des Moses, des Jesus, des Paulus. Da stellt er ganz hübsche Tabellen auf. Er nimmt gewisse Züge aus dem Leben jeder dieser Persönlichkeiten heraus – diese einzelnen Züge kann man ganz gut gegenüberstellen –, und es ergeben sich dabei ganz wunderbar merkwürdige Ähnlichkeiten, Ähnlichkeiten, vor denen wirklich unser materialistischer Sinn ganz verblüfft ist. Die Schlußfolgerung, die daraus gezogen ist, ist natürlich die, daß eine Mythe von der anderen abgeschrieben ist, daß der Schreiber des Jesuslebens abgeschrieben hat aus der Biographie des altbabylonischen Gilgamesch, daß die Moses-Biographie nur der Abklatsch eines alten Epos ist. Und die letzte Schlußfolgerung ist dann die, daß keiner von allen, weder Moses noch Jesus noch Paulus, als physische Persönlichkeit existiert habe! Gewöhnlich ahnen die Menschen gar nicht, wie weit heute die sogenannte Forschung ist in bezug auf diese materialistische Ausdeutung der Sache.

Diese Gleichheit in den Biographien rührt aus keinem anderen Umstande her als aus dem, daß tatsächlich solche Persönlichkeiten, die ein Gotteswesen aufnehmen sollen, gleich in der Kindheit schon geführt, gelenkt werden müssen. Und wir brauchen uns darüber gar nicht zu wundern, wenn wir den tieferen Gang der Menschheits- und Weltentwickelung einsehen. Daher ist also nicht nur die vergleichende Mythologie, sondern auch alles Schwelgen in bezug auf ein Herauspressen von Ähnlichkeiten aus den Mythen im Grunde genommen doch nur eine höhere Spielerei. Es kommt dabei nichts heraus. Denn, was nützt es, festzustellen, daß das deutsche Siegfried-Leben und irgendein griechisches oder sonstiges Heldenleben gleiche Züge aufweisen? Es ist selbstverständlich, daß sie gleiche Züge aufweisen. Es kommt gar nicht darauf an, wie die Gewänder ausschauen, sondern wer darinnen steckt! Nicht darauf kommt es an, daß das Siegfried-Leben so und so verläuft, sondern welche Individualität da drinnen ist. Diese Dinge aber können nur durch okkulte Forschung festgestellt werden.

Was wir also hierbei betrachten müssen, das ist, daß solche Menschen, die zum Tempel gemacht werden sollen für ein die Menschheit höher bringendes Wesen, in ihrem Leben in bestimmter Weise geführt werden, und daß sie daher einen in gewisser Beziehung ähnlichen, parallelgehenden Gang in bezug auf die Grundzüge ihres Lebens aufweisen müssen. Seit uralten Zeiten gab es deshalb in den Mysterientempeln immer Vorschriften, was mit solchen Menschen zu geschehen hat. Und unter diesen Vorschriften waren auch in den Essäergemeinden solche vorhanden mit Bezug auf den Christus Jesus: wie die Menschenwesen sein müßten, die dann als der salomonische und der nathanische Jesus dem hohen Sonnenwesen, dem Christus, entgegenwuchsen.

Aber es waren nicht alle in alles eingeweiht. Es gab verschiedene Klassen, Arten von Eingeweihten. So gab es solche, welchen insbesondere klar war, was ein Menschenwesen, das dem Gotte entgegenwachsen sollte, durchzumachen hatte, damit es würdig sein konnte, um den Gott aufzunehmen. Und andere gab es, denen bekannt war, wie sich der Gott verhält, wenn er sich in einem Menschen zeigt, trivial gesprochen, wenn er sich sozusagen als Genie zeigt. Denn das sehen heute auch die Menschen nicht ein, daß die Genien auch etwas ganz Ähnliches zeigen, wenn sie vom Menschen Besitz ergreifen. Aber heute schreibt man ja auch nicht Biographien vom Geiste aus. Denn wenn man etwa den Genius von Goethe vom Geistigen aus beschreiben wollte, würde man eine merkwürdige Ähnlichkeit finden zum Beispiel mit dem Genius Dantes, Homers, Äschylos'. Heute schreibt man aber nicht Biographien vom Geistigen aus, sondern man legt Zettelkästen an, die die Kleinigkeiten in bezug auf das äußere Leben solcher Menschen bezeichnen. Das interessiert die Menschen viel mehr. Und so haben wir heute eine ausgiebige Zettelsammlung in bezug auf das Leben Goethes und noch keine wirkliche Darstellung dessen, was Goethe eigentlich war. Ja, die Menschheit erklärt sich heute in gewisser Beziehung, und tatsächlich mit einem riesigen Hochmute, unfähig dazu, die Evolution des Genies in der menschlichen Persönlichkeit zu verfolgen, und es gibt heute das Bestreben, sagen wir, die allerersten Jugendgestalten einer Dichtung bei unseren großen Dichtern so recht ins Licht zu zerren und besonders groß damit zu tun, daß in diesen Jugendgestalten die Frische und Ursprünglichkeit als etwas Elementares lebt, während in späteren Jahren die Menschen es verloren hätten und alt geworden wären. Aber die wirkliche Tatsache, die dahintersteckt, ist die, daß die Menschen in ihrem Übermut nur die jugendlichen Dichter verstehen wollen und nicht mitgehen wollen mit dem, was die Dichter durchgemacht haben. Die Menschen tun sich ungeheuer viel darauf zugute, daß sie bei der Jugend stehenbleiben; den Alten verachten sie und ahnen gar nicht, daß nicht der Alte «alt» geworden ist, sondern daß sie selbst nur Kinder geblieben sind! Das ist ein weitverbreitetes Übel. Aber da es so tief eingewurzelt ist, brauchen wir uns nicht zu wundern, wenn so wenig

Verständnis dafür vorhanden ist, daß ein Gotteswesen Besitz ergreifen kann von einer menschlichen Persönlichkeit, und daß das Sich-Ausleben solcher Gotteswesen in den verschiedenen Menschenwesen in den verschiedenen Zeiten im Grunde genommen doch ein gleiches ist.

Weil viel dazu gehört, diese tiefen Zusammenhänge zu kennen, verteilte man eben diese Gebiete auf Klassen. Daher dürfen wir uns nicht wundern, daß in gewissen Abteilungen der Mysterien gelehrt worden ist, wie der Mensch sich vorbereitet, um hinaufzuwachsen zum Gotteswesen, während in anderen Klassen gelehrt wurde, wie herunterwächst das in der Aura des Sonnenwesens enthaltene Innere des Lichtwesens, der Logos, das Sonnenwort.

In dem Christus haben wir also das Herunterwachsen auf die allerkomplizierteste Art. Und wir dürften uns gar nicht wundern, wenn noch mehr als vier dazu nötig gewesen wären, um diese große, gewaltige Tatsache zu verstehen. Aber vier bemühten sich darum. Zwei, die Schreiber des Matthäus- und des Lukas-Evangeliums, bemühten sich darzustellen, wie die Persönlichkeit war, die dem herabkommenden Sonnenwesen entgegenwuchs, Matthäus in bezug auf den physischen Leib und Ätherleib, Lukas in bezug auf den astralischen Leib und Ich-Träger. Markus dagegen kümmert sich nicht um das, was dem Sonnenwesen entgegenwuchs. Er schildert die Sonnenaura, die Große Aura, den Lichtleib, das geistige Licht, das durch die Weltenräume wirkt, und das hereinwirkt in die Gestalt des Christus Jesus. Er beginnt daher gleich mit der Johannes-Taufe, wo heruntersteigt das Weltenlicht. Und im Johannes-Evangelium wird uns die Seele dieses Sonnengeistes geschildert, der Logos, das Sonnenwort, das Innere. Daher ist das Johannes-Evangelium auch das innerlichste der Evangelien.

So haben Sie die Tatsachen verteilt und die komplizierte Wesenheit des Christus Jesus von vier Seiten her geschildert. Daher schildern uns den Christus in dem Jesus von Nazareth alle vier Evangelisten. Aber ein jeder dieser vier Schreiber der Evangelien ist gewissermaßen gezwungen, sich an seinen Ausgangspunkt zu halten; denn davon hat er seinen hellseherischen Blick erlangt, um diese komplizierte Wesenheit überhaupt beschreiben zu können. – Halten wir uns das noch einmal vor Augen, damit es uns wirklich in die Seele dringe.

Matthäus ist gezwungen, den Blick hinzurichten auf die Geburt des salomonischen Jesus und zu verfolgen, wie die Kräfte des physischen Leibes und Ätherleibes zubereitet werden, wie dann diese Hüllen von Zarathustra abgeworfen werden und wie von ihm hinübergetragen wird in den Jesus des Lukas-Evangeliums, was er sich errungen hat im physischen Leibe und Ätherleibe des salomonischen Jesus. Da muß dann der Schreiber des Matthäus-Evangeliums verfolgen, was er anfangs nicht dargestellt hat. Aber er verfolgt hauptsächlich das, wovon er den Anfang genommen hat: die Schicksale dessen, was hinübergegangen ist vom salomonischen Jesus an Errungenschaften und Konsequenzen in den nathanischen Jesus. Er richtet weniger den Blick auf das Elementarische im astralischen Leib und Ich-Träger des Lukas-Jesus, als vielmehr auf das, was aus seinem Jesus hinübergegangen war. Und als er das Sonnenwesen schildert, das heruntergekommen ist, da ist er wieder vorzugsweise auf das bedacht, was der Jesus an Fähigkeiten nur dadurch haben konnte, daß er den physischen Leib und Ätherleib hatte ausbilden können in dem salomonischen Jesus. Das war natürlich auch noch an dem Christus zu bemerken; denn diese Fähigkeiten waren da, und diesen Teil des Christus Jesus, den er zuerst in Aussicht genommen hat, verfolgt er mit besonderer Genauigkeit, weil das für ihn wichtig war.

Der Schreiber des Markus-Evangeliums richtet von Anfang an den Blick auf den vom Himmel herunterkommenden Sonnengeist. Er verfolgt kein irdisches Wesen; sondern, was da im physischen Leibe wandelte, ist ihm nur das Mittel, um darzustellen, was als der Sonnengeist darin gewirkt hat. Er macht daher auf die Tatsachen aufmerksam, die er verfolgen kann, nämlich, wie die Kräfte des Sonnengeistes wirken. Daher stellt sich manches als gleich heraus bei Matthäus und Markus; aber sie haben beide verschiedene Gesichtspunkte. Matthäus schildert mehr den Hüllencharakter und macht besonders aufmerksam, wie sich in späteren Jahren die Eigenschaften zeigen, welche schon in den ersten Jahren aufgenommen waren; und er beschreibt es auch so, daß man sieht, wie diese Eigenschaften besonders wirken.

Der Schreiber des Markus-Evangeliums dagegen benützt förmlich den physisch herumwandelnden Jesus nur, um das zu zeigen, was der Sonnengeist auf der Erde wirken kann. Das geht bis in die Einzelheiten. Wenn Sie die Evangelien wirklich verstehen wollen bis in alle ihre Einzelheiten, so müssen Sie berücksichtigen, daß der Blick der Evangelisten stets auf das gerichtet ist, worauf sie ihn von Anfang an gerichtet haben.

Der Schreiber des Lukas-Evangeliums wird daher besonders im Auge behalten, was ihm wichtig ist: den astralischen Leib und den Ich-Träger, was also diese Wesenheit nicht erlebt als äußere physische Persönlichkeit, sondern als Astralleib, der Träger ist von Gefühlen und Empfindungen. Von schöpferischen Fähigkeiten ist ja auch der Astralleib der Träger. Alles Mitleid, alle Barmherzigkeit fließen aus vom Astralleib, und der Christus Jesus konnte gerade jenes barmherzige Wesen sein, weil er den astralischen Leib des nathanischen Jesus hatte. Daher richtet Lukas von Anfang an den Blick auf alle Barmherzigkeit, auf alles, was der Christus Jesus wirken kann, weil er gerade diesen astralischen Leib in sich trägt.

Und der Schreiber des Johannes-Evangeliums richtet seinen Blick darauf, daß das Höchste, was auf der Erde wirksam werden kann, das Innere des Sonnengeistes, durch das Mittel des Jesus heruntergetragen wird. Ihn geht auch wieder zunächst nicht das physische Leben an, sondern er hat den Blick auf das Höchste gerichtet, auf den reinen Sonnenlogos, und der physische Jesus ist ihm nur Mittel, um zu verfolgen, wie sich der Sonnenlogos in der Menschheit verhält. Und worauf sein Blick von Anfang an gerichtet war, darauf hat er ihn dann immer gerichtet.

Wir blicken als schlafende Menschen auf unsere äußeren Hüllen, auf den physischen Leib und Ätherleib. In diesen beiden Gliedern leben alle die Kräfte, die von göttlich-geistigen Wesenheiten herkommen, die durch Jahrmillionen und Jahrmillionen gearbeitet haben, um diesen Tempel des physischen Leibes herzustellen. In diesem Tempel haben wir seit der lemurischen Zeit gelebt und haben ihn immer mehr und mehr verschlechtert. Aber ursprünglich ist er uns zugekommen durch die Saturn-, Sonnen- und Mondenzeit hindurch. Da lebten und webten göttliche Naturen darinnen. Und wenn wir auf unseren physischen Leib blicken, können wir sagen: Er ist ein Tempel, den uns zubereitet haben die Götter, jene Götter, die aus der festen Materie uns diesen Tempel haben bereiten wollen. – Und in unserem Ätherleib haben wir etwas vor uns, was allerdings die feineren Substantialitäten der Menschenwesenheit enthält, nur kann sie der Mensch deshalb nicht sehen, weil er durch die luziferischen und ahrimanischen Einflüsse nicht fähig ist, sie zu sehen. In diesem Ätherleib lebt auch, was der Sonne angehört. Da tönt herein, was als die Sphärenharmonie tätig war, dasjenige, was hinter dem bloßen Physischen wahrnehmbar von den Göttern ist. Daher können wir von ihm sagen: Im Ätherleibe leben hohe Götter, und gerade solche, die verwandt sind den Sonnengöttern. – So blicken wir auf physischen Leib und Ätherleib als auf die vollkommensten Glieder unserer Wesenheit. Wenn wir sie im Schlafe verlassen haben, wenn sie von uns gefallen sind, sind sie so, wie sie durchwirkt und durchwebt werden von göttlichen Wesenheiten.

Auf den physischen Leib, auf den er von Anfang an sein Hauptaugenmerk gerichtet hatte, mußte der Schreiber des Matthäus-Evangeliums beim Christus Jesus auch weiter sein Hauptaugenmerk richten. Aber der materielle physische Leib war gar nicht mehr vorhanden, denn der war mit dem zwölften Jahre aufgegeben. Doch das Göttliche, die Kräfte waren mit hinübergegangen in den anderen physischen Leib des nathanischen Jesus. Daher war dieser physische Leib des Jesus von Nazareth so vollkommen, weil er seinen Leib durchsetzt hatte mit den Kräften, die er aus dem Leibe des salomonischen Jesus mitgenommen hatte. Nun stellen wir uns vor, wie der Schreiber des Matthäus-Evangeliums hinlenkt den Blick auf den sterbenden Jesus am Kreuz. Immer hat er den Blick auf das gerichtet, was er ganz besonders zu verfolgen hat, auf das, was er von Anfang an als seinen Ausgangspunkt genommen hat. Das Geistige verläßt nun den physischen Leib und damit auch dasjenige, was als Göttliches mitgenommen worden war. Auf die Trennung des Inneren des Christus Jesus von diesem Göttlichen in der physischen Natur, darauf hat der Schreiber des Matthäus-Evangeliums den Blick gerichtet. Und die alten Mysterienworte, die da lauteten immer, wenn die geistige Natur des Menschen heraustrat aus dem physischen Leib, um schauen zu können in der geistigen Welt: Mein Gott, mein Gott, wie hast du mich verherrlicht! – er ändert sie dahin, daß er sagt, hinschauend auf den physischen Leib: «Mein Gott, mein Gott, warum hast du mich verlassen?» (Matth. 27,46) Du bist von mir weg, hast mich aufgegeben in diesem Moment. – Und der Schreiber des Matthäus-Evangeliums hat auf diesen Moment, auf dieses «verlassen» sein Hauptaugenmerk gerichtet.

Aber der Schreiber des Markus-Evangeliums schildert, wie die äußeren Kräfte der Sonnenaura herankommen, wie die Sonnenaura, der Leib des Sonnenwesens sich verbindet mit dem Ätherleib. Der Ätherleib ist in derselben Lage wie bei uns der Ätherleib im Schlafe. Wie bei uns im Schlafzustande die äußeren Kräfte mit hinausgehen, so gingen sie bei dem physischen Jesus-Tode in gleicher Weise mit. Daher das gleiche Wort im Markus-Evangelium (Mark. 15,34).

Der Schreiber des Lukas-Evangeliums richtet auch bei dem Christus Jesus-Tode seinen Blick auf das, worauf er ihn von Anfang an gerichtet hat: auf astralischen Leib und Ich-Träger. Und er sagt uns daher nicht dieselben Worte. Er richtet auf die anderen Tatsachen sein Hauptaugenmerk, die sich auf den astralischen Leib beziehen, der in diesem Augenblick die höchste Entfaltung erlebt von Barmherzigkeit, von Liebe. Und er verzeichnet daher die Worte: «Vater, vergib ihnen; denn sie wissen nicht, was sie tun!» (Luk. 23,34) Das ist ein Liebeswort, das allein herauskommen kann aus dem astralischen Leibe, auf den der Schreiber des Lukas-Evangeliums von Anfang an hingewiesen hat. Und was herauskommen kann an Demut und Ergebenheit, das kommt im höchsten Grade heraus aus diesem astralischen Leib, auf den Lukas bis zuletzt seinen Blick richtet. Daher seine Schlußworte: «Vater, in deine Hände befehle ich meinen Geist!» (Luk. 23,46.)

Und Johannes schildert das, was zwar von der Erde genommen ist, was aber von dem Menschen in der Erdenordnung verwirklicht werden soll: den Sinn der Erdenordnung, der im Sonnenwort liegt. Er hat daher sein Hauptaugenmerk auf das gerichtet, was sich auf Golgatha vom Kreuz herab vollzieht als das Ordnende. Er beschreibt uns, wie in diesem Moment der Christus eine höhere Bruderschaft anordnet, als die ist, die sich auf Blutsverwandtschaft gründet. Die früheren Bruderschaften bestanden durch das Blut. Maria ist die Mutter, die als die Blutsmutter das Kind hatte. Was Seele mit Seele in Liebe vereinigen soll, das wird durch den Christus Jesus angeordnet. Dem Schüler, den er lieb hatte, gibt er nicht die Blutsmutter, sondern er gibt ihm im Geiste die eigene Mutter. So alte Bande erneuernd, was der Menschheit ursprünglich verlorengegangen war, klingt es herunter vom Kreuz im neuen Sinne: «Das ist dein Sohn!» und «Das ist deine Mutter!» (Joh. 19,26–27) Was so als ordnender Sinn neue Gemeinschaften stiftete, das ist das, was als der Sinn des Lebensäthers, der das Leben ordnet, durch die Christus-Tat in die Erde einströmt.

So haben wir die eine Tatsache, die Christus-Tatsache, hinter alledem, was die Evangelisten schildern. Aber jeder schildert von dem Gesichtspunkte aus, den er von Anfang an eingenommen hat, weil eines jeden Evangelisten Sinn in der Weise in Anspruch genommen war, daß er den hellseherischen Blick auf das richten mußte, wozu er vorbereitet war; und da überhörte er das andere. Daher müssen wir uns sagen: Dieses umfassende Ereignis erscheint uns nicht dadurch widerspruchsvoll, daß es von vier Seiten geschildert ist, sondern wir lernen es dadurch erst kennen, daß wir die vier verschiedenen Seiten zusammenzufassen vermögen. Und wir finden es dann auch durchaus natürlich, warum das Bekenntniswort des Petrus, auf das wir gestern hingewiesen haben, nur im Matthäus-Evangelium stehen kann und warum es nicht in den anderen Evangelien steht. Markus schildert den Christus als Sonnenkraft, als die universelle kosmische Kraft, die da wirkte – nur in einer neuen Weise – in die Erde herein. Also die majestätische Kraft der Sonnenaura in ihren elementarischen Wirkungen schildert Markus. Und das Lukas-Evangelium schildert, indem es das Innere des Christus Jesus schildert, den astralischen Leib vorzugsweise, die einzelne menschliche Individualität, wie der Mensch für sich lebt. Denn im Astralleib lebt der Mensch für sich, da hat er seine eigene, tiefste Eigenheit, da wächst er in sich selber. In bezug auf den astralischen Leib ist der Mensch zunächst nicht gemeindebildend; die gemeindebildende Kraft, wodurch der Mensch mit anderen Menschen in Beziehung tritt, ist im Ätherleib. Lukas hat daher keine Gelegenheit, keine Veranlassung, von irgendeiner zu gründenden Gemeinschaft zu reden. Und der Schilderer der Ich-Wesenheit, der Schreiber des Johannes-Evangeliums erst recht nicht.

Dagegen hat der Schreiber des Matthäus-Evangeliums, der uns den Christus Jesus als Menschen schildert, ganz besondere Veranlassung, auch diejenigen Verhältnisse zu schildern, die sich als die menschlichen Ereignisse dessen herausstellen, daß einmal der Gott in Menschengestalt gewandelt ist. Was da der Gott als Mensch unter Menschen hat stiften können, als Verhältnisse unter Menschen, die man als Gemeinde, als eine zusammengehörige Ganzheit bezeichnen kann, das mußte der Evangelist besonders schildern, der den Christus Jesus in seiner menschlichsten Wesenheit schildert, weil er seinen Blick von Anfang an darauf gerichtet hat, wie der Christus als Mensch wirkt durch das, was er nimmt aus dem physischen Leib und Ätherleib. So werden wir es, wenn wir inneres Verständnis dafür haben, auch natürlich finden, daß diese viel angefochtenen Worte nur im Matthäus-Evangelium vorkommen: «Du bist Petrus, und auf diesen Felsen will ich bauen meine Gemeinde» (Matth. 16,18). Und wenn wir die vielen Diskussionen der heutigen Theologen der verschiedensten Schattierungen in bezug auf diese Worte des Matthäus-Evangeliums überblikken, finden wir eigentlich immer nur ganz eigentümliche, eigenartige Gründe für die Annahme oder Ablehnung dieser Worte, auf keiner Seite aber ein Verständnis für den tieferen Sinn. Die, welche sie ablehnen, tun es, weil die äußere Gemeinschaft der katholischen Kirche sie vertritt, weil die äußere Einrichtung der katholischen Kirche darauf begründet worden ist. Damit können sie vielleicht mißbraucht werden; aber das ist kein Beweis dafür, daß sie erst zugunsten der katholischen Kirche hineingeflochten sein sollen. Die, welche sie bekämpfen, wissen im Grunde auch nichts Besonderes dagegen vorzubringen, weil sie die Verdrehungen nicht sehen. Da sind dann die Herren in einer ganz merkwürdigen Lage. So schildert einer, das Markus-Evangelium sei das ursprünglichste von allen vier Evangelien; dann seien das Matthäus- und das Lukas-Evangelium dazu gekommen, die von dem Markus-Evangelium in einer gewissen Weise abgeschrieben und ergänzt worden seien; und es wäre nun erklärlich, da der Schreiber des Matthäus-Evangeliums abgeschrieben habe, daß er Verschiedenes dazu geschrieben habe, und ebenso der Schreiber des Lukas-Evangeliums. Dem Schreiber des Matthäus-Evangeliums sei es besonders eingefallen, weil er die Gemeinde stützen wollte, jene Worte hineinzufügen: «Du bist Petrus, und auf diesen Felsen will ich bauen meine Gemeinde.»

Allerdings manchen Worten gegenüber nützt da die Textüberlieferung nicht, weil man an gewissen alten Texten nicht nachweisen kann, daß diese oder jene Worte darinnenstehen. Aber bei diesen Worten des Matthäus-Evangeliums ist es nun so, daß sie zu dem gesichertsten Gut der Evangelien gehören; denn hier haben wir nicht einmal eine philologische Möglichkeit, sie zu bezweifeln. Es sind manche Worte durch die wirklich recht komplizierte Überlieferung zu bezweifeln; aber gegen die Worte des Petrus-Bekenntnisses: «Du bist Christus, der Sohn des lebendigen Gottes» und gegen die anderen Worte: «Du bist Petrus, und auf diesen Felsen will ich bauen meine Gemeinde, und die Pforten der Hölle sollen sie nicht überwältigen», dagegen läßt sich vom Standpunkt einer Philologie nichts einwenden. Und Einwände dagegen werden auch nicht gemacht. Es gibt nirgends einen Text, von dem aus dagegen Einwendungen gemacht werden könnten. Von den Texten, die in der neueren Zeit gefunden worden sind, hätte man vielleicht hoffen können, daß sich Einwendungen daraus ergeben; aber man kann gerade bei diesen Texten die betreffende Stelle nicht lesen, weil jener Teil sehr korrumpiert ist. So wenigstens ist das philologische Ergebnis. Natürlich müssen Sie sich dabei auf das verlassen, was diejenigen berichten, die diese Handschriften gesehen haben.

So können wir von dieser Stelle nicht einmal behaupten, daß es eine andere Wiedergabe wäre. Diese Worte gehören auch nach der äußeren Philologie zu dem Gesichertsten, und wir begreifen gar wohl, warum sie dazu gehören nach der ganzen Natur des Matthäus-Evangeliums. Da sehen wir, wie der Christus Jesus so recht als Mensch geschildert wird. Und wenn wir diesen Schlüssel gewonnen haben, werden wir überall, wo wir wollen, anklopfen können: wir werden das Matthäus-Evangelium verstehen. Und wir werden auch die Gleichnisse verstehen, welche der Christus Jesus zu seinen Jüngern und auch zu den mehr Außenstehenden spricht.

Wir haben gestern gezeigt, wie sich der Mensch entwickelt von unten nach oben, wie er hinaufwächst bis zur Bewußtseinsseele, die in der Menschenwesenheit als Blüte entfaltet wird, wie er so sich hinaufentwickelt, daß ihm entgegenkommt der Christus-Impuls. Was durch die fünf Kulturepochen gegeben ist, Ätherleib, Astralleib, Empfindungsseele, Verstandes- oder Gemütsseele, Bewußtseinsseele, diese fünf Glieder der Menschennatur wachsen von unten herauf. Sie kann der Mensch so benutzen, daß er sie ausbildet, entwickelt, gebraucht so, daß sie in sich jenen Inhalt haben, der es möglich macht, daß sie, wenn die Zeit gekommen ist, von dem Christus-Impuls durchdrungen werden können. Die Menschheit kann sich so entwickeln, daß in der Zukunft alle Menschen des Christus teilhaftig werden können. Aber sie müssen diese fünf Glieder von unten nach oben in entsprechender Weise ausbilden. Wenn sie das nicht tun, werden sie nicht reif werden, den Christus zu empfangen. Wenn sie sich durch die verschiedenen Inkarnationen nicht kümmern um diese Glieder, sie nicht ausbilden, um den Christus zu empfangen, dann kann der Christus kommen – sie können sich mit ihm nicht verbinden, sie haben «kein Öl auf ihre Lampen gegossen»! Diese fünf Glieder kann man auch ohne Öl lassen. Alle diejenigen, die kein Öl auf ihre Lampen gegossen haben, sind dargestellt durch ein schönes, wunderbares Gleichnis in den «fünf törichten Jungfrauen», die, weil sie nicht zur rechten Zeit ihre Lampen mit Öl versorgt haben, sich nicht mit dem Christus vereinigen können; die fünf aber, die das Öl haben, können sich in der richtigen Stunde mit dem Christus vereinigen (Matth. 25,1–13). Alle diese Gleichnisse, die sich auf Zahlen begründen, sind tief hineinleuchtend in jenen Impuls, den der Christus den Menschen bringen konnte.

Und weiter. Denjenigen, die von außen seine Lehre ansahen, machte er klar, wie sie ja manches Äußere auch nicht bloß materiell betrachten, nicht bloß nach dem, was es unmittelbar ist, sondern als ein Zeichen für etwas anderes. Er wollte sie hinweisen auf ihr eigenes

Denken, auf ihre eigene Art des Denkens. Er ließ sich eine Münze geben, zeigte ihnen das Bild des Kaisers darauf, um sie aufmerksam zu machen, daß mit der Münze noch etwas Besonderes ausgedrückt wird, was nicht in dem bloßen Metall liegt, nämlich die Zugehörigkeit zu einer besonderen Herrschaft, zu einem bestimmten Herrscher. «Was daran des Kaisers ist, das gebt dem Kaiser, das ist des Kaisers», und das liegt im Bilde, nicht im Metall. Aber lernt, wollte er sagen, auch so den Menschen betrachten und, was an ihm ist, als den Träger und Tempel des lebendigen Gottes. Betrachtet den Menschen nur so, wie ihr eine Münze betrachtet; lernt in dem Menschen das Bild des Gottes erblicken, dann werdet ihr erkennen, wie der Mensch zu dem Gotte gehört (Matth. 22,15–22).

Alle diese Gleichnisse haben noch eine tiefere Seite als die Trivialseite, die man gewöhnlich nimmt. Und man findet die tiefere Seite, wenn man weiß, daß der Christus nicht so Gleichnisse gebrauchte, wie sie heute in unserer zeitungspapierenen Zeit so oft gebraucht werden. Sondern der Christus gebraucht sie so, daß er sie herausgebiert aus der ganzen Menschennatur, daß der Mensch, wenn er sie ausdenkt, sie ausdehnt auf seine ganze Natur, gezwungen sein würde, das, was er gewohnt ist zu tun, überall so zu tun, wie es sich auf dem einzelnen Gebiete gehört. Gerade so müßte man es dem Menschen zeigen, wie er mit seinem Denken von dem einen auf das andere Gebiet hinübergehen muß, wenn man ihm zeigen wollte, wie etwas als unsinnig sich darstellen kann.

Als zum Beispiel Leute zum erstenmal aufgetreten sind und allerlei «Sonnenmythen» ausgedacht haben für Buddha, für Christus und so weiter, da wurde es endlich einem zu bunt. Und heute geschieht es ja wieder, daß man alle solche Gestalten als «Sonnenmythen» darstellt. Da sagte der Betreffende: Mit dieser Methode, daß man in äußerlicher Weise Mythenbilder, Sternzeichen anwendet auf dieses oder jenes große Ereignis, kann man alles mögliche machen. Wenn jemand kommt und nachweist, daß in der Bedeutung des Christus-Lebens ein Sonnenmythos liege, um daraus zu beweisen, daß der Christus Jesus nicht gelebt habe, dann kann man auch mit dieser Methode beweisen, daß es nie einen Napoleon gegeben hat. Und das kann man auf die leichteste Art machen, indem man sagt: Napoleon hat den Namen des Sonnengottes Apollon. Nun bedeutet ein «N» vor dem Namen im Griechischen nicht eine Verneinung, sondern eine Verstärkung; daher wäre Napoleon – N'Apollon – sogar eine Art Über-Apollon. Dann kann man weitergehen und eine merkwürdige Ähnlichkeit finden. Denken Sie daran, was der Erfinder des nichtexistierenden Jesus, der deutsche Philosophieprofessor *Drews,* herausfindet als Ähnlichkeit solcher Namen wie Jesus, Joses, Jason und so weiter. So kann man merkwürdige Namenanklänge herausfinden zwischen der Mutter des Napoleon, Lätitia, und der Mutter des Apollon, Leto. Man kann weitergehen und sagen: Apollon, die Sonne, hat um sich zwölf Sternbilder – Napoleon hatte um sich zwölf Marschälle, die nichts weiter sein sollen als symbolische Ausdrücke für die sich um die Sonne herumgliedernden Tierkreisbilder. Aber nicht umsonst hat der Held des Napoleon-Mythos gerade sechs Geschwister, so daß Napoleon mit seinen Geschwistern zusammen sieben ergibt, wie auch die Planeten sieben an der Zahl sind. Also hat Napoleon nicht gelebt!

Das ist eine sehr geistreiche Satire auf die symbolischen Ausdeutungen, die heute eine so große Rolle spielen. Die Menschen lernen ja im Grunde niemals; denn sonst müßten sie wissen, daß nach derselben Methode, die auch heute wieder angewendet wird, schon längst gezeigt worden ist, daß zum Beispiel Napoleon nie gelebt hat. Aber die Menschheit lernt nichts; denn nach derselben Methode wird auch heute wieder bewiesen, daß Jesus nie gelebt hat.

Diese Dinge also zeigen, daß es allerdings notwendig ist, mit Vorbereitung, auch mit innerer Vorbereitung an das heranzutreten, was uns die Evangelien erzählen von dem größten Ereignis der Welt. Und wir müssen uns auch darüber klar sein, daß hierin gerade Anthroposophen recht leicht sündigen können. Auch die anthroposophische Bewegung ist keineswegs frei gewesen von jenem Spielen mit allerlei Symbolen, die aus den Sternenwelten genommen sind. Ich wollte daher gerade in diesem Vortragszyklus da, wo ich auch über die großen Ereignisse in der Menschheitsentwickelung in bezug auf ihre Darstellung in der Sternensprache gesprochen habe, zeigen, in welch wirklich richtiger Weise die Sternensprache gebraucht wurde, wo man die Zusammenhänge wirklich verstand.

Treten Sie mit solcher Vorbereitung heran an das, worauf sich die Evangelien zuspitzen. Ich habe schon hingewiesen auf die Taufe und auf die Lebens- und Todesgeschichte als auf die zwei Etappen der Einweihung. Ich habe nur noch hinzuzufügen, daß der Christus Jesus, nachdem er seine Jünger dahin geführt hat, wo sie schauen konnten das Heraustreten des innersten Menschenwesens in den Makrokosmos, wo sie durch den Tod hindurch schauen konnten, daß er auch da nicht vorführt eine Auferstehung in jenem trivialen Sinne, wie es so vielfach verstanden wird. Sondern es ist durchaus im Sinne des Matthäus-Evangeliums – nehmen Sie nur die Worte und verstehen Sie sie wirklich, gerade wie es auch im Johannes-Evangelium deutlich gezeigt wird –, daß das Wort des Paulus wahr ist. Er hat den Christus als den Auferstandenen gesehen durch das Ereignis von Damaskus, und er betont es noch besonders, daß ihm dasselbe zuteil geworden ist, was den anderen Brüdern, den Zwölfen und den Fünfhundert, auf einmal zuteil geworden ist (1.Kor. 15,3–8). So, wie er den Christus gesehen hat, so haben ihn die anderen nach der Auferstehung gesehen.

Das wird uns hinlänglich angedeutet, indem erzählt wird im Evangelium, daß Maria von Magdala, die den Christus erst vor ein paar Tagen gesehen hat, ihn nach der Auferstehung sieht und ihn für den Gärtner hält, weil sie keine Ähnlichkeit mit ihm findet (Joh. 20,11–18). Würde er wirklich so ausgesehen haben, wie er vor ein paar Tagen ausgesehen hat, so wäre das ausgeschlossen; dann wäre es eine abnorme Tatsache. Denn niemandem werden Sie zutrauen, daß er einen anderen, den er vor einigen Tagen gesehen hat, nach ein paar Tagen in derselben Gestalt nicht wieder erkennen würde. Daher müssen wir uns darüber klar sein, daß in der Tat eine Veränderung vor sich gegangen ist. Und wenn wir die Evangelien genau verfolgen, erscheint uns als ein notwendiges Ergebnis, daß wir uns klar sind, daß durch die ganzen Vorgänge in Palästina, durch das Mysterium von Golgatha die Augen der Jünger aufgetan wurden und daß sie den Christus so erkennen konnten, wie er war als der die Welt durchwebende und durchwirkende Geist, wie er war, nachdem er den physischen Leib der Erde übergeben hatte, aber ebenso wirksam, wie er im physischen Leibe war, jetzt für die Erde verblieb.

Das zeigt auch das Matthäus-Evangelium hinlänglich, sogar mit den bedeutsamsten Worten, die wir vielleicht überhaupt in einer Urkunde finden können. Es zeigt uns ganz klar, daß darauf hingewiesen werden sollte: Einmal war da der Christus in einem physischen Menschenleib; aber dieses Ereignis ist nicht bloß ein Ereignis, es ist eine Ursache, ein Impuls. Von da aus geht eine Wirkung. Das Sonnenwort, die Sonnenaura, wovon Zarathustra einst sprach als von einem außerhalb der Erde Vorhandenen, das ist durch das Christus Jesus-Leben etwas geworden, was mit der Erde vermählt, verbunden ist und verbunden bleiben wird. Vorher war nicht dasselbe mit der Erde verbunden, was nachher mit ihr verbunden war.

Diese Tatsache zu verstehen, geziemt uns Anthroposophen. Daher begreifen wir also, daß der auferstandene Christus der war, der sich als Geist verständlich gemacht hatte den hellsehend gewordenen Augen der Jünger, der hinweisen konnte, wie er jetzt als Geist durchwebt das Erdendasein, und sagen konnte: «Gehet hin und machet zu Jüngern alle Völker, und taufet sie auf den Namen des Vaters und des Sohnes und des Heiligen Geistes, und lehret sie alles halten, was ich euch befohlen habe! Und siehe, Ich bin bei euch alle Tage bis ans Ende der Erdenzeit» (Matth. 28,19–20). Das soll uns die Geisteswissenschaft zum Verständnis bringen, was damals begonnen hat, daß mit der Erdenaura verbunden worden ist die Sonnenaura und daß es zu sehen ist für den, dessen Geistesauge geöffnet ist, und daß diese Sonnenaura in der Erdenaura, die für Paulus sichtbar geworden ist, zu hören ist, wenn sich unser inneres Ohr so aufschließt, daß es hört das Sonnenwort, wie es hörbar wurde für den durch den Christus Jesus selbst eingeweihten Lazarus. Dazu soll die Geisteswissenschaft da sein, um uns darauf vorzubereiten, daß dies eine Tatsache ist. Die Geisteswissenschaft ist eine Interpretin dessen, was geschehen ist in bezug auf die geistige Entwickelung der Welt. Und indem sie das ist, wird sie in Wirklichkeit stiften, was auch der Christus Jesus, und zwar auch im Sinne des Matthäus-Evangeliums, stiften wollte.

Ein Wort aus dem Matthäus-Evangelium wird gewöhnlich ganz falsch übersetzt, das schöne, herrliche Wort: «Ich bin nicht auf diese Erde herabgestiegen, um von dieser Erde wegzuwerfen den Frieden, sondern um wegzuwerfen das Schwert!» (Matth. 10,34). Das schönste, wunderbarste Friedenswort ist leider im Laufe der Zeit in sein Gegenteil verkehrt worden. Um die Erde allmählich von dem zu erlösen, was Unfriede, Disharmonie in die Menschheit bringt, dazu hat sich dem geistigen Erdendasein eingeprägt die Christus-Wesenheit. Und die Geisteswissenschaft wird Frieden stiften, wenn sie in diesem Sinne sozusagen wahrhaft christlich sein kann, daß sie die Religionen vereinigt. Und sie kann nicht nur das, was in unseren nächsten Gegenden ist, vereinigen, sie kann über den ganzen Erdkreis hin wirklich Frieden stiften, wenn sie die Tat des größten Friedenstifters versteht. Es ist gewiß nicht im Sinne des größten Friedenstifters, daß fanatische Menschen von einem Teil der Erde zum anderen gehen und eine engbegrenzte Christus-Lehre einem ganz anderen Volk aufdrängen, das nichts hat von den Bedingungen für eine Christus-Lehre in der Form, wie sie sich bei einem anderen Volke ausgeprägt hat. Große Fehler werden gemacht, wenn die Christus-Lehre, wie sie sich gerade da oder dort ausgeprägt hat, in unserer Zeit etwa nach dem Orient übertragen werden sollte. Denn wir als Anthroposophen haben oftmals darauf hingewiesen, daß der Christus nicht nur den «Christen» gehört, und daß es im Grunde genommen dasselbe Wesen ist, auf das Zarathustra hindeutet als auf Ahura Mazdao und auf das die sieben indischen Rishis hingedeutet haben als auf Vishva Karman. Wir stehen im Westen und wissen, wie vom Christus die Rede ist, wenn im Osten andere Worte gebraucht werden.

Wir wollen den Christus auch so verstehen, daß dieses Verständnis vereinbar ist mit der Menschheitsevolution, mit dem weiteren Fortschreiten der Menschen. Und wir sind uns klar darüber, daß uns über den Christus nicht Urkunden und Erkenntnisse Aufschluß geben können, welche den Christus ablehnen; sondern nur diejenigen können uns Aufschluß geben, welche den lebendigen Einfluß des Christus selber bewußt in sich tragen können. Und wir wissen, wenn wir in der rechten Weise anderen Völkern, die den Christus ablehnen, in unserem christlichen Sinne von Vishva Karman, von Ahura Mazdao sprechen, daß sie uns verstehen, wenn wir ihnen auch keine Namen aufdrängen, und daß sie von sich selber aus zum Christus-Verständnis vordringen werden. Wir wollen ihnen Christus dem Namen nach nicht aufzwingen. Wir sind uns klar darüber, wenn wir nicht nur Anthroposophen, sondern Okkultisten sind, daß Namen ganz gleichgültig sind, daß es auf die Wesenheit ankommt. Könnten wir uns nur in einem Augenblick davon überzeugen, daß wir die Wesenheit, die in dem Christus ist, bezeichnen dürften mit einem anderen Namen, so würden wir es tun. Denn um die Wahrheit ist es uns zu tun und nicht um unsere Vorliebe, weil wir auf irgendeinem bestimmten Fleck der Erde stehen und irgendeinem Volke angehören. Aber man soll uns auch nicht sagen, daß man mit Mitteln, die nicht geeignet sind – weil sie sich selber dem Einfluß des Christus entzogen haben –, den Christus begreifen kann; das ist jedem unmöglich. Man kann den Christus auch bei den anderen Nationen finden, aber man muß ihn studieren mit den Mitteln, die von dem Christus selber fließen.

Niemand darf den Anthroposophen etwas vorwerfen, wenn sie das Christentum nicht mit solchen Formen studieren wollen, die nicht aus dem Christentum selbst genommen sind. Man kann nicht mit orientalischen Namen den Christus begreifen; man sieht dann den Christus gar nicht, man sieht daneben vorbei und glaubt ihn vielleicht zu sehen. Und was würde es denn sein, wenn man uns zumuten würde, daß wir auf theosophischem Felde von orientalischer Anschauung aus den Christus begreifen sollten? Wir müßten uns auflehnen dagegen, daß der Christus aus dem Orient gebracht werden würde! Das wollen wir nicht; aber man würde uns dadurch zwingen, den Okzident nach dem Orient zu bringen und den Christus-Begriff darnach zu formen. Das kann und darf nicht sein, nicht aus Aversion, sondern weil die orientalischen Begriffe, die einen älteren Ursprung haben, nicht ausreichen, den Christus zu begreifen, weil der Christus ganz und gar nur zu begreifen ist aus jener Linie der Evolution heraus, in welche hineinfällt zunächst Abraham, dann Moses. Aber in Moses ist eingezogen die Wesenheit des Zarathustra. Und dann müssen wir den Zarathustra weiter suchen, wie er sich erstreckt in seinem Einfluß auf den Moses.

Und weiter müssen wir den Zarathustra nicht in den alten Schriften des Zarathustrismus suchen, sondern wie er sich von selber wiederverkörpert in dem Jesus von Nazareth. Auf die Entwickelung müssen wir schauen! So müssen wir auch den Buddha nicht da suchen, wo er sechs Jahrhunderte vor unserer Zeitrechnung war, sondern da, wo ihn uns das Lukas-Evangelium schildert und wo er herunterscheint aus der Höhe, nachdem er vom Bodhisattva zum Buddha geworden war und hereinscheint in den astralischen Leib des Lukas-Jesus. Da haben wir den Buddha und lernen ihn in seinem Fortschritt kennen.

Daran sehen wir, wie tatsächlich die Religionen zusammenstimmen, zusammenwirken, um die Menschheit wirklich zum Fortschritt zu bringen. Es handelt sich nicht darum, daß wir bloß anthroposophische Grundsätze predigen, sondern daß wir sie in lebendiges Gefühl umsetzen, daß wir nicht bloß von Toleranz sprechen und intolerant sind, weil wir Vorliebe haben für irgendein besonderes Religionssystem der Erde. Tolerant sind wir nur, wenn wir ein jegliches mit seinem eigenen Maß messen und jedes aus sich selbst heraus verstehen. – Es ist gewiß nicht unsere Schuld und keine Schuld unserer besonderen Vorliebe, daß die verschiedenen Religionssysteme sichtlich zusammengewirkt haben, um das Christentum zustande zu bringen. Wahrhaftig, in den geistigen Höhen, wo die großen geistigen Wesenheiten gewirkt haben, ist es anders zugegangen als da, wo ihre Bekenner auf der Erde gewirkt haben. Diese Bekenner auf der Erde haben zum Beispiel ein Konzil in Tibet berufen, um eine orthodoxe Lehre an den Namen des Buddha anzuknüpfen in der Zeit, als der wirkliche Buddha herabgestiegen ist, um den astralischen Leib des Lukas-Jesus zu inspirieren. So ist es immer: Die Bekenner auf Erden schwören auf das, was nachwirkt auf der Erde; die Götterwesen aber wirken mittlerweile weiter, damit die Menschheit vorwärtskommen kann. Aber am besten kommt die Menschheit vorwärts, wenn die Menschen versuchen, ihre Götter zu verstehen, wenn sie versuchen, einen ähnlichen Fortschritt zu gehen wie die Götter, indem diese auf die Menschen herunterblicken. Das soll uns eine lebendige Empfindung, ein lebendiges Verständnis geben für das, was wir in den verschiedenen Evangelien erblickt haben.

Sie haben gesehen, daß wir in Anknüpfung an jedes der drei

Evangelien etwas anderes in jedem sehen konnten. Einstmals, wenn wir das Markus-Evangelium studieren werden, wird sich uns eine besonders intime Kosmologie ergeben, weil Ahura Mazdao, der durch alle Räume wirkt, in der Tat geschildert werden kann in richtiger Anknüpfung an das Markus-Evangelium, wie uns die Geheimnisse des menschlichen Blutes, die Vererbungszusammenhänge des Individuums mit dem Volkstum, aus dem es herauswächst, in den Schilderungen des Matthäus-Evangeliums vor die Seele getreten sind.

Nehmen Sie das, was ich in diesen Tagen schildern durfte, als *eine* Seite des großen Christus-Ereignisses, und seien Sie sich klar, daß durchaus noch nicht alles damit gesagt ist. Es ist vielleicht heute noch nicht an der Zeit, alles zu sagen, was über diese großen Mysterien, vielleicht auch nur im kleinsten Kreise, zu sagen möglich ist. Das Beste aber, was uns aus dieser Tatsachendarstellung fließen kann, ist, daß wir sie aufnehmen nicht nur in unseren Verstand und Intellekt, sondern daß wir sie verbinden mit den innersten Fasern unseres Seelenlebens, mit unserem ganzen Gemüt und unserem ganzen Herzen und darin weiterleben lassen. Die Evangelienworte sind Worte, die, wenn wir sie in unser Herz einprägen, darinnen zu Kräften werden, die uns durchdringen und eine merkwürdige Lebenskraft entwickeln, wenn wir sie wirklich verstehen. Und wir werden sehen, daß wir diese Lebenskraft hinaus mit ins Leben tragen. Und heute, wo ich in bezug auf diesen Zyklus das letzte Wort über das Matthäus-Evangelium zu sprechen genötigt bin, möchte ich ganz besonders sagen, was ich öfter am Ende unserer Sommerzyklen gesagt habe, möchte aber dabei anknüpfen an dieses menschlich schönste Dokument der christlichen Urkunden, an das Matthäus-Evangelium.

Was tritt uns besonders beim Matthäus-Evangelium entgegen, da uns ja das Menschliche des Christus Jesus bei demselben von Anfang an ins Auge gefaßt erscheint? Wenn wir auch noch so groß den Abstand annehmen zwischen irgendeinem Menschen auf der Erde und jenem Menschen, der den Christus aufnehmen konnte, so tritt uns beim Matthäus-Evangelium entgegen – wenn wir es in Demut sehen –, was ein Mensch wert ist und wessen ein Mensch würdig ist. Denn wenn auch unsere eigene Natur noch weit, weit entfernt sein mag von der Natur des Jesus von Nazareth, so dürfen wir doch sagen: Wir tragen die Menschennatur in uns, und diese Menschennatur zeigt sich so, daß sie den Gottessohn, den Sohn des lebendigen Gottes in sich aufnehmen kann; so daß aus dieser Aufnahme die Verheißung entspringen kann, daß der Gottessohn nunmehr mit dem geistigen Erdendasein verbunden bleiben kann, und daß, wenn die Erde an ihrem Ziel angelangt sein wird, alle Menschen durchdrungen sein werden von der Christus-Substanz und Christus-Wesenheit, soweit sie es selbst in ihrem Innersten sein wollen. Wir brauchen Demut, um überhaupt dieses Ideal hegen zu dürfen. Denn hegen wir es nicht in Demut, dann macht es uns hochmütig, übermütig, und wir denken dann nur an das, was wir als Menschen sein könnten, und erinnern uns zu wenig daran, wie wenig wir noch bisher zu leisten imstande sind. In Demut müssen wir es erleben. Wenn wir es so verstehen, dann erscheint es uns so groß und gewaltig, so majestätisch und eindringlich in seinem Glanze, daß es uns gewichtig zur Demut mahnt. Aber es kann uns diese Demut nicht niederdrücken, weil wir die Wahrheit dieses Ideals durchschauen. Und wenn wir die Wahrheit durchschauen, dann mag die Kraft in uns noch so klein sein: sie wird uns immer höher und höher unserem Gottesziel entgegentragen.

In dem «Rosenkreuzermysterium» finden wir alle Töne angeschlagen, die wir dafür brauchen: das eine Mal in der zweiten Szene, wo Johannes Thomasius unter dem Eindruck des Wortes «O Mensch, erkenne dich!» zerschmettert steht, und das andere Mal, wo er unter dem Eindruck des Wortes «O Mensch, erlebe dich!» jauchzend hinaufgehoben wird in Weltenweiten. Wenn wir uns das vor Augen halten, wird uns in Anlehnung daran auch die Majestät und Größe, die uns in dem Jesus des Matthäus-Evangeliums entgegentritt, verständlich werden, die uns zur Demut auffordert und unsere Kleinheit uns anschaulich macht, die uns aber auch auf die innere Wahrheit und innere Wirklichkeit weist, die uns entreißt alledem, was uns als ein Abgrund unserer Kleinheit erscheint gegenüber dem, was wir sein sollen, was wir werden können. Und wenn wir erkennend uns manchmal zerschmettert fühlen wollen gegenüber dem, was Menschen-Göttergröße im Menschen sein kann, so müssen wir doch, wenn wir den guten

Willen haben, etwas von dem göttlichen Impuls, von dem «Sohn des lebendigen Gottes» zu erleben, uns des Christus Jesus erinnern, der da, wo wir als Menschen dieses Ich erleben können, von dem er der höchste Repräsentant ist, selber uns ermahnt hat, indem er uns in lapidaren Formen das Wort «O Mensch, erlebe dich!» zugerufen hat für alle kommenden Zeiten.

Wenn wir so verstehen das Menschliche im Matthäus-Evangelium – und daher ist es auch das uns am nächsten liegende der Evangelien –, so wird uns entgegenströmen aus diesem Evangelium Mut zum Leben, Kraft und Hoffnung zum Aufrechtstehen auch in unserer Lebensarbeit. Dann werden wir am besten verstehen, was diese Worte haben sein sollen.

Nehmen Sie diese Worte mit und versuchen Sie darüber nachzudenken. Es kann immer nur wenig angedeutet werden. An Ihren Herzen und Seelen ist es aber, das weitere aus diesen Worten herauszuholen. Und davon können Sie überzeugt sein: insofern das Richtige getroffen ist über das Christus-Ereignis, sind es doppelt lebendige Worte. Und Sie werden mehr finden in diesen Worten, wenn Sie die Nachwirkung in Ihren Herzen nachklingen lassen, als wenn Sie es nur dem äußeren Gedächtnis anpassen. Was gesprochen worden ist, soll eine Anregung sein. Aber suchen Sie die Ergebnisse, die Wirkungen dieser Anregung in Ihrem eigenen Herzen. Dann kann es sein, daß Sie in ihnen noch etwas ganz anderes finden, als was hier gesprochen worden ist und was Sie hier in dieser kurzen Zeit gefunden haben.

HINWEISE

Textgrundlage: Die Vorträge wurden von Walter Vegelahn, Berlin, mitgeschrieben. Seine Übertragung in Klartext liegt dem vorliegenden Druck zugrunde. Das Originalstenogramm ist nicht vorhanden.

Der 5. Auflage liegt eine erneute Durchsicht der Vorträge anhand der ursprünglichen Nachschriften zugrunde, die erst nach der 4. Auflage zugänglich wurden. Dadurch konnten einige Verbesserungen des Textes vorgenommen werden.

Zu den Evangelien-Zitaten: Die herangezogenen Evangelien-Stellen wurden von Rudolf Steiner nach der Lutherschen Bibelübersetzung wiedergegeben. Daneben wurde auch die Weizsäckersche Übersetzung beigezogen (siehe Hinweis zu Seite 123).

Zum Vorwort der Ausgabe von 1930: Das der ersten buchförmigen Ausgabe vorangestellte Vorwort von Marie Steiner ist jetzt enthalten in Band I ihrer Gesammelten Schriften: «Die Anthroposophie Rudolf Steiners. Gesammelte Vorworte zu Erstveröffentlichungen von Werken Rudolf Steiners», Dornach 1967.

Werke Rudolf Steiners innerhalb der Gesamtausgabe (GA) werden in den Hinweisen mit der Bibliographie-Nummer angegeben. Siehe auch die Übersicht am Schluß des Bandes.

Zu Seite:

33 *erkenntnistheoretische Tatsache:* Vgl. «Die Geheimwissenschaft im Umriß», GA Bibl.-Nr. 13, 1977, S. 170/171.

42 *«Die Geheimnisse der biblischen Schöpfungsgeschichte»,* GA Bibl.-Nr. 122.

«Die Pforte der Einweihung»: Das erste Mysteriendrama wurde von Rudolf Steiner im Jahre 1910 verfaßt und im gleichen Jahre in München uraufgeführt. In «Vier Mysteriendramen» (1910–13), GA Bibl.-Nr. 14.

55 *der Wärmeleib des Saturn:* Vgl. dazu das Kapitel «Die Weltentwickelung und der Mensch» in «Die Geheimwissenschaft im Umriß», GA Bibl.-Nr. 13.

59 *die bekannten Chladnischen Klangfiguren:* Nach dem deutschen Physiker Ernst F. F. Chladni, 1756–1827, einem der Hauptbegründer der wissenschaftlichen Akustik, benannt.

63 *Die Sonne tönt...:* «Faust», Prolog im Himmel/Raphael.

67 *In dieser Legende:* «Der Stern Abrahams», wiedergegeben in «Die Sagen der Juden, gesammelt von Micha bin Gorion», neu herausg. von Emanuel bin Gorion, Frankfurt a. M. 1962; I. Abt., 4. Buch, S. 182ff.

84 *daß bereits im Jahre 71... eine aramäische Urschrift des Matthäus-Evangeliums vorhanden war:* Bei dieser aus dem Talmud, Schabbath 116a, stammenden Schilderung bezieht sich Rudolf Steiner auf die Schrift von Daniel Chwolson, «Über die

Frage, ob Jesus gelebt hat», Leipzig 1910, die wir hier auszugsweise (S. 13/14) wiedergeben:

«Die Rabbinen kannten auch schon gegen 71 n.Chr. ein Evangelium, das wahrscheinlich das ursprüngliche Evangelium des Matthäus war; im Talmud wird nämlich berichtet: R. Gamaliel II. führte mit seiner Schwester einen Erbschaftsprozeß wegen des Besitzes ihres Vaters R. Simeon ben Gamaliel, der gegen 70 nebst anderen Rabbinen, die sich beim Aufstand beteiligt hatten, hingerichtet worden war. Sie erschienen vor dem offenbar von den Römern eingesetzten Richter, der unzweifelhaft ein Judenchrist paulinischer Richtung war, obgleich er nicht ausdrücklich als solcher bezeichnet wird.* Er sagte den beiden Geschwistern, sie sollten die Erbschaft teilen. Darauf bemerkte R. Gamaliel, daß nach dem mosaischen Gesetze die Tochter keinen Anteil an der Erbschaft haben könne. Der Richter erwiderte ihm: ‹Seit ihr euer Land verloren habt,** ist die Thorah Mosis abrogiert und das Evangelium gegeben worden.› Darauf hat Gamaliel dem Richter ein Geschenk gemacht, und als er am nächsten Tage zu ihm kam, führte der Richter den Vers aus Matthäus 5,17 in aramäischer Sprache an, worin es heißt, daß Christus das mosaische Gesetz nicht aufheben, sondern nur Zusätze zu demselben machen wolle, und sprach ihm die Erbschaft ganz zu.

Man sieht aus dieser wichtigen Nachricht, daß um 71 n. Chr. ein Evangelium Matthäi nicht bloß schon existiert hat, sondern den damaligen Christen auch genau bekannt war.»

* Im Text heißt er Philosoph, ein Ersatzname für Christ («Nozerim»), den die Juden häufig in ihren Schriften aus Furcht vor der Zensur zu vermeiden suchen.

** Wörtlich: «exiliert seid». Hier wäre aber diese Übersetzung unpassend, da die Juden damals als solche nach der Zerstörung des zweiten Tempels nicht exiliert wurden.

87 *Philo (von Alexandrien):* Philo oder Philon, auch Philon Judäus, 20 v.Chr. bis 50 n.Chr., jüdisch-griechischer Philosoph und Schriftsteller aus Alexandria; die von ihm verfaßte Schrift «Vom beschaulichen Leben» ist die wichtigste Quellenschrift über die Therapeuten (vollständige Übersetzung in E. Bock, Cäsaren und Apostel, 1937 u. neuere Auflagen), über die Essäer vgl. man auch den 12. Abschnitt von Philos Schrift «Jeder Tugendhafte ist frei».

88 *was wir im vorigen Jahre bei den Vorträgen über das Lukas-Evangelium besprochen haben:* «Das Lukas-Evangelium», GA Bibl.-Nr. 114, 2. u. 3. Vortrag.

Das erzählt auch die alte indische Legende: Wiedergegeben in Lalitavistara; vgl. hierzu auch Hermann Beckh, «Buddhismus», Bd. I (Sammlg. Göschen 174), S. 32, der den Inhalt der Legende wie folgt schildert: «Dann [nachdem der Bodhisattva noch einmal zur Versammlung der Götter gesprochen hat] nimmt er Abschied von den himmlischen Geistern, bestimmt den Bodhisattva Maitreya, den Buddha der künftigen Weltperiode, zu seinem Nachfolger als Lehrer der Götter, indem er ihm sein Diadem aufsetzt und beschließt, ... in den Mutterleib einzugehen. ...»

95 *Münchener Aufführung des «Rosenkreuzermysteriums»:* «Die Pforte der Einweihung», uraufgeführt im Münchner Schauspielhaus am 15. August 1910, in «Vier Mysteriendramen», GA Bibl.-Nr. 14.

112 *Fritz Mauthner,* 1849–1923, «Beiträge zu einer Kritik der Sprache» I–III, Stuttgart 1901/02, 3. Aufl. Leipzig 1923.

123 *Übersetzung von Weizsäcker:* Rudolf Steiner verwendete «Das Neue Testament, übersetzt von Carl Weizsäcker», 3. u. 4. revid. Stereotypdruck der 9. Aufl., Tübingen 1904.

124 *Ägypter-Evangelium:* Nur in Bruchstücken vorhandenes apokryphes Evangelium, das mit dem neu gefundenen «Ägypter-Evangelium» von Nag Hammâdi nicht identisch ist. Die hier angezogene Stelle wird bei Hennecke, «Neutestamentliche Apokryphen», 2. Aufl., Tübingen 1924, wie folgt wiedergegeben: «Auf die Erkundigung der Salome, wann der Gegenstand ihrer Frage bekannt werden, ‹sein Reich kommen› würde, sagte der Herr: Wenn ihr den Anzug der Scham mit Füßen tretet, und wenn die zwei eins werden ‹und das Auswendige wie das Inwendige› ...» Siehe hierzu auch den sog. *II. Clemensbrief* (eine altchristliche Predigt aus der Mitte des 2. Jahrhunderts), wo es heißt: «Denn der Herr selbst, als er von jemanden gefragt wurde, wann sein Reich käme, sprach: Wenn die zwei eins sein werden, und das Äußere wie das Innere ...» (II. Clem. 12,2).

126 *die Vorträge über das Lukas-Evangelium:* Siehe Hinweis zu S. 88.

132 *des vorjährigen Münchener Zyklus «Die Kinder des Luzifer und die Brüder Christi»:* Gedruckt unter dem Haupttitel «Der Orient im Lichte des Okzidents», GA Bibl.-Nr. 113.

139 *In anderen Evangelien:* In älteren Evangelienhandschriften. Siehe auch Hebr. 1,5 und die Ausführungen in dem Vortrag vom 21. September 1909 («Das Lukas-Evangelium», GA Bibl.-Nr. 114, 7. Vortrag).

153 *bei den Vorträgen in München über das «Sechstagewerk»:* Siehe Hinweis zu S. 42.

172 *John M. Robertson,* geb. 1856, «Die Evangelien-Mythen», Jena 1910, Kap.: Das «Vaterunser», S. 191ff.

182 *neun Seligkeiten des «Slawischen Henoch»:* Siehe das vorstehend angeführte Werk von Robertson, S. 200/201.

189 *die Abbildungen eines Äskulap, der vor zwei Blinden steht:* Siehe Robertson, a. a. O., Kap.: Die Heilung der beiden Blinden, S. 80f.

202 *Maimonides:* Moses ben Maimon, 1135–1204, der bedeutendste jüdische Philosoph des Mittelalters, richtete 1172 an seinen Korrespondenten Jakob ibn Alfajumi in Jemen ein Sendschreiben, das unter dem Namen Iggeret Teman bekannt ist und in dem er von dem Auftreten falscher Messiasse schreibt. J. Münz gibt in seinem Buch «Moses ben Maimon. Sein Leben und seine Werke», Frankfurt a. M. 1912, den Inhalt der Stelle über die falschen Messiasse (S. 76) wie folgt wieder:

> «So sei zu Beginn der islamitischen Zeitperiode jenseits des Euphrat (Persien) ein messianischer Schwärmer (Obadja Abu Isa) aufgetreten, der durch seine plötzliche Heilung vom Aussatze seine hohe Sendung bekundet haben will. Er fand einen großen Anhang, an zehntausend Mann scharten sich um ihn; aber sein Plan gelang nicht, und die Juden jener Gegend gerieten durch ihn in Not

(755).* Ferner sei ein messianischer Verkünder vor fünfundvierzig Jahren (um 1127) in Fez, und etwa ein Jahrzehnt vorher (1117) ein anderer in Cordova erschienen; beide aber hätten in ihren Ortschaften viel Unheil über Israel gebracht. Ungefähr dreißig Jahre vor diesen Ereignissen (um 1087) sei ein Scheinmessias in Frankreich aufgetreten, und er und viele seines Anhanges seien den Franken als Opfer anheimgefallen.»

* Die Anhänger dieses Messias oder Sektenstifters erhielten sich noch bis ins 10. Jahrhundert und wurden nach der Stadt Isfahan die Isawiten genannt. Vgl. darüber Grätz, Geschichte der Juden, Bd. V, S. 167 und Note 15.

Die ersten vier Kapitel dieser Schrift – die zitierte Stelle gehört zum 3. Kapitel – sind bereits im Jahre 1902 als I. Teil erschienen; es ist also durchaus möglich, daß Rudolf Steiner sich auf diese Darstellung bezieht.

Auf die abweichenden Jahreszahlen des Auftretens der falschen Messiasse bei A. Fr. Gfrörer, «Geschichte des Urchristentums, III. Hauptteil: Das Heiligtum und die Wahrheit», Stuttgart 1838, S. 9, sei hier nur hingewiesen.

202 *Endlich wird berichtet aus dem Jahre 1174:* Rabbi Gedaliah erzählt in seinem Buche «Schalschéleth hakkabála» (fol. 34, col. 1): «Ums Jahr 1174 habe sich ein Jude in Persien für den Messias ausgegeben, was, wie die Quelle beifügt, viel Trübsal über Israel brachte.»

203 *Sabbatai Zewi,* 1626–1675. Siehe J. Kastein, «Sabbatai Zewi. Der Messias von Ismir», Berlin 1930.

237 *Professor Jensen:* P. Jensen, «Moses, Jesus, Paulus. Drei Varianten des babylonischen Gottmenschen Gilgamesch. Eine Anklage und ein Appell», 3. Aufl., Frankfurt a. M. 1910.

249 *Da sagte der Betreffende:* Der Agener Bibliothekar J. B. Pérès in seiner 1835 anonym erschienenen Schrift «Grand erratum, source d'un nombre infini d'errata, à noter dans l'histoire du XIXe siècle». Die vierte Auflage, die zuerst den Namen des Verfassers trug, betitelt sich: «Comme quoi Napoléon n'a jamais existé, ou grand erratum source d'un nombre infini d'errata, à noter dans l'histoire du dix-neuvième siècle» (Paris 1838), und seither erschien diese Schrift in vielen Auflagen und Übersetzungen. Eine deutsche Übersetzung ist enthalten in Friedrich M. Kircheisen, «Hat Napoleon gelebt?», Stuttgart 1910, S. 179ff. Kircheisen berichtet auch nähere Einzelheiten über die Entstehung der Schrift von J. B. Pérès:

> «Pérès wurde zur Abfassung seines seltsamen Opus eigentlich durch einen Meinungsstreit veranlaßt, den er eines Tages mit einem jungen Manne über Dupuis' ‹Origine de tous les cultes› hatte. Bekanntlich identifiziert Dupuis die Gottheiten der Mythologie mit den Sternbildern und behauptet schließlich, Jesus Christus sei die Sonne und seine zwölf Jünger seien die zwölf Zeichen des Tierkreises. Der junge Mann war ein eifriger Anhänger des berühmten Astronomen und ließ durchaus keine Gegengründe gelten. Es entspann sich ein lebhaftes Wortgefecht zwischen Pérès und ihm, welches damit endete, daß Pérès dem jungen Manne versprach, ein Buch zu schreiben, worin er ihm das Gegenteil mit denselben Mitteln beweisen wollte, die Dupuis benutzt habe. Der junge Schwärmer

ging darauf ein, und einige Tage später las Pérès ihm sein Werkchen vor, durch das er das zehnbändige Werk Dupuis' vollkommen zu widerlegen suchte.» (S. 49/50).

250 *Arthur Drews,* 1865–1935, «Die Christusmythe», 1. u. 2. Teil, Jena 1909 u. 1911; 2. Aufl. 1924.

NAMENREGISTER

(unter Ausschluß von Jesus, Jesus von Nazareth, salomonischer Jesusknabe, Jesus Christus, Christus sowie den Evangelisten)

(H = Hinweis)

Abraham 16–18, 30, 32, 51, 67–75, 77–79, 95–98, 109, 110, 114, 254
Adam 107, 110, 112
Alexander Jannai 89
Ardschasb 30

Boni 118
Buddha, Gautama 88, 89, 92, 126–128, 249, 255

Chladni, Ernst F. F. 59 H

Darius 28
David 46, 65, 72
Drews, A. 250
Dschemshid 26, 27

Elias 197, 209
Enoch, s. Henoch

Gamaliel II., dessen Schwester und dessen Vater 85
Goethe 63, 170, 171, 233, 239
Guschtasb 28, 30

Henoch 112, 182
Hermes 36–39, 41, 44, 46, 49, 53, 64–66, 77, 81, 87, 114, 138

Isaak 51, 74, 110

Jakob 51, 74, 110
Jakobs zwölf Söhne 81
Jakobus, Jünger 197
Jensen, P. 237 H
Jeremias, Prophet 209
Jeshu ben Pandira 89–91, 94, 98, 99, 114, 118, 119, 156, 196, 201, 204
Johannes, Jünger 197
Johannes der Täufer 184, 197, 209
Joseph 72

Lazarus 252

Magier, die drei 17
Maimonides 202 H
Maria von Magdala 251
Mathai 118, 119, 156
Mauthner, Fritz 112 H
Melchisedek 76–79
Moses 38–41, 44–46, 49, 53, 64–66, 77, 78, 87, 114, 138, 198, 238, 254

Nakai 118
Napoleon 249, 250
Nazarathos, s. Zarathas
Nezer 118, 119
Nimrod 67, 68
Noah 78, 112

Paulus 200, 238, 251
Pérès, J. B. (ohne Namensnennung) 249
Petrus 197, 209, 212–217, 246, 247
Philo 87 H
Pinches, T. G. 172, 173
Pythagoras 62

Rishis, die heiligen 76–78, 88
Robertson, J. M. 172 H, 189

Sabbatai Zewi 203 H
Sem 78
Seth 112
Suddhodana 88, 90, 92, 93

Thona 118
Thot, s. Hermes

Weizsäcker, C. 123 H

Zarathas 47, 48, 65, 114–116, 137
Zarathustra 27, 28, 30, 32, 35–41, 45–49, 53, 62–66, 70, 72, 76–79, 82, 83, 86, 87, 114–116, 120, 121, 124, 137–139, 195, 198, 232, 234, 235, 254, 255

ÜBER DIE VORTRAGSNACHSCHRIFTEN

Aus Rudolf Steiners Autobiographie «Mein Lebensgang» (35. Kap., 1925)

Es liegen nun aus meinem anthroposophischen Wirken zwei Ergebnisse vor; erstens meine vor aller Welt veröffentlichten Bücher, zweitens eine große Reihe von Kursen, die zunächst als Privatdruck gedacht und verkäuflich nur an Mitglieder der Theosophischen (später Anthroposophischen) Gesellschaft sein sollten. Es waren dies Nachschriften, die bei den Vorträgen mehr oder weniger gut gemacht worden sind und die – wegen mangelnder Zeit – nicht von mir korrigiert werden konnten. Mir wäre es am liebsten gewesen, wenn mündlich gesprochenes Wort mündlich gesprochenes Wort geblieben wäre. Aber die Mitglieder wollten den Privatdruck der Kurse. Und so kam er zustande. Hätte ich Zeit gehabt, die Dinge zu korrigieren, so hätte vom Anfange an die Einschränkung «Nur für Mitglieder» nicht zu bestehen gebraucht. Jetzt ist sie seit mehr als einem Jahre ja fallen gelassen.

Hier in meinem «Lebensgang» ist notwendig, vor allem zu sagen, wie sich die beiden: meine veröffentlichten Bücher und diese Privatdrucke in das einfügen, was ich als Anthroposophie ausarbeitete.

Wer mein eigenes inneres Ringen und Arbeiten für das Hinstellen der Anthroposophie vor das Bewußtsein der gegenwärtigen Zeit verfolgen will, der muß das anhand der allgemein veröffentlichten Schriften tun. In ihnen setzte ich mich auch mit alle dem auseinander, was an Erkenntnisstreben in der Zeit vorhanden ist. Da ist gegeben, was sich mir in «geistigem Schauen» immer mehr gestaltete, was zum Gebäude der Anthroposophie – allerdings in vieler Hinsicht in unvollkommener Art – wurde.

Neben diese Forderung, die «Anthroposophie» aufzubauen und dabei nur dem zu dienen, was sich ergab, wenn man Mitteilungen aus der Geist-Welt der allgemeinen Bildungswelt von heute zu übergeben hat, trat nun aber die andere, auch dem voll entgegenzukommen, was aus der Mitgliedschaft heraus als Seelenbedürfnis, als Geistessehnsucht sich offenbarte.

Da war vor allem eine starke Neigung vorhanden, die Evangelien und den Schrift-Inhalt der Bibel überhaupt in dem Lichte dargestellt zu hören, das sich als das anthroposophische ergeben hatte. Man wollte in Kursen über diese der Menschheit gegebenen Offenbarungen hören.

Indem interne Vortragskurse im Sinne dieser Forderung gehalten wurden, kam dazu noch ein anderes. Bei diesen Vorträgen waren nur Mitglieder. Sie waren mit den Anfangs-Mitteilungen aus Anthroposophie bekannt. Man konnte zu ihnen eben so sprechen, wie zu Vorgeschrittenen auf dem

Gebiete der Anthroposophie. Die Haltung dieser internen Vorträge war eine solche, wie sie eben in Schriften nicht sein konnte, die ganz für die Öffentlichkeit bestimmt waren.

Ich durfte in internen Kreisen in einer Art über Dinge sprechen, die ich für die öffentliche Darstellung, wenn sie für sie von Anfang an bestimmt gewesen wären, hätte anders gestalten *müssen.*

So liegt in der Zweiheit, den öffentlichen und den privaten Schriften, in der Tat etwas vor, das aus zwei verschiedenen Untergründen stammt. Die ganz öffentlichen Schriften sind das Ergebnis dessen, was in mir rang und arbeitete; in den Privatdrucken ringt und arbeitet die Gesellschaft mit. Ich höre auf die Schwingungen im Seelenleben der Mitgliedschaft, und in meinem lebendigen Drinnenleben in dem, was ich da höre, entsteht die Haltung der Vorträge.

Es ist nirgends auch nur in geringstem Maße etwas gesagt, was nicht reinstes Ergebnis der sich aufbauenden Anthroposophie wäre. Von irgend einer Konzession an Vorurteile oder Vorempfindungen der Mitgliedschaft kann nicht die Rede sein. Wer diese Privatdrucke liest, kann sie im vollsten Sinne eben als das nehmen, was Anthroposophie zu sagen hat. Deshalb konnte ja auch ohne Bedenken, als die Anklagen nach dieser Richtung zu drängend wurden, von der Einrichtung abgegangen werden, diese Drucke nur im Kreise der Mitgliedschaft zu verbreiten. Es wird eben nur hingenommen werden müssen, daß in den von mir nicht nachgesehenen Vorlagen sich Fehlerhaftes findet.

Ein Urteil über den Inhalt eines solchen Privatdruckes wird ja allerdings nur demjenigen zugestanden werden können, der kennt, was als Urteils-Voraussetzung angenommen wird. Und das ist für die allermeisten dieser Drucke *mindestens* die anthroposophische Erkenntnis des Menschen, des Kosmos, insofern sein Wesen in der Anthroposophie dargestellt wird, und dessen, was als «anthroposophische Geschichte» in den Mitteilungen aus der Geist-Welt sich findet.

RUDOLF STEINER GESAMTAUSGABE

Gliederung nach: Rudolf Steiner – Das literarische und künstlerische Werk. Eine bibliographische Übersicht (Bibliographie-Nrn. *kursiv* in Klammern)

A. SCHRIFTEN

I. Werke

Goethes Naturwissenschaftliche Schriften, eingeleitet und kommentiert von R. Steiner, 5 Bände, 1884–97, Neuausgabe 1975 *(1a-e)*; separate Ausgabe der Einleitungen, 1925 *(1)*
Grundlinien einer Erkenntnistheorie der Goetheschen Weltanschauung, 1886 *(2)*
Wahrheit und Wissenschaft. Vorspiel einer «Philosophie der Freiheit», 1892 *(3)*
Die Philosophie der Freiheit. Grundzüge einer modernen Weltanschauung. 1894 *(4)*
Friedrich Nietzsche, ein Kämpfer gegen seine Zeit, 1895 *(5)*
Goethes Weltanschauung, 1897 *(6)*
Die Mystik im Aufgange des neuzeitlichen Geisteslebens und ihr Verhältnis zur modernen Weltanschauung, 1901 *(7)*
Das Christentum als mystische Tatsache und die Mysterien des Altertums, 1902 *(8)*
Theosophie. Einführung in übersinnliche Welterkenntnis und Menschenbestimmung, 1904 *(9)*
Wie erlangt man Erkenntnisse der höheren Welten? 1904/05 *(10)*
Aus der Akasha-Chronik, 1904–08 *(11)*
Die Stufen der höheren Erkenntnis, 1905–08 *(12)*
Die Geheimwissenschaft im Umriß, 1910 *(13)*
Vier Mysteriendramen: Die Pforte der Einweihung – Die Prüfung der Seele – Der Hüter der Schwelle – Der Seelen Erwachen, 1910–13 *(14)*
Die geistige Führung des Menschen und der Menschheit, 1911 *(15)*
Anthroposophischer Seelenkalender, 1912 *(in 40)*
Ein Weg zur Selbsterkenntnis des Menschen, 1912 *(16)*
Die Schwelle der geistigen Welt, 1913 *(17)*
Die Rätsel der Philosophie in ihrer Geschichte als Umriß dargestellt, 1914 *(18)*
Vom Menschenrätsel, 1916 *(20)*
Von Seelenrätseln, 1917 *(21)*
Goethes Geistesart in ihrer Offenbarung durch seinen Faust und durch das Märchen von der Schlange und der Lilie, 1918 *(22)*
Die Kernpunkte der sozialen Frage in den Lebensnotwendigkeiten der Gegenwart und Zukunft, 1919 *(23)*
Aufsätze über die Dreigliederung des sozialen Organismus und zur Zeitlage, 1915–1921 *(24)*
Kosmologie, Religion und Philosophie, 1922 *(25)*
Anthroposophische Leitsätze, 1924/25 *(26)*
Grundlegendes für eine Erweiterung der Heilkunst nach geisteswissenschaftlichen Erkenntnissen, 1925. Von Dr. R. Steiner und Dr. I. Wegman *(27)*
Mein Lebensgang, 1923–25 *(28)*

II. Gesammelte Aufsätze

Aufsätze zur Dramaturgie 1889–1901 *(29)* – Methodische Grundlagen der Anthroposophie 1884–1901 *(30)* – Aufsätze zur Kultur- und Zeitgeschichte 1887–1901 *(31)* – Aufsätze zur Literatur 1886–1902 *(32)* – Biographien und biographische Skizzen 1894–1905 *(33)* – Aufsätze aus «Lucifer-Gnosis» 1903–1908 *(34)* – Philosophie und Anthroposophie 1904–1918 *(35)* – Aufsätze aus «Das Goetheanum» 1921–1925 *(36)*

III. Veröffentlichungen aus dem Nachlaß

Briefe – Wahrspruchworte – Bühnenbearbeitungen – Entwürfe zu den Vier Mysteriendramen 1910–1913 – Anthroposophie. Ein Fragment aus dem Jahre 1910 – Gesammelte Skizzen und Fragmente – Aus Notizbüchern und -blättern – *(38–47)*

B. DAS VORTRAGSWERK

I. Öffentliche Vorträge

Die Berliner öffentlichen Vortragsreihen, 1903/04 bis 1917/18 *(51–67)* – Öffentliche Vorträge, Vortragsreihen und Hochschulkurse an anderen Orten Europas 1906–1924 *(68–84)*

II. Vorträge vor Mitgliedern der Anthroposophischen Gesellschaft

Vorträge und Vortragszyklen allgemein-anthroposophischen Inhalts – Christologie und Evangelien-Betrachtungen – Geisteswissenschaftliche Menschenkunde – Kosmische und menschliche Geschichte – Die geistigen Hintergründe der sozialen Frage – Der Mensch in seinem Zusammenhang mit dem Kosmos – Karma-Betrachtungen – *(91–244)*
Vorträge und Schriften zur Geschichte der anthroposophischen Bewegung und der Anthroposophischen Gesellschaft *(251–265)*

III. Vorträge und Kurse zu einzelnen Lebensgebieten

Vorträge über Kunst: Allgemein-Künstlerisches – Eurythmie – Sprachgestaltung und Dramatische Kunst – Musik – Bildende Künste – Kunstgeschichte – *(271–292)* – Vorträge über Erziehung *(293–311)* – Vorträge über Medizin *(312–319)* – Vorträge über Naturwissenschaft *(320–327)* – Vorträge über das soziale Leben und die Dreigliederung des sozialen Organismus *(328–341)* – Vorträge für die Arbeiter am Goetheanumbau *(347–354)*

C. DAS KÜNSTLERISCHE WERK

Originalgetreue Wiedergaben von malerischen und graphischen Entwürfen und Skizzen Rudolf Steiners in Kunstmappen oder als Einzelblätter: Entwürfe für die Malerei des Ersten Goetheanum – Schulungsskizzen für Maler – Programmbilder für Eurythmie-Aufführungen – Eurythmieformen – Entwürfe zu den Eurythmiefiguren, u.a.

Die Bände der Rudolf Steiner Gesamtausgabe
sind innerhalb einzelner Gruppen einheitlich ausgestattet
Jeder Band ist einzeln erhältlich